数字经济
+
新零售
丛书

广东财经大学-美国密苏里大学
"零售战略研究中心"成果

零售模式变革
数字经济时代零售企业生存之道

肖怡 —— 著

企业管理出版社
ENTERPRISE MANAGEMENT PUBLISHING HOUSE

图书在版编目（CIP）数据

零售模式变革：数字经济时代零售企业生存之道 / 肖怡著. —北京：企业管理出版社，2021.10

ISBN 978-7-5164-2437-7

Ⅰ.①零… Ⅱ.①肖… Ⅲ.①零售企业—营销模式—变革—研究—中国 Ⅳ.①F724.2

中国版本图书馆CIP数据核字（2021）第148180号

书　　名：	零售模式变革：数字经济时代零售企业生存之道
作　　者：	肖　怡
责任编辑：	张　羿
书　　号：	ISBN 978-7-5164-2437-7
出版发行：	企业管理出版社
地　　址：	北京市海淀区紫竹院南路17号　邮编：100048
网　　址：	http://www.emph.cn
电　　话：	编辑部（010）68456991　发行部（010）68701816
电子信箱：	emph003@sina.com
印　　刷：	河北宝昌佳彩印刷有限公司
经　　销：	新华书店
规　　格：	710毫米×1000毫米　16开本　21.5印张　285千字
版　　次：	2021年10月第1版　2021年10月第1次印刷
定　　价：	88.00元

版权所有　翻印必究·印装错误　负责调换

丛书序

改革开放 40 多年来，我国的经济建设取得了一系列令人瞩目的重大成就。其中，最具有深远意义的成就之一就是我国在 20 世纪 90 年代及时投入席卷全球的互联网和信息技术变革浪潮，并在随后的 20 多年里不遗余力地推进和建设，目前已成为全球数字经济的重要引领者和推动者。尤其是近两年，中国数字经济迎来爆发式增长，正加速融入生产、生活的方方面面。

数字经济是随着蓬勃发展、不断演进的数字技术而产生的一种经济形态。以互联网、大数据和人工智能为代表的数字技术正在全社会范围内驱动一场新的革命，这是继蒸汽机和电力引发工业革命之后的最重要的变革。数字化浪潮不仅改变了整个中国经济运行的逻辑，也成为中国零售业新一轮深刻而巨大变革的始作俑者。

中国新零售变革从提出到现在已经走过了近 5 个年头。这期间线上线下零售企业所做出的种种努力和尝试，在数字化时代到来的今天，都指向一个目标，即零售全面数字化。数字化不是一种选择，而是势在必行。但直到今天，这场变革仍然处于序幕阶段，真正的变革大潮尚未正式开始。随着数字经济的到来，一切商业活动的逻辑都在改变，甚至被颠覆，我们有必要重新思考零售业到底发生了什么。

正是基于此，我们组织广东财经大学一批学者集中研究了当前中国零售业出现的各种新现象、新物种，以及新零售变革背后的逻辑，并将多年潜心研究的心得撰写成书，由此形成了这套"数字经济＋新零售"丛书。本丛书将分别从零售模式变革、零售组织创新、奢侈品零售和大数据分析及运用等多个层面，对中国零售业目前发生的变革进行广泛而深入的探讨。

肖怡教授长期专注于国内外零售业发展动态研究，在高校有着20多年讲授零售学课程的经历。她主编的《零售学》教材是"十二五"国家级规划教材，被国内100多所高校采用。

本丛书是由肖怡教授带领下的研究团队撰写完成的。团队成员全部是广东财经大学年轻有为的青年教师，他们长期从事零售和营销领域的研究与教学工作，有着丰富的研究成果和教学经验，作品内容均是他们多年的研究和教学心得。同时，几位作者撰写丛书时正值在海外做访问学者，因而对国内外数字经济和新零售变革有着亲身体验，从而使得作品更具国际视野。

需要说明的是，本丛书是广东财经大学和美国密苏里大学合作成立的"零售战略研究中心"的研究成果。美国密苏里大学是沃尔玛公司创始人山姆·沃尔顿的母校。沃尔玛作为世界500强榜首企业，是一家十分成功的零售企业，其在零售运营上的许多创新，成为丛书的重要研究对象。在丛书的撰写过程中，获得了来自美国密苏里大学邹绍明教授的大力支持和悉心指导，在此表示真诚感谢。

最后，衷心希望本丛书能为中国数字经济发展和新零售变革提供有价值的参考。

前言

零售业本是一个国家最古老的行业之一，如今它却成了中国经济中最活跃、最为生机勃勃的领域之一。30多年来，中国零售业的变化让人眼花缭乱，各种新物种、新业态层出不穷，不仅西方发达国家出现的各种成功零售样本都可以在中国找到，而且中国已经从一个追随者变成了一个引领者，越来越多的零售新物种、新模式不断地从中国这片大地上生长出来。

毫无疑问，伴随着中国经济改革，伴随着中国消费端和供给端的变化，中国零售业30多年来一直在发生变革，而且这一变革比任何一个发达国家都要来得迅猛、来得复杂。它不仅表现在西方发达国家已经完成的以超级市场和连锁经营为标志的零售业第二次、第三次重大变革在中国同一时间进行，也表现在以电子商务、数字技术为特征的第四次零售变革同时在中国拉开帷幕。

我非常荣幸，不仅见证了中国零售业如何一步一步地涌现出各种现代零售业态，又见证了它如何一步一步地走向数字化时代。这是一个碎片化、个性化、圈层化的时代，是一个真正以消费者为主导的时代。所以，现在行业人士提及最多的词是千店千面、千人千面、顾客画像、精准营销……时代变化让过去的经验都变成了未来发展的羁绊，逼着我们回过头来重新审视零售的本质，重新探求人、货、场背后的因素，思考如何去重构一种新的人、货、场关系。

在数字经济时代，数字技术正在不断重塑组织的业务生态与价值创造方式，所有的生意都值得重做一遍。中国零售企业唯有去深刻理解数字化进程中零售模式变革的意义与价值，反思企业的商业模式是否跟得上时代变化的步伐，才能在一个全新的不确定性时代继续保持企业的竞争优势。

数字经济时代的新零售变革不是在过去的基础上修修补补，而是一场从里到外的真正自我革命。它没有可资借鉴的成功样本，只有在不断试错中去寻找答案，摸索出一条前行的道路。本书正是基于当今数字化浪潮的大背景对中国零售业如何变革经营模式提升企业竞争优势而做的一些探讨。

本书的最大特点是构建了一个零售模式分析模型，分别由五大显性因素和两大隐性因素构成。显性因素是消费者能感知到并深受其吸引的因素，归纳起来主要有商品、价格、服务、沟通、渠道等五个方面，零售企业在此基础上形成的核心竞争力被称为商品力、价格力、服务力、沟通力和渠道力。隐性因素是消费者感受不到但在背后支撑显性竞争力的因素，包括组织力和生态力。显性因素容易被消费者感知，但也容易被竞争对手模仿，如果没有背后隐性因素的支撑，那么所有的显性竞争力都只是暂时的，都会被竞争对手攻破。因此，一家零售企业要想赢得持久的竞争优势，必须注重背后那些消费者感受不到的因素，形成自己强有力的隐性壁垒，才能立于不败之地。

全书在零售模式分析模型的基础上逐步展开论述，共分为八章进行探讨，主要内容如下。

第一章主要探讨了零售模式变革的本质。所有的商业模式变革，实质上就是企业重塑竞争壁垒赢得竞争优势的一种行为。成功的零售模式就是建立起了强大竞争壁垒的经营模式，包括显性壁垒和隐性壁垒。零售的本质在于为顾客创造价值，在数字经济时代，数字技术重塑了企业价值创造方式，因而零售模式在数字技术驱动下会发生相应改变。

第二章主要探讨了零售企业的商品力。从本质上来说，零售企业的商品力就是帮助消费者解决困扰其问题的一个解决方案。商品力可以体现在多个方面，如小米之家不断推出爆品，泡泡玛特的盲盒让消费者上瘾般抢购，零售企业开发独特的自有品牌商品，买手店网罗世界各地的新奇好物，以及目前大行其道的定制商品，这些都让企业在商品上极具竞争力。

第三章主要探讨了零售企业的价格力。价格力不是单纯地指商品廉价，准确地说，它是指附在同品质商品身上的性价比优势。性价比是任何时代的零售商都必须拥有的一种能力，因此才有了"车轮理论"得以成立的理由。现在，性价比变成了一个全球性的逻辑，如 Costco 会员店和 Aldi 折扣店都是当今成功零售企业的典型代表，线上零售业更是将价格力做到了极致。

第四章主要探讨了零售企业的服务力。服务是直接面对人的活动，它比产品质量、价格更容易深入消费者的内心。当前，"用户思维"一词颇为流行，经营好用户关系将为企业带来二次、三次或更多的交易。而要经营好用户，唯有靠服务，甚至是用户终身服务和深度服务，这样才能真正实现差异化，达成用户的深度依赖。

第五章主要探讨了零售企业的沟通力。零售企业常常采用各种促销活动来吸引消费者，如"双11""618"等节日促销。促销其实就是沟通，但今天的沟通逻辑与过去大大不同，过去那种以传统媒体为主的沟通方式已经改变，今天的企业应更多地借助新媒体来引导消费者口碑相传，同时要重新思考线下实体店的功能与作用，来与消费者进行全方位的有效沟通。

第六章主要探讨了零售企业的渠道力。渠道是商品与消费者发生连接的触点，也是传播引流和销售转化的重要场景。渠道力是指零售企业更快、更准确地接近目标消费群体的能力。随着全渠道零售兴起，消费者可能在任何场所任一时间完成购物，这是一种无处不在的所见即所得的购物方式，它将带给购物者全新体验的同时也带来零售企业经营模式脱胎换骨的变化。

第七章主要探讨了零售企业的组织力。组织力是企业的目标达成力和员工执行力，它表现为企业内部的一种连接力和凝聚力。真正能够在动荡环境和激烈竞争中取胜的、能走过一个又一个经济周期的企业，无不是构建了一个优秀的组织，设计了激励人心的企业使命、愿景，以及符合人性内在的价值理念，从而提升了组织的柔性和韧性，成为一种敏捷型组织和学习型组织。

第八章主要探讨了零售企业的生态力。未来的竞争将是生态链之间的竞争，"要么生态，要么融入生态"。企业的生态力就是企业的外部连接力和凝聚力，形成一个高效的生态系统，协同竞争，赢得单个企业所不具有的竞争力。零售企业的生态力不仅体现在连接各成员的能力上，也体现在赋能给各成员，还体现在促进双方的价值共创上，从而保证整个生态系统的稳定性、活跃性和发展性。

本书的另一大特点是对中国零售业当今出现的热门现象进行了深入剖析，包括电商直播、社区团购、平台企业、私域运营、买手店、快闪店、沉浸式体验、社区服务、渠道下沉、数据中台等，并分析了这些现象是从哪一角度对零售模式变革产生了影响。这是作者在多年零售学教学生涯中密切关注中国零售业变化而做出的一个全方位扫描，有助于读者看清楚这些变化和现象的本质特征。

总之，中国零售模式变革已经进入一个深水区，国外没有成功的样板可以借鉴，需要我们自己去摸索着前行。即使是今天风光无限的各类零售新物种，如盒马鲜生、超级物种等，我们也很难断定它就是成功的样板。在这样一片暗黑里，我们需要借助一点光亮往前走。但愿此书能为零售企业散发出一些光芒，照亮前行的路。

更多更及时更详细的零售案例研究和零售动态分析，请关注肖怡教授主持的微信公众号"零售与连锁经营",我们真诚希望借助这一公众号打造一个零售理论学者和业界人士共同交流和分享的专业平台。

肖 怡
2021 年 7 月于广州

目录

第一章 零售模式变革的逻辑

第一节 数字化不是一种选择,而是势在必行 / 003

第二节 成功的零售模式意味着建立壁垒 / 012

第三节 零售新价值链重构 / 028

第二章 模式变革之商品力

第一节 商品力:破解顾客的需求密码 / 043

第二节 如何打造爆品 / 052

第三节 买手店与自有品牌 / 061

第四节 数字化驱动商品力变革 / 072

第三章 模式变革之价格力

第一节 价格力:顾客价值的变现力 / 083

第二节 价格力管理:价格带 / 092

第三节 高性价比:致命的诱惑 / 101

第四章 模式变革之服务力

第一节 从成本驱动到服务驱动 / 123

第二节 用户思维下的单客管理 / 136

第三节 社区服务:零售新风口 / 147

第五章　模式变革之沟通力

第一节　新时代的沟通力 / 167

第二节　零售沟通的温度与态度 / 180

第三节　概念店、快闪店与沉浸式体验 / 191

第六章　模式变革之渠道力

第一节　全渠道零售正向我们走来 / 207

第二节　渠道下沉与下沉市场 / 225

第三节　渠道变迁：私域生态繁荣 / 234

第七章　模式变革之组织力

第一节　什么是组织力 / 249

第二节　打造学习型组织文化 / 259

第三节　剧变环境下的敏捷型组织 / 273

第八章　模式变革之生态力

第一节　生态力：连接万物之力 / 291

第二节　放大效应下的同质生态力 / 304

第三节　聚合效应下的异质生态力 / 312

参考文献 / 329

第一章 零售模式变革的逻辑

中国新零售变革走到今天，已近5年。这期间的变化眼花缭乱，让人迷惑，也让人兴奋。线上线下零售企业所做出的种种努力和尝试，在数字化时代到来的今天，都指向一个目标，即零售全面数字化。数字化不是一种选择，而是势在必行。今天中国零售数字化的发展速度，已经远超其他任何一个国家和地区，这使得中国零售业步入一个变革深水区，没有可资借鉴的成功经验，唯有靠自己不断试错不断突破。但这场零售变革并非无迹可循，虽然它改变了一些零售经营逻辑，但仍有许多东西是不会改变的。所谓变和不变，变的是零售模式中赢得竞争优势的底层逻辑，不变的是零售模式为顾客创造价值的根本目的。数字化时代，所有的生意都值得重做一遍。中国零售企业唯有去深刻理解数字化进程中零售模式变革的意义与价值，反思企业的商业模式是否跟得上时代变化的步伐，才能在一个全新的不确定性时代继续保持企业的竞争优势。未来，挑战不止，在坚守商业本质的前提下，每个企业都应有所思考、有所改变。

第一节　数字化不是一种选择，而是势在必行

一、数字化浪潮呼啸而来

近年来，全球经济的一个重要内容便是数字化，数字经济成为全球经济发展的主线，正在逐步推动产业界和全社会的数字转型。今天，各行各业都在全面走向数字化运营、数字化产业升级。我们的城市，我们的乡村，我们生活的社区，我们工作的园区、办公室，所有的商业元素乃至所有的社会元素都在全面迈向数字化。而这种趋势，在 2020 年新冠肺炎疫情发生之后愈演愈烈，推动了所有行业的加速转型。

设在美国纽约的 PRADA 旗舰店，里面的每件衣服上都有 RFID 码。当顾客拿起一件衣服进入试衣间，FRID 码就会被自动识别，同时将数据传递至公司总部。每件衣服在哪个城市哪个旗舰店什么时间被拿进试衣间停留多长时间，这些数据都会被存储起来加以分析。

如果一件衣服的销量很低，以前的做法是直接淘汰。现在则不是这样，还需要进一步分析。如果数据表明这件衣服虽然销量较低，但被顾客拿进试衣间的次数较多，这就意味着，也许只要稍加改变某个细节，它很可能会成为一件非常流行的商品。

过去，人们付款之前，一切有关消费兴趣的信息都被隐藏起来。但今天

已经不一样了，无论你是浏览网页，还是网上购物，抑或是到ATM机取款，去酒店登记入住，等等，在不知情的情况下，个人的相关数据就会被记录，每个人都直接或间接地成了大数据的贡献者。

有时，这种信息是主动提供的。在天猫、京东、唯品会这种电商网站的上千万种商品面前，消费者没有耐心一页一页地浏览完全部产品内容。于是，只要你提交关键词，告诉电商平台你在寻找什么，平台马上就会从浩瀚的商品大海中挑出符合你需求的商品，甚至还把你可能需要的相关商品一并呈现在你眼前。

"一切都被记录，一切都被分析"，这已经成为当今时代的典型特征。人们的生活圈、交际圈、朋友圈，数据化的轨迹越来越明显。这些数据被记录之后再被深入分析、研究和挖掘，形成了"数据生活圈"，并逐渐扩展到多个领域，孕育出一条有形的产业链。

似乎一夜之间，大数据变成了这个时代最风行最时髦的词汇。这场席卷而来的大数据热潮触发了一次行业经营思想启蒙运动，使得"大数据是资产，不是包袱""要拿数据说话"等观念逐步深入人心，改变了以往忽视数据资产、不相信数据分析的认识。

正是因为我们每个人、每个企业都变成了一个数字化的ID，我们每个社会元素都已经变成了数字化的ID，我们因此而进入了一个数字化时代，每个人的生活都被迫卷入数字化当中，成为时代的亲历者。技术的变革，悄无声息地改变了每个人生活的点点滴滴，从我们的消费习惯、生活方式，到人类的聚居方式、资源环境……未来，我们的思考方式、决策方式乃至认知自我的方式，都将受到这一轮数字化技术革命的挑战或颠覆。

二、中国零售业正处于新一轮变革之中

新零售一词于 2016 年下半年被提出来后,迅速引起业界和学界人士的广泛关注,并赋予了它许多不同的含义。一个新名词能引起如此多人的关注,充分说明了大家的感受趋同,即中国的零售业发展又到了一个紧要的变革关口。而对这一事物的看法分歧较大,则又说明大多数人此刻正处于迷茫困惑之中,雾里看花而难辨真假。

零售业每出现一次重大变革,必须满足三个条件:一是革新性,即必须产生一种全新的零售模式并取得行业内的支配地位;二是冲击性,即新的零售模式对传统模式带来强烈冲击,并引起整个行业乃至消费端和生产端的相应调整;三是广延性,即这场变革不是转瞬即逝,而是扩展到一定的空间、持续一定的时间。

让我们回顾一下零售史上的几次重大变革。第一次重大变革是百货商店的出现,以企业化运作取代了传统家庭式小商人运作,让人们开始享受到购物的乐趣;第二次重大变革是超级市场的出现,不仅满足了人们自主选购的欲望,也开启了"零售之轮"的演变规律;第三次重大变革是连锁经营的兴起,成就了零售业的渠道话语权和沃尔玛的世界第一;第四次重大变革是电子商务的兴起,让顾客足不出户或随时随地即可满足购物需求。

西方发达国家每次零售重大变革,新老零售组织和模式的交替都有一个间隔期。而在中国,新型零售组织并不是按经济发展阶段依次进入的,大量新业态几乎同时涌现,再加上国外成熟企业的冲击,国内零售商无疑面临一个加速成长问题,这就导致中国零售变革比西方任何一次都来得更猛烈、更迅速。

我国第一次零售变革在 20 世纪 20 年代基本完成,百货商店迅速成为各

大城市的主力业态。第二次和第三次零售变革几乎同时完成，1999年联华超市超过上海第一百货公司而名列零售业榜首，标志着中国零售业主导业态成功转型。而此时刚刚萌芽的电商革命，历经十多年发展终于在2012年迎来拐点，这一年，线下零售增速出现历史性下滑。

当时间来到2016年，中国电子商务发展完全成熟，已成功渗透到各行各业并不断"抢滩"线下市场。根据零售重大变革的几个条件，传统的纯电商引发的第四次零售变革的上半场已近尾声。随着数字化时代的到来，一种线上线下全渠道融合的数字零售时代正式开启，这就是新零售的由来。

有人认为，中国零售业一直处在变化之中，今天的零售是过去的新零售，又是未来的旧零售，只有更新的零售，没有最新的零售，所以，现在称之为新零售变革没有任何意义。虽然新零售从字面上来理解可能没有任何意义，但从中国零售实践来看，今天的零售环境和零售变革较之以往的确有了根本性的不同。

我们来看一件事：外资零售企业在中国的情形。家乐福在1995年底进入中国，沃尔玛、麦德龙是1996年进入的，同期进入的还有万客隆、永旺吉之岛等，百思买要晚一点，2006年进入中国市场，只待了8年。英国最大超市Tesco（乐购）于2004年进入，待了10年。还有百安居、玛莎、亚马逊、卜蜂莲花……如今，这些企业中大部分外资已经撤离，还有一部分正准备撤出中国市场。

当初这些外资企业高调进场，它们挟着雄厚的资金、强大的品牌、丰富的管理经验，踌躇满志。而我们不少本土企业当时才刚刚创立，物美成立于1994年，步步高创立于1995年，永辉超市创立于1998年。它们刚成立就要面临残酷竞争，与世界一流零售企业同台竞技，所以，当时业界都在哀叹：狼来了！狼来了！而如今，这些曾经无比高调的外资零售商，纷纷黯然撤出中国市场。

是的，时代抛弃你的时候，连一声再见也不会说。30多年来，中国零售业发生了巨大变化。从1990年第一家连锁超市在东莞虎门诞生开始，西方零售业的第二次、第三次重大变革短时间内在中国迅速完成，紧接着信息技术又拉开了第四次变革的帷幕，没有给人任何喘息的机会。在极短的时间内，发达国家的几乎所有新型零售业态都可以在中国找到，共同蚕食着这一巨大市场。伴随着中国消费端和供给端的变化，中国零售业变革比任何一个发达国家都要来得迅猛，来得复杂，让百思买这种外资企业无法抵挡本土企业的厮杀，早早缴械投降。

那些外资企业的撤退，是因为它们的管理落后吗？是因为它们运营效率不高吗？不是的，它们在旧世界里已将效率做到了极致，但那套传统的商业模式在新时代已经行不通了。究竟是什么阻碍了它们的"中国梦"？是时代的变化，是零售业的底层逻辑发生了改变。

过去，连锁经营追求的是标准化运营、统一化运作、制度化管理，讲究千店一面。零售企业不需要认真研究客户画像，它们把各地的顾客需求视作标准需求，面对这样的标准顾客，只需要门店严格按照制度标准来操作，只需要尽量压低成本提升效率就可以了。

但今天不同了，这是一个碎片化、个性化、圈层化的时代，是一个真正以消费者为主导的时代。所以，现在行业里谈得最多的词是千店千面、千人千面、顾客画像、精准营销……时代变化让过去的经验都变成了未来发展的羁绊，逼着我们回过头来重新审视零售的本质，重新探求人、货、场背后的因素，思考如何去重构一种新的人、货、场关系。

今天的这场变革是一场真正的新零售变革，因为过去没有哪一次变革需要面对一个个鲜活的消费者个体。所以，尽管零售业一直处在变化过程中，但之前从没有人提及新零售和旧零售，而现在一经提出便引起了整个业界的巨大反响。

毋庸置疑，新零售将引发一场零售大变革，但它并不是目前所看到的电商对实体商业的冲击，这种冲击应该来自更深层次的东西。从当前零售业的发展来看，过去几年的新零售变革无疑是线上线下相互融合的阶段，这种融合不管带来多大的阵痛，都很快会过去。它仅仅是一场新零售变革的前奏，我们应该看得更远。

三、数字化零售大潮刚刚开启

改革开放40多年来，我国的经济建设取得了一系列重大成就。其中，最具有深远意义的成就之一就是我国在20世纪90年代初紧随欧美等发达国家较早地投入了后来席卷全球的互联网和信息技术变革浪潮，并在随后的20多年里不遗余力地推进和建设，目前已成为全球数字经济的重要引领者和推动者。数字化浪潮不仅改变了整个中国经济运行的逻辑，也成为中国零售业新一轮深刻而巨大变革的始作俑者。

前面提到，今天的这场零售业变革需要面对一个个鲜活的消费者个体，因而是一场真正的新零售变革。那么，这种情况是如何出现的？正是源于数字化，零售业的数字化浪潮正在改写最基本的零售底层逻辑。

数字化的概念早在21世纪初就被提出，并不断被当时的企业高层管理者所提及，但直到最近它才与传统零售商真正产生联系。过去几年是快速数据化（数据化是数字化进程中的一个方向）的时期，我们从以下三个方面见证了数据大爆炸的发生：一是大数据的可获取性。随着移动设备的不断渗透，网络也越来越经济实惠，如今的零售商可以比较容易地获取顾客相关信息，能够更好地追踪每个顾客的行为。二是大数据的覆盖性。随着电子商务和社交媒体平台的进一步互连，零售业务能够触及顾客日常生活的多个层面，可以较为全面地掌握消费者的生活习惯。三是数字标准化和计算能力。

逐步成熟的数据分类工具（例如标签、位置识别）以及更为强大且实惠的云计算能力极大地简化了数据分析工作，从而有助于零售商提升企业运营效率，获取更多价值。

自从新零售一词被提出之后，尽管人们对这一概念还争论纷纷，企业在转型新零售的方式和路径上也存在千差万别，但有一点是大家都认同的，即未来的新零售企业一定是数据驱动型的企业。数据从来没有变得像今天这样重要。或许单个数据并没有多大价值，但随着越来越多的数据累积，并通过某种方式整合、串联起来，量变就会引发质变。这就如同一个人的意见是微弱的，但在互联网时代，成千上万人的意见汇聚起来，可以产生排山倒海的力量。

试想，过去的企业管理中，通常只使用了不到20%的数据，很多现象被掩盖起来。如果将剩余的数据价值挖掘出来，我们就可以看到许多以前看不到的细节。对这些细节的洞察，会给企业管理以及顾客服务带来什么样的变化？它会不会动摇我们一直以来赖以生存的土壤？

零售数字化潮流不仅仅带来零售管理的越来越精细化，实现千人千面、千店千面的精准营销，还将推动人工智能技术在零售业更广泛而深远的应用。面向未来，我国正持续加大新基建建设，加大在5G、大数据、虚拟现实、自动驾驶、3D打印、机器人、人工智能等关键技术领域的战略性投资，这显然会进一步推动更广阔的产业数字化与智能化转型及其应用深化。

尽管推动零售变革主要来自三股力量，一是技术发展推动，二是消费升级拉动，三是零售内部竞争演变，但在今天这样一个科技高速发展的社会，各行各业的变革很大程度上都取决于新技术的力量。零售业也不例外。互联网改造了传统商业，日益成为一种基础设施，而在未来，会有什么样的新技术对整个零售业乃至整个人类社会产生深远的影响？

就在阿里巴巴大举进军线下零售，践行其新零售预言时，大洋彼岸的亚马逊也同时在频频推出新事物，令人眼花缭乱。前几年，亚马逊推出了全新的线下 Amazon Go 便利店计划，这个计划旨在运用机械视觉等一系列传感器和机器深度学习技术提升线下购物体验，这家便利店没有一个收银员且客户不用排队买单。这是人工智能在零售上的一种运用，虽然尚未成熟，却给了我们足够的想象空间。

所谓人工智能，通俗地说就是让机器形成听、说、看、学习、理解等能力。谷歌曾因推出 AlphaGo 横扫韩国围棋九段高手而一鸣惊人，在全球引起轰动，这让人类第一次对自己的智商和未来的命运感到忐忑不安。时隔不久，一个叫 Master 的人工智能棋手对弈各网站平台，短短几天豪取 60 胜 0 负的成绩，再一次令世界震惊。不久的将来，人工智能会彻底改变我们的生活。

事实上，人工智能正在逐步侵入我们的日常生活中。例如你在京东商城点击购买后，马上会弹出一个组合购买的促销信息；又如你打开今日头条，可以浏览到完全针对你的个人喜好、兴趣和环境相匹配的精准个性化内容；当你出国旅游时，不再需要掌握多门外语，只要在智能手机上输入母语，便可转换成另一种语言直接与外国人交谈。未来，在大数据运营下，你甚至可以选择要哪个果园的哪棵树上的哪几个果子……这些都是人工智能中的机器学习能力不断优化带来的成果。

100 多年前，电的发明改变了无数行业，20 年前出现的互联网亦是如此。今天，人工智能将会对各行各业产生同样的影响。未来，人工智能的运用，尤其是机器学习能力的优化将是零售商竞争力的重要体现。想象一下这样的场景：当你打开冰箱喝杯牛奶时，桌上的语音助手告诉你牛奶明天就喝光了，今天有哪种品牌的鲜奶特价，是否需要购买。你如果肯定回答，它又会立即帮你下单，可能 15 分钟内鲜奶就送货上门了，或者等你下班回家，可以直接从路边的储物箱里取回鲜奶。上述这种情景其实并没有想象中那么遥远，国内外企业正在加速消费者期待方面的研究以及进行技术上的可行性尝试。

传统零售并不会轻易被人工智能带来的这场零售变革所颠覆，而是与新技术碰撞后重塑自身。因为传统零售拥有大量顾客个人数据，人工智能的作用就是消除数据孤岛，深度分析这些数据并转化成有价值的预测。美国Target超市曾上线一套顾客分析工具，利用机器学习对顾客的购买记录进行分析，向顾客推荐产品。该超市根据分析工具，曾经推断出一个女孩已经怀孕并向她推荐一系列孕妇产品，而该女孩的父母却还蒙在鼓里。

目前，世界各国零售商都在人工智能上大做文章。零售巨头沃尔玛也在加快步伐，例如积极尝试语音识别系统、AR（增强现实）和VR（虚拟现实）技术等。前不久，沃尔玛花30亿美元收购Jet.com，原因就在于它设计的"智能购物篮"所打造的透明顾客体验非常吸引人。这是一个强大的技术平台，能带给沃尔玛更多数字化变革。

当然，现在还没有人能够说清楚智能零售真正大规模普及的时间，也许它根本就不会有明确的分野，只是一种"润物细无声"的悄变。但我们可以感觉到的是，随着大数据技术的深度应用，以人工智能为主导的新零售时代正在加速临近，而这需要我们在今天就高度警觉，准备好充分的应对策略。

第二节 成功的零售模式意味着建立壁垒

一、重塑壁垒：零售模式变革本质

一般而言，任何一个行业发展了十年左右，都会出现一种同质化的竞争态势。所谓同质化的竞争态势，就是同行中商业模式、研发的主要技术、内部的运作流程等都趋向基本相同。此时，企业就会面临一个问题：如何脱颖而出？一些有远见的企业会对自己的运作流程和经营模式进行创新，这种创新一旦成功，又会溢出来流向其他企业，从而推动整个行业向前发展。而这种创新，或者说商业模式变革，实质上就是企业重塑竞争壁垒（竞争优势）的一种自觉行动。

商业模式并不是新概念，但直到20世纪90年代才重新引起学者们的重视。事实上，人们对商业模式的研究由来已久，主流研究已经认同商业模式是企业创造、传递和获取价值的基础架构，本质是揭示企业如何创造并获取价值的基本逻辑，商业模式创新是企业探索新方法来创造与获取价值的逻辑。进入互联网时代后，人们研究的重心逐渐趋向揭示互联网如何改变企业做生意的方式以及变化背后的驱动因素。

尽管有不少学者认同商业模式创新是企业间绩效差异的来源，企业可以通过设计比竞争对手更好的商业模式来获取竞争优势，尤其是当企业面临环境变革时，企业真正的挑战并不是如何利用新技术来创新商业模式，而是如何借助商业模式创新来创造竞争优势，也就是重塑竞争壁垒，但是，对于什么是"更好的商业模式"及其前因后果的作用机制，人们的认识仍然非常匮乏，学术界对此问题依旧争论不休。

零售企业的商业模式（简称零售模式），其变革的目的也同样是在同质化竞争中赢得竞争优势。任何一家零售企业，其竞争优势都来源于拥有不同于竞争对手的独特能力，这一能力使其在某一零售市场上处于领先地位，能超越竞争对手的某些方面而赢得消费者。零售竞争，实质上就是零售企业能力的较量，谁能更有效地利用、整合各种资源，满足消费者需求，谁就能在竞争中脱颖而出。

建立一种竞争优势，意味着一个零售企业在竞争中为自己所占据的零售空间竖起了一堵围墙，这堵墙使得竞争对手难以同自己所占据的零售市场中的顾客发生联系，有效地阻止了竞争对手的进攻，从而使自己可以保持优势，将竞争压力降到最低，并且在一段较长的时间内获取利润。这一堵围墙，也就是我们所说的竞争壁垒。

成功的零售模式就是建立起相应的竞争壁垒。例如京东有自营的"品质保障＋高效物流"，天猫有"支付宝＋淘宝引流＋菜鸟物流联盟"等。过去，零售企业可以靠标准化管理、严格的成本控制，以及企业内部信息系统挖掘来实现竞争壁垒的打造，但今天，只有运用数字化技术以及智能技术，才能帮助企业准确了解消费者需求，从而赢得竞争优势。

数字化极大地提升了企业在零售运营所有方面的透明度，并能够相应提高企业对消费者、员工、供应链、成本和安全性的洞察能力。例如，自动下单和通过仓库网络信息详尽的实时库存管理能够缩短交货时间、减少降价清货，从而避免缺货的发生。又如，算法驱动定价的技术能够提高零售商的收入和利润。可见，数字化为零售商提供了在成本竞争中的领先优势。

零售模式变革
数字经济时代零售企业生存之道

2020年8月28日,我国政府公布了《关于调整发表<中国禁止出口限制出口技术目录>的公告》,其中增加了一个内容,即"基于数据分析的个性化信息推送服务技术",正因为此,字节跳动拟出售海外的TikTok项目被紧急叫停。那么,"基于数据分析的个性化信息推送服务技术"究竟是一项什么核心技术呢?

简单来说,当一个企业拿一大堆数据,用一个机器学习的算法来训练,得到一个模型后,这家企业就可以拿着模型去对新的数据做预测。"用过往的数据训练得到模型"这个过程,是人工智能的开发过程;"用训练好的模型预测未来的数据"这个过程,是人工智能的使用过程。上面所说的"基于数据分析的个性化信息推送服务技术",不是指训练模型用的算法,而是指训练完成的模型本身。我国政府禁止今日头条出售的,正是这个算法训练出的模型,也就是在抖音和TikTok背后每天做几亿次推荐的那个人工智能。字节跳动使用的推荐模型,包含了中国几亿用户几千亿次交互的信息,从信息学的角度来看,这个推荐模型已经蕴藏了非常广泛的中国人的行为数据。而这,才是我国政府要明确禁止此类技术出口的根本原因所在。

可以说,今天企业竞争壁垒的打造,已经越来越依赖数字技术的运用。因此,传统零售企业在进行新零售变革时,无不自称要转型成一家数据驱动型的零售企业。

二、显性壁垒和隐性壁垒

零售企业的竞争壁垒,其本质在于比竞争对手能更好地满足消费者的需求。由于消费者需求的多样化和个性化,不同消费者对不同需求满足的感受是不一样的,有的消费者对价格更敏感,有些消费者对优质服务更敏感,零售企业要吸引消费者,至少必须拥有一个方面的优势。当然,大多数情况下，零售企业不会只依靠单一的某个方面来建立其竞争优势，它们需要以复合多样的方式在其所处位置的周围建立起尽可能高的一堵墙，以阻止竞争对手的进入。

消费者对零售企业各经营要素的感知是市场营销领域研究的一个重点话题，包括商品感知、价格感知、服务感知等。虽然消费者对自己的感知深信不疑，但这种感知有时也会是一种错觉，例如消费者感知的价格优惠，我曾经调查过两家大卖场，采购同样一篮子商品，总价相差无几，但向一些消费者询问时，他们却会倾向性地认为其中一家商品的价格更具竞争力。

这也意味着，企业可以通过某些策略的设计在一定程度上影响消费者感知。但消费者感知所产生的错觉，只在短时间内可以存在。例如依靠娴熟地运用定价技巧赢得的价格优势，短期可能有效，但长期来看，企业的产品要想脱颖而出，还得取决于企业真正拥有超出竞争对手的成本控制能力。所以，仅仅靠一些表面的功夫来影响消费者感知，这种方法随着消费者之间的信息广泛流通而显得越来越无力了。

一般情况下，我们把消费者可以感知到的因素称为显性壁垒，而把那些在背后起着支撑作用却不能被消费者感知的因素称为隐性壁垒，例如组织敏捷性、组织韧性、企业文化等。隐性壁垒虽然是消费者感知不到的，却在背后起着关键支撑作用。例如，今天的快时尚服装品牌之所以成功，表面上看取决于它每年开发数万款新品、一周上新速度和高性价比的商品，实际上却是取决于背后企业的柔性供应链。可以说，显性壁垒像是外因，隐性壁垒更像是内因，零售企业要保持长久的竞争优势，必须依靠内因的支撑。

显性壁垒是消费者能感知到并深受其吸引的因素，换句话说，就是直接诱发消费者购买行为的各种因素。那么，消费者究竟会被什么因素所吸引而选择该零售企业或品牌进行消费呢？归纳起来主要有五个方面：商品、价格、服务、沟通、渠道。这些因素组合而成带给消费者的购物体验，是一个零售企业建立自己竞争壁垒的主要方式。由于竞争优势是指零售企业超越竞争对手而吸引消费者的能力，因此，这五个显性壁垒背后其实分别代表着零售企业的不同能力，例如，商品因素代表着一个企业在甄选单品、品类组合、开发自有品牌、组织采购等方面的能力。所以，我们把这五个显性壁垒因素分别称为商品力、价格力、服务力、沟通力和渠道力。

1.商品力

零售企业主要是为顾客提供购买商品的场所。任何一项经营策略的实施，无非是吸引顾客以满意的方式购买到称心如意的商品。如果离开了商品这一关键因素，即使有更具竞争力的价格、更优良的服务、更便利的位置、更优良的购物环境，也是枉然。因此，商品力才是零售企业最基本也是最核心的能力。

从本质上来说，零售企业的商品力就是帮助消费者解决困扰其问题的一个解决方案。当消费者需要购买一件衣服时，并不意味着商家提供的衣服舒适保暖就能吸引消费者购买了。消费者还希望这件衣服式样新颖、颜色鲜艳，还希望商家能提供修改服务以便更加合身，或者希望商家修改后能送货上门。当然，消费者还希望这件衣服最好是一个比较有名的品牌，穿出去让人羡慕，或者商品与其他品牌联名，或者有一个独特的IP形象，等等。消费者购买商品是为了获得某些功能的满足或者追求最大的效用和利益，商家所提供的商品蕴含的内涵越丰富，则消费者的满足感越大，一般来说，也意味着这家零售企业的商品力越高。

零售企业的商品力可以体现在多个方面。像小米之家推出的每一件商品都是爆品，深受消费者喜爱，小米之家无疑是具有强大的商品力的。又如泡泡玛特的盲盒让消费者上瘾般抢购，欲罢不能，泡泡玛特无疑也是具有商品力的。还有许多零售企业不断开发自己独特的自有品牌商品，越来越多的买手店采购别具一格的新商品，以及目前大行其道的定制商品，这些企业无疑在商品上极具竞争力。

改革开放以来，我国用40多年时间走完了欧美发达国家1个多世纪的发展历程，产生了数以亿计的中产阶层人士。他们不再盲目相信价廉物美，开始认真关注商品的品质和性能，愿意为好的商品支付好的价格。在他们身上，一种新的主流消费理念正悄然兴起。正是这种新的消费理念，推动着中国新一轮的消费升级。

消费者越来越注重自身个性的表达，他们的关注点从性价比、产品功能等共性特征转向美学设计、价值标签等个性特征，这对产品和零售的适配度提出更高要求。比如说，未来每个消费者可能都会拥有一个"个人信息账户"，账户内记录了包括肤质特点在内的个人生物信息。根据每个人不同的肤质，可以生成完全个性化的美妆用品提供给消费者。人的需求会变得越来越分散和个性化，零售企业需要为消费者提供越来越有品质、有品位的商品。

很多时候，零售企业的商品力不仅体现在满足消费者现有的需要上，还体现在能引导消费者创造需求上。当年老福特说，"如果你去问顾客想要什么，他会告诉你想要一辆马车，而不是汽车。"顾客的需求是想安全、舒适、快速地从一个地方到另一个地方，但那时候他们只知道马车，而不知汽车，所以福特汽车就用新供给创造了新需求，带来了新的经济增长。因此，如何更好地解决顾客最根本的需求，是零售企业提升商品力、创新零售模式的最简单的方法。

2.价格力

价格力不是单纯地指商品廉价，准确地说，它是指附在同品质商品身上的性价比优势。性价比是任何时代的零售商都必须拥有的一种能力，因此才有了"车轮理论"得以成立的理由。

位列世界500强榜首的沃尔玛，其坚守的经营原则就是"天天平价"，它的商品可能不够时尚，却能够让消费者对其质量放心，再加上价格这一"撒手锏"，赢得了广大消费者的信赖。世界上除了极少数最高档的百货商店或礼品店外，几乎没有不打"价格牌"的。

价格力往往被许多商家错误地理解，其中之一就是将其理解为绝对的低价，以低价因素吸引顾客。于是，一些零售企业靠着一轮又一轮的低价促销，或以价格时高时低的方式来吸引顾客。世界上没有一家企业能靠低价促销持续发展，因为一次次的低价促销就如同在赌顾客的心理，不可能百试百灵，而顾客最终也会选择符合自己定位的商品。企业要拥有强大的价格力，必须成为低成本运作专家，如果经营成本高于竞争对手，企业就不能通过较低的价格来吸引顾客，迟早会被淘汰出局。

价格力被许多商家误解的另一种情况是，他们以为消费者会为了追求更好的生活方式而放弃性价比。在近些年的消费升级浪潮中，很多人就误认为消费者追求更高品位的商品，意味着可以放弃性价比这一优势。事实上，大多数中国人，包括相当部分的中产阶层，既对商品的品质有较高要求，又对商品的价格同样关注。这也正是无印良品等外资企业在中国渐渐失去吸引力的重要原因。

当今社会零售发展的主流是为用户提供高性价比的服务。在改革开放初期，零售业主要被线下的百货商场垄断，大家都采用高加价率的模式，百货轻松赚了那个时代的钱。现在，性价比变成了一个全球性的逻辑，如今国外线下发展最好的零售企业就是大打"性价比牌"的会员店和折扣店，像Costco、Aldi都是其中的典型代表，线上零售业更是将性价比这一点做到了极致。性价比这个主题可能会在很长一段时间内主宰整个零售业的经营模式。

由于零售商越来越注重商品力和价格力，因此有越来越多的制造型零售企业在崛起，如名创优品、小米有品、网易严选、优衣库、宜家等，它们都拥有强大的选品能力、设计营销能力、质量控制能力和成本控制能力。而传统制造商一般来说并不具备敏锐的市场感觉，因此，像海澜之家等企业正在逐渐放大自己的影响力，将影响力辐射到整个供应链，通过有效控制供应链来向消费者提供更有价格竞争力的商品。

3.服务力

零售业毕竟是一个服务行业。消费者走进一家零售门店，除了希望得到称心如意的商品外，还希望得到令人满意的相关服务。在一定时期内，成本的降低毕竟是有限的，企业不可能无止境地降低价格，尤其是在各家商店经营的商品相差无几的情况下，服务水平成了顾客选择商家的一个重要因素。

服务力是现代市场竞争中各行各业都关注的焦点，世界各地都在掀起一场"以消费者为中心""以消费者满意为导向"的服务革命。全美畅销书《追求卓越》的作者在调查了美国最杰出的43家企业后发现："不管这些公司是属于机械制造业、高科技工业，还是属于卖汉堡包的食品业，它们都以服务业自居。"可见，人们已经认识到，要在21世纪消费者主导的市场竞争中生存，服务已成为赢得消费者、留住顾客的竞争优势源泉。

服务是直接面对人的活动，它比产品质量、价格更容易深入消费者的内心，优质的顾客服务能培养和保持顾客的忠诚度，这对零售企业而言至关重要。美国的一家咨询公司调查发现，顾客从一家企业转向与之竞争的另一家企业的原因，10人中有7人是因为服务问题，而不是商品质量或价格的缘故。纵观那些颇有建树的企业，无不在服务方面有口皆碑。京东的核心竞争力之一便是它的高效物流，它的送货速度无人能敌，京东因此而赢得了优质物流服务上的声誉，这项服务有助于它保持顾客忠诚，而竞争对手想建立一种可与之相匹敌的声誉是很困难的。

当前，用户思维一词颇为流行，这是指基于客户关系管理的一种经营思想。传统的流量思维是把下单视作交易的结束，而用户思维则是把下单看作一段新关系的开始,用户与企业之间的关系有了质的变化,经营好用户关系将为企业带来二次、三次或更多的订单。而要经营好用户,唯有靠服务,甚至是用户终身服务和深度服务,这样才能形成真正的核心竞争力和差异化,达成用户的深度依赖。

4.沟通力

许多零售企业常常采用各种促销活动来吸引消费者一次又一次进店,电商巨头也在积极打造"双11""618"等各种节日活动进行商品促销。促销其实就是沟通,是向消费者传递有利于自己的各种信息。当今社会,新商品新品牌层出不穷,再香的酒不去吆喝也容易埋没在幽深的小巷中。所以,企业一定要与目标消费者做有效的沟通。但今天的沟通逻辑与过去大大不同,过去那种以广播电视、报纸杂志等传统媒体为主流的沟通方式已经改变,今天的企业应更多地借助新媒体如微信公众号、视频号、抖音、快手、B站等渠道,同时要重新思考线下实体店的功能与作用,来与消费者进行全方位的有效沟通。

当前的消费者越来越注重同道人的意见。所谓人以群分,相同兴趣爱好和价值观的人会越来越多地走到一起,组成一个个社交群体。这种基于兴趣、价值观的细分消费者群体的形成,是催生消费升级的直接原因。例如,运动爱好者、二次元群体、烘焙爱好者、影音"发烧友"、品酒爱好者等自成一个群体,正是因为他们有着某一方面的共同语言,因而更容易彼此沟通,更容易听取同道中人的意见。于是,以内容为核心、以KOL(Key Opinion Leader,即关键意见领袖)为主导的沟通方式越来越受欢迎。这就是为什么许多新国货品牌在创立初期喜欢培育种子用户,采取冷启动方式切入市场的原因所在。

人们的信息来源渠道越来越广泛,越来越即时,呈现出碎片化、即时化、圈层化信息浏览趋势。尤其是年轻人,注意力很容易被各种热搜内容吸引，且关注的时间越来越短，信息来源渠道也与父辈们完全不同，再使用过去频繁的广告宣传方式显然很难引起他们的兴趣。聪明的商家会制造各种话题来吸引消费者持续关注自己的品牌，打造"社交货币"让消费者一直保持热情，同时引导消费者口碑传播和主动打卡宣传，借助消费者来扩大传播效应。

当然，线下实体店沟通仍然是一个重要的方式，许多零售企业或者品牌商采用新概念店、新体验店、新物种店或快闪店的方式，将自己的新形象和新故事传播出去。线下实体店的沟通还需要具有一定的温度和态度，有时候，提供极致的沉浸式体验，也是与消费者进行全方位沟通的一种良好方式。

5.渠道力

渠道是商品与消费者发生连接的触点，也是传播引流和销售转化的重要场景。渠道力是指零售企业更快、更准确地接近目标消费群体的能力。在新零售浪潮下，零售渠道也不断演进出新的常态。从线下门店到线上电商，再从双线渠道到渠道下沉以及渠道社交化和智能化，构建出社交融合、智能升级的线上线下多元渠道格局。随着全渠道零售模式的出现，消费者可能在任何场所任一时间完成购物，而不再是进到商店或坐在家中购物，这是一种无处不在的购物方式，它将带给购物者全新体验的同时也带来零售业脱胎换骨的变化。

当前的零售渠道出现了以下几个特征。

一是渠道多元化。线下门店和线上电商早已是渠道布局的标配，而快闪店、智慧门店、体验中心、沉浸空间、社群电商、社交电商、小程序电商、短视频电商、直播电商等新形式的渠道不断涌现，这些多元化的渠道和场景既是传播的触点也是销售转化的售点，即成为商品与消费者接触、发生直接交易的连接结点。

二是渠道私域化。社交属性和私域渠道正在赋予渠道更强大的连接能力，人可以勾连起营销中的各个环节，帮助营销构建与消费者长期互利共生的关系，直播带货、小程序分享、建立各类线上社群、举办各种活动等，都表明渠道空间正在从公域空间逐步变化为新的私域空间。

三是渠道智能化。越来越多的智能化设备与软件应用正加速融合，线下下单线上付款或线上下单门店领货的场景正成为现实，数字标牌、电子试衣间、智能定位与个性化信息推送、自助终端等一系列智能应用也让消费体验更加多元，能更快地满足消费者个性化需求，实现更高效更智能的触达。

更新的渠道变化是产品即渠道。小米集团正在打造一个全新的小米连接，用手机将其智能产品全部连接起来，而小米的产品甚至可以直接下订单，例如，电饭锅到一定时间会提醒消费者需要买米了。这种智能场景正在成为企业角逐的新渠道战场。

毫无疑问，全渠道零售模式为零售商带来了新的机遇，也给那些仅仅采用单渠道的零售商带来了新的挑战。许多零售企业开发了全渠道零售系统，消费者可以通过一种方式查看商品，而通过另一种方式购物，再通过第三种方式提货或退货。当然，计划并维持一个精心整合的全渠道战略并不容易，它至少要建立一个能够有效连接多种渠道的基础设施，并要清楚地知道各种交叉购物的机会是什么，各种渠道扮演什么角色，以及各种渠道如何有机地整合在一起。但无论如何，今天的零售商正在努力探究这些问题，并试图加强对渠道的掌控力。

上面提到的五大显性壁垒因素都是消费者可以感知的，即消费者能明确知道自己会因什么因素而被某个商家所吸引，或者是因为商品本身，或者是因为价格优惠，或者是因为服务优良，或者是因为沟通偏爱或购买便利，总之会因为其中一个或几个因素而成为一家零售企业的顾客。实际上，这些显性壁垒容易被消费者感知,同时也容易被竞争对手模仿,如果没有背后隐性因素的支撑,那么所有的显性壁垒都是暂时的,都会被竞争对手攻破。因此,一家零售企业要想赢得持久的竞争优势,就必须注重建设背后那些消费者感受不到的因素,形成自己强有力的隐性壁垒,这样才能立于不败之地。隐性壁垒主要有两种,一种是组织力,一种是生态力。

1.组织力

组织力是一个企业的目标达成力,也是企业员工的执行力。当今商业环境正变得越来越动荡不安、危机四伏,我们面对着一个充满易变性(Volatility)、不确定性(Uncertainty)、复杂性(Complexity)和模糊性(Ambiguity)的"VUCA时代"。真正能够在动荡的环境和激烈的竞争中取胜的,能走过一个又一个经济周期的企业,无不是构建了一个优秀的组织,设计了激励人心的企业使命、愿景,以及符合人性内在的价值理念,使得整个组织能够在外部环境变化的同时,提前变化或及时调整自己的应对策略,适应环境获得成长。

组织力是企业内部的一种连接力和凝聚力,但组织力并不是仅为大公司所有,那些中小企业通过在组织中植入"韧性"的基因,提升企业的组织韧性和柔性,也能在不断变化的环境中获得生存发展。例如,当前一些零售企业纷纷采用合伙人制或小组制,或者采用柔性供应链管理,这些都是应对市场变化而催生出的组织内部结构重组。当一家企业构建了这种组织韧性,即使在"黑天鹅"飞来时,也能避免灭顶之灾,甚至还能抓住机遇获得新的发展。

在数字经济时代,数字技术正在不断重塑组织的业务生态与价值创造方式。数字化转型所带来的部门协同、效率提升以及资源利用的优化,直接推动了敏捷型组织的诞生。颇受争议的是数字中台的出现,它不是在原有的组织范式基础之上小修小补,而是对整个原有组织范式的变革。尽管数字中台的实践还在摸索之中，但它带来的业务中台、营销中台等中台战略对过去的组织形式是一种根本性的颠覆和重构。零售企业要变得更轻、更快、更强，必须借助数字化工具去融入商业世界的数字化大网里。

组织力是消费者看不见的一种力量，他们也不会为这种能力去主动买单。这种能力是内隐在一个企业中的，它通过支撑企业的显性壁垒因素而成为企业的内功。一家零售企业，只要它的组织力保有旺盛的生命力，即使在显性壁垒出现短暂的劣势下，也能走过公司的低落时期，实现新的发展。

2.生态力

如果说一个企业的组织力是企业内部的连接力和凝聚力，则企业的生态力就是企业的外部连接力和凝聚力，将企业与外部关联组织有效地连接起来，在数字化工具的帮助下，形成一个高效的生态系统，协同竞争，从而产生聚合效应，赢得单个企业所不具有的竞争力。今天，我们看到的一个个巨头企业，如阿里巴巴、腾讯、京东、小米等，这些企业都在跨行业经营自己的生态圈，它们的产业边界变得越来越模糊。于是，我们只能称它们为生态型企业。

过去，企业一般都是从内部价值链角度挖掘潜力，从产品的研发到运营，到营销，再到服务，这条价值链非常清楚，所有的环节都在为价值创造做出贡献，以便形成持续的竞争优势。而当市场竞争的加剧使得企业挖掘内部资源的潜力慢慢枯竭，企业生态中的外部资源开始逐渐受到重视，而这一部分资源恰恰是企业未充分挖掘的资源潜力。

未来的市场竞争将不再是企业与企业之间的竞争，而是一个生态链与另一个生态链的竞争。这种竞争的商业逻辑发生了根本的改变，"要么生态，要么融入生态"成为行业竞争的显规则。生态链的构建是一个复杂的动态过程，除了最上面的巨头能形成一个生态链底层基础之外，里面的成员也能通过平台的资源各自寻找自己的位置。所谓企业战略，实际上就是在一个生态链中谋求自己的占位。而成为生态链顶端的链主或生态型企业，是每一个企业组织发展的目标。

一个生态系统中，生态型企业要借助生态平台向每个组织进行赋能，以便帮助它们达成自己所不能达成的目标，这种赋能即是生态系统之所以存在的基础。但理想的赋能不是单方面的价值输出和能力增长，而是彼此之间平等互利的价值共创。生态型企业和生态中参与进来的企业之间是相互依存的关系，并由原来的独立个体演化发展为共生进化的协同利益体。生态型企业的生态力不仅体现在连接各成员组织的能力上，也体现在赋能给各成员组织，还体现在促进双方的价值共创上，从而保证整个生态系统的稳定性、活跃性和发展性。

生态力也是消费者看不见的一种力量，它隐含在一个无形的企业生态网络背后，消费者能感知的仍然只有前面提到的五种显性壁垒。但企业要保持显性壁垒的持久竞争优势，仅靠自身的资源力量是不够的，还需要运用数字化工具构筑自己的隐性壁垒，这正是数字化时代零售模式变革的意义与价值所在。

三、数字技术助力企业构建零售壁垒

无论是传统的线下零售主导的时代，还是未来的数字化零售时代，数字技术都对零售企业赢得竞争优势起到了重要作用。依赖数字技术来提升企业核心能力的相关案例非常多，这里仅摘取一二加以介绍。

作为实体零售企业典型代表的沃尔玛，给我们的印象就是"成本控制专家"，"天天平价"是其吸引消费者的一大竞争优势，但许多人不知道的是，其背后强大的信息管理系统才是其真正的竞争优势来源。早在 20 世纪 80 年代中，沃尔玛就耗资 7 亿美元发射了一颗人造卫星来构建自己的信息系统。

其创始人山姆·沃尔顿这样说："我并不在乎花多少钱，重要的是我必须立刻得到我想要的所有资料数据，每一种商品、每一个地区、每一家连锁店的情况，我在任何时候、任何地点都可以查看到。信息就是力量，我们从我们电脑系统中所获得的力量，已成为我们竞争中的一大优势。"

正是沃尔玛构建的信息能力，助其在 20 世纪 90 年代初战胜了强大的竞争对手凯马特，一跃成为世界零售之王，十年后又助其登上全球 500 强之首。美国学者乔治·斯托克等人撰写的文章《能力的竞争：公司战略的新规则》（发表于《哈佛商业评论》1992 年 3/4 月号），详细分析了沃尔玛和凯马特两家企业在战略方向上的不同导致竞争优势的错位，最终出现两者竞争地位的逆转，这一切皆缘于信息能力的不同。所以，当我们听到关于沃尔玛"啤酒＋尿布"的成功促销活动时，不要以为只是脑洞大开产生的营销创意，这只是体现其数据挖掘能力的一个经典案例而已。

另一个大家熟悉的例子是网络零售代表亚马逊。早在 15 年前，亚马逊就已经在分析这些问题：送货地址与最近的书店（或大商场）之间的距离，对顾客在亚马逊的购物频率或消费金额是否产生影响？如果顾客选择信用卡支付，那么这对他/她今后的购物行为是否有预测作用？购买多类产品的顾客，从年销售额角度看，是否比只购买过书籍的顾客更有价值？每位顾客在订购商品时，白天与晚上做出的选择会不会不同？这些分析结果为亚马逊的众多决策提供了信息支持，例如在加大营销投入力度和实施减价策略之间进行取舍等。我们如今看到亚马逊野心勃勃，在各个领域长驱直入，高速发展，其背后正是大数据在做支撑。

数据能力一直都是零售企业的重要能力，只是在前数字化时代，数据获取成本高，且受制于技术限制，数据获取残缺不全，导致其能力无法完全展现。今天，随着信息技术的不断发展，线上零售商有能力追踪顾客的每一个搜索查询、每一次鼠标点击、每一桩交易，以及客户放进"购物车"最后却放弃购买的所有产品，从而可以真正将市场细分成一个个单一顾客，向他们实施个性化营销。

而线下实体店则可以通过各种支付方式、脸部识别、眼睛追踪设备、顾客行走路线、细小行为差别等收集大量消费者行为数据，并根据消费类别、消费能力、消费特点建立顾客图像，逐步形成门店消费模式及商品模型，展开精准营销。

无论是线上零售还是线下零售，数字技术都在支撑其显性壁垒和隐性壁垒、提升竞争优势方面发挥出越来越重要的作用。而如果将线上线下数据连接起来，这一作用将更加凸显。尤其是当消费者数据呈现碎片化趋势，为了将各种渠道各种场景的消费者数据捕捉并连接起来，洞察消费者的内心，数字技术正全方位地支持零售企业的各种内外因发挥作用，成为企业构建核心能力的关键。这也正是许多传统零售企业致力于转型为数据驱动型零售企业的根本原因。

可以说，零售企业的数字化转型成功与否，将是区分传统零售和新零售的一个显著标志。今后，所有的生意都是数字生意，所有的生意也是人的生意。在市场环境不断震荡的时代，很多问题不能再依靠个人的经验判断，必须借助于数字分析技术和人工智能技术，将营销从感性走向理性，将成功从偶然走向必然。

第三节　零售新价值链重构

一、零售的本质：为顾客创造价值

新零售概念被提出以来，伴随着零售模式变革与创新的呼声，同时也传来另一种声音：回归零售本质。那么，什么是零售的本质呢？

我们首先来看看德鲁克曾经给企业下的一个定义：企业是什么，企业就是创造顾客。其实，这句话准确的解读应该是，企业就是为顾客创造价值。

企业价值链的概念是由哈佛商学院迈克尔·波特教授在其1985年所著的《竞争优势》一书中首次提出的，它是对增加一个企业的产品或服务的实用性或价值的一系列作业活动的描述。对于一个企业来说，生产经营管理过程的每一个环节都是互相独立又彼此相连的，这些不同的环节都能给企业创造出一定的价值，企业最终获得的利润就来自企业内部不同链条上的特定价值活动，这是通常所指的企业内部价值链。对于一个行业来说，上、下游企业价值链之间的联结则表现为行业价值链；对于同一行业的不同企业价值链来说，则表现为竞争对手价值链。

企业价值链研究是以业务活动为中心展开的，企业的价值链就是企业内外价值增值活动，包括：基本活动——企业生产、销售、进料后勤、发货后勤、售后服务；支持性活动——人事、财务、计划、研发、开发、采购。商业模式研究是以利益相关者为核心展开的，同样的价值链活动可以由不同的利益相关者实施，其交易结构可以截然不同：购买或授权生产，采取不同的交易方式，形成不同的商业模式，造成运营效率的巨大差异。

随着人们对企业本质的研究聚焦在价值链上，学术界对商业模式本质的研究也与企业价值链联系起来，认为一个成功的商业模式的核心要素是由价值主张、价值创造、价值实现三方面构成。核心能力和资源整合是商业模式价值实现的关键影响因素。商业模式是由多个相互依存、互为补充的资源要素组成的整体结构，各要素之间有严谨的内在逻辑，它们互相支持、共同作用，形成了从商业战略决策到执行的价值增值过程的运营循环。

在前数字化时代，单个企业需要在一条价值链中才能获得成长的机会，所以基于价值链的竞争模式，成为企业战略选择的一个有效方式。但是，这也导致了企业与企业之间的竞争，转换为价值链与价值链的竞争。到了数字化时代，数字技术率先改变了消费端的行为，让一切发生着动态的调整，价值的创造和价值的获取过程都发生了根本性的变化，商业模式也随之发生着动态的调整。

数字技术提供了解决方案，把价值链变成了价值网，让企业成为价值网上的一个连接点，让数据协同，让原有价值链上的合作伙伴共生，拓展了原价值链外的价值，而这些协同的价值，远远超过了原价值链的内部价值。最典型的案例就是"双11"不断刷新纪录，正是因为其所构建的价值网络不断延伸所致。

我们再来回答零售的本质这一基本问题。一个企业存在的意义就是为顾客创造价值，企业的商业模式就是为实现企业战略目标而形成的价值主张、价值创造和价值实现等一套整体结构和内在逻辑。因此，零售的本质也应该是为顾客创造价值，零售模式也是为实现零售企业的战略目标而围绕着价值主张、价值创造和价值实现的一套整体结构和内在逻辑。这一点是不变的，也是所有企业存在的基础。不能创造价值的零售企业将不会获得生存发展的空间，这是毫无疑问的。

但是，即使是能为顾客创造价值的零售企业，也不一定能长久地生存下去，还需要比竞争对手更好地、更有效率地为顾客创造价值。因此，企业必须适应不断变化的市场环境，在传统价值链转向数字时代的价值网竞争中，借助技术创新来变革商业模式，及时调整自己的发展战略和经营策略，协同更多的价值伙伴，为顾客提供更多的整体价值创造，创造更多超越企业自身能力之外的价值，从而获得更大的生长空间。

二、重构数字时代的"人、货、场"

零售的组成要素包括三大项：人、货、场。零售企业就是要尽力把三者组合在一起，形成一个个不同的消费场景，为顾客创造价值，为自己赢得发展空间。过去，零售业主要是大卖场、百货商店、专营店和便利店等构成的线下零售场景；今天，由于互联网技术的发展和数字化时代的到来，线上零售已经组成了越来越多的零售场景，其增长态势十分惊人。在线上线下相互连接的数字化时代，形成了无处不在的消费场景，零售的人、货、场三要素都得到了重构。

1.人（消费者）的重构

有数据显示，Z世代（专指1995—2009年出生的人）已成为各业态零售企业增长最快的用户群体。便利蜂于2020年12月发布了便利店人气商品榜单，并总结出新形势下Z世代的十大消费趋势。

（1）基本品为王。花钱更加谨慎，生活必需品稳中有增，热餐、牛奶、面包等表现抢眼。

（2）恰好经济盛行。"一人食"火了，得益于提倡勤俭节约的政策，也是消费自觉的结果。

（3）Z世代与银发族共舞。Z世代成为消费主力军，而在疫情下有越来越多的老年人也走进便利店，但Z世代与老年人的消费结构截然不同。

（4）健康是第一要务。口罩成为年度热门商品，年轻人不再只是"朋克养生"。

（5）"悦己"未改，"共情"滋生。年轻人购买高端商品实现自我愉悦，同时不忘体恤身边人。

（6）追网红品更趋理性。依然钟爱网红品，但决不跟风盲从。

（7）国潮品牌屹立不变。买国潮、晒国潮成为Z世代的新风向，国产品牌迎来新机遇。

（8）自有品牌正在崛起。通过大数据掌握消费偏好，反向定制符合需求的商品，事半功倍。

（9）强社交属性消费持续抬头。"为社交"正在成为Z世代的主要消费动机，甚至是情感诉求。

（10）商品正在模糊性别。修眉刀不再是女性专属，而啤酒等被习惯打上"男性"标签的商品迎来更多女性消费。

由上可见，年轻一代的消费者已经与父辈们有着较大的区别，尤其是在移动互联网时代成长起来的Z世代，更是有自己的消费主张和个性，呈现出碎片化、圈层化和个性化特征，零售企业不能再将消费者视作标准统一的人群，而是应该根据其不同属性进行重构。

首先，消费者不再是被动的购物者，而是主动的消费方案提出者。

在数字化时代，消费者想消费什么产品，就有可能实现对这种产品的消费，消费者正在取得商品生产、流通和消费的主动权，从而宣告持续了千百年的"削足适履"的强制性消费时代的结束，真正满足消费者个性化需求的自由消费时代的来临。数字技术无疑正改变着商业竞争规则，零售商必须适应这种规则，否则将被市场无情地淘汰。

其次，消费者被赋予了更多的角色。

数字化时代无所不在的连接，使得消费者以更多的角色参与到零售活动中来。他们既是购物者，也可能是销售人员、KOL、种子用户、社群组织者、拼团团长等，他们成为企业与消费者连接的重要节点，并充分发挥自己的社交资源，使得人、货、场的价值网链接能实现迅速扩大和裂变。

我们把参与不同角色的消费者归纳成四个层级的人：第一类是种子用户，是普通消费者中更活跃、更擅长分享的那一部分人群，他们乐于将购买过或感兴趣的产品、服务分享给他人。第二类是具有人气的商业化传播者，如拥有一定"粉丝"基数的 KOL、明星代言人、自媒体等，他们拥有人气、话题自带流量，出于商业目的大量承接内容策划、生产和传播扩散，是目前商业化程度相对较高的一类人群。第三类是社群的组织者，如拼团团长、群主、代购等，他们运营着各自的小群体，发挥着强有力的带货能力，他们跟企业不一定有直接的雇佣关系，往往通过销售返点或佣金等方式与多个商家合作。第四类是企业的经销人员、导购人员，他们与企业的关系最近，是企业使命的个人化形态，通过 C2C 的人际交互方式，对消费者进行传播、服务、关系维系等。

2.货（商品）的重构

首先，商品功能不断升级，被赋予了更多内涵。

在消费升级浪潮下，商品单一的功能已经无法满足现在的消费者，他们希望企业提供的产品和服务能为自己带来更多的精神方面的满足，满足其感官体验、心理体验、价值体验等。于是，商品开始由单一的有形商品，向有形与无形双重形式的"产品+"转变，强调对商品在硬性产品属性之外做软性的延伸。一方面，通过感性内容包裹商品，赋予品牌温度和调性，与消费者形成情感共鸣、心理连接，完成传播使命。打造品牌精神内核、共创价值的生产模式、跨界联合等都是强化消费者与商品情感连接的合适选择。另一方面，通过为消费者提供特殊服务，提升消费者对商品的满意度和忠诚感，形成企业与消费者更高频、更丰富、更具信赖关系的连接，从而获得更高的用户全生命周期价值。

其次，商品由标准化生产向个性定制化生产转变。

定制化生产的概念其实在近代工业出现之前就已经出现了。然而，随着工业化的批量生产为人们带来了更多标准化生产的产品，私人定制已经逐渐被"淘汰"，其成本高昂、工艺烦琐等特点使其成为高端消费形态。伴随着互联网时代的到来，企业将生产线与信息化技术相结合，实现了生产线上多种产品型号、类别、尺寸之间的转换，使得流水线上的各种设计元素能够灵活搭配。比如在服装生产领域，我们只要输入个人的量体数据，系统就可以自动生成符合我们需求的版式，并在此基础上进行生产，大大提高了设计精度和生产效率，定制化生产的成本也大幅下降。而在数字化时代，定制生产将成为消费者普遍选择的一种生产方式，企业也将能精准满足消费者的需求。随着互动设计平台、3D打印等先进技术的成熟，许多企业推出了量产产品的定制版。同时，用户也可参与新产品的开发。在大数据背景下，人工智能可以快速匹配顾客偏好，机器通过顾客的浏览轨迹，购买记录等向顾客推荐相关商品，搭建虚拟购物场景，实现精准营销，提升购物效率。此外，商品数据标签和消费者群体画像使不同商品迅速匹配到不同地域、偏好、阶层的消费者，将会大大降低商品的物流成本。

3.场（景）的重构

首先，连接人和货的"场"类型越来越多元。

零售卖场从单一渠道向全渠道融合。经过单一线下渠道、线上线下多渠道的变革历程，新零售变革打通了线上线下，实现了购物、娱乐、社交多场景的统一。同时，这种全渠道卖场的辐射范围变得更广。受地理区域、物流、运输能力的局限，传统零售卖场辐射范围较小，而新零售下，微信、小红书、抖音、快手等各种社交工具有不同的分享逻辑，越分享连接机会越多，互为渠道的结合点就越多，更容易使有限市场形成乘法效应。

其次，同一消费者的需求场景越来越细化。

过去的"场"正在向"场景"转变。场景是消费者在具体时刻下的一种消费情境，这种消费情境的价值越来越凸显。消费者在不同人生阶段、生活状态、媒介触点、消费地点、社交场合等维度交叉的"场"中，具有不同心理需求、消费需求。现实场景往往是由围绕着消费者各人生阶段衍生的多样化的"需求场"，传播流程中再造的"媒介场"，以及渠道和经销环节打造的各种"卖场"等多维时空交织所形成的特定情境。同时，场景也越来越融合化，媒介场景正在逐渐卖场化，一些新形态的内容场景，如直播、问答帖等，成为网友"种草"（指分享推荐某一商品，以激发他人购买欲望的行为）、"拔草"（指实现购买计划）的卖场；而卖场也可以媒介化，在消费的过程中激发用户生产内容、分享传播。如何抓住消费者的情景需求，捕捉到他们和商品接触的情景时刻，对于传播和转化都至关重要。

4.连接方式的重构

人、货、场的连接，传统的连接方式主要是线下卖场，然后再演化成线上的电商连接，现在会更多地以内容驱动的方式进行连接。作为零售企业，进驻了抖音、快手、B站或小红书平台，并不意味着你就能连接上目标消费人群，还需要通过内容去吸引顾客。内容是指多形态的信息，是流转在人、货、场各个要素之间的润滑剂，也是催化剂，用于软化商品和服务、连接人与货、促进人在各种场景下的转化。优质的内容自带黏性，让各种角色的人都能参与到内容生产和分发中来。内容是货的功能信息和情感属性的传递者，内容是场景的外化，在不同的需求场、媒介场与卖场里，通过适配的内容，可以触发消费者需求，打通传播与销售。

在数字化时代,上述人、货、场都与过去有了显著不同,都进行了重构,再加上内容这一润滑剂,从而可以围绕企业目标展开,打通引流、转化和复购的全过程。传统的零售模式显然已经达不到这一效果,必须进行变革,才能适应数字化时代的要求。

三、重新定义数字时代的顾客价值

零售企业所提供的一系列经营要素的组合——商品、价格、服务、沟通、渠道等,都会给消费者带来一种整体零售体验。这种整体零售体验如果能让消费者感觉这次购物之旅的收获大于付出,他就会认为很有价值;如果他认为付出大于收获,他就会认为不值。所以,零售企业为顾客创造价值,意味着要给其带来一种良好的整体零售体验。

但是,企业的许多因素,如售货员的数量与素质、商品陈列、环境气氛、停车场车位、付款时间、安全卫生等都会影响顾客的购物情绪。皮尔加德曾以丹麦情调概念店(Danish BoConcept store)为例,描述道:"这是一个能够让消费者领略所有美妙的购物体验的地方——从消费者不经意地瞥见店面的那一刻开始,然后他穿过精致的门廊,浏览着琳琅的商品,感受到温馨的服务,也许还可以到优雅的咖啡座那儿享用新鲜的香浓咖啡,一直到无可挑剔的产品轻轻放到消费者手上——全部过程是如此的美妙。"

数字经济时代,顾客的需求也在发生着巨大的变化。越来越多顾客的一种消费探索、一种欲望的表达,因为消费行为的数字化而被探知、被感知、被获取、被分析,并且可以实时地去推动供给侧的变革,带来新需求的发展和新供给的产生。这种变化有时给顾客带来的体验是完全不一样的,也就是说,零售企业通过数字工具重新定义了顾客价值。

那么,数字化时代是如何重新定义顾客价值的呢?

第一，消费者可以有更多样化的渠道选择来购买自己需要的商品。

数字化时代，线上线下相融合的全渠道购物成为主流消费方式。尽管目前来看，线上渠道的零售份额正在不断增长，线下零售渠道份额还在进一步缩小，但我们不能说线上渠道要优于线下渠道，或者线下渠道优于线上渠道。对于不同消费者而言，他的喜好和习惯是不一样的。多渠道融合的价值在于为消费者提供了更多的选择，这种选择增加了顾客价值。

有人研究发现，许多消费者在购买消费电子产品时会先在线上研究再到实体店体验。如果消费者在线研究之后，又到实体店体验，那么购买该品牌的概率高达80%，且其中41%的人会选择就在实体店购买。只要消费者有兴趣查找信息、对比价格并与他人讨论，品牌商和零售商就能通过提高透明度和便捷性受益匪浅。因此，品牌商和零售商不应视实体展示厅为威胁，而应好好加以利用，通过提升全渠道体验的交互感和满意度来产生更高的价值。

第二，消费者可以随时随地随性地进行"场景触发式购物"。

当今的中国消费者不仅看重全渠道购物的灵活性，还希望能乘兴之所至，随时随地随性购物。这种所见即所得的购物，可以称之为"场景触发式购物"。因此，我们可以看到，当你打开美图App准备美化一下照片时，蹦出了商品广告，你点开广告马上可以链接到消费场景进行下单；当你在优酷上看视频或电视剧时，也会蹦出来商品广告，同样点开可以立即链接商品的购物场景；你在听音乐时、你在发邮件时、你在查网易词典时、你在阅读公众号文章时，各种商品广告纷至沓来，而且一旦产生购买欲望，都可以马上下单购买。每一个流量入口都变成了购物入口，每一个瞬间被点燃的购物欲望都能够被满足，消费者可以无障碍地进行"场景触发式购物"。传统平台电商的"次日达已经足够快"的理念也正在被打破，各大品牌商可借鉴甚至利用O2O（Online to Offline，即线上到线下）送餐平台的半小时内高效送货服务，通过加快商品配送提升冲动消费的转化率。这些数字化链接都在增加顾客价值。

第三，以社交活动为前提的消费互动增加了购物乐趣。

中国拥有全世界最多的互联网用户，中国消费者一直是社交媒体的爱好者。微信月活人数已突破10亿、QQ月活人数达8亿、新浪微博则接近5亿，几大社交平台在中国的渗透率已经超过95%。特别是移动社交，中国消费者每天在手机上花费近5个小时，其中在社交媒体上平均花费2小时以上。社交平台也在以前所未有的速度、深度与广度不断进化与迭代，去迎合用户愈发多样化与定制化的需求。从早期即时通信工具传递简单的文字、图片，到今天视频、小程序、游戏百花齐放，新社交平台层出不穷，玩法不断推陈出新，且呈现出不断垂直化、长尾化趋势，紧紧攫住不同分层、不同目标人群的注意力和时间。除了联络朋友、玩游戏和阅读新闻，社交媒体还迅速成为重要的购物渠道，人们可以轻松地在社交媒体上选购和下单。这种边娱乐边社交边购物的消费方式，增加了消费者的购物乐趣，从而使得社交电商成为目前零售业中增长最强劲的板块之一。

第四，超出标准产品和常规服务的个性化需求被更好地满足。

消费者购买某些商品，除了购物体验要符合自己的行为模式，也希望产品能满足个人需求和彰显品位。一些消费者抱怨定制自己想要的商品几乎不可能，而标准的现成商品和常规服务又无法满足需求。这点在服装品类尤为明显，因为购买服装主要考虑的就是合身与风格，消费者希望企业提供可以定制的剪裁、颜色、图案、材质等。在大数据时代，这种需求正在被满足，即使是一些非常强势的品牌，也开始推出定制化商品。例如，耐克推出了NIKEiD专属定制服务，顾客可对指定款的鞋和配饰定制自己喜欢的颜色、材质和图案。中国运动服饰公司安踏也引入了这一模式。中国的定制服装公司红领和必要商场，每天可批量生产超过数千份定制订单。

事实证明，如果能够帮助顾客从产品中获得更多，顾客就会越忠诚，回头客也就越多。企业可以通过两种方式为消费者提供更优质更丰富的体验：根据客户的共同兴趣组织线下活动，或者为产品"粉丝"开发在线社区。例如，佳能为摄影设备用户组织线下活动，由公司的专家指导用户拍摄照片。耐克则在全国各地提供免费的运动指导，帮助用户充分利用耐克装备。中国的数字平台也开始推出真正的场景式购物服务。在淘宝，只要上传物品的照片，就能查看数百万卖家的类似商品。优酷则提供"查看和购买"功能，让用户在视频播放时就能购买视频中显示的商品。展望未来，企业可以通过创新的服务模式打造强大的定制能力，在满足消费者个性化需求的同时，让自己从众多竞争对手当中脱颖而出。

第五，引导新的生活方式，提升消费者生活品质。

现在，许多线下实体店都在进行转型。开始时受到电商冲击最为严重的书店，逐渐都在转型为"书店+咖啡店+工艺品店+文创店+服装店"；一些超市也在不断转型，从传统大卖场转型为"超市+餐饮"店。于是，书店表面上是卖书的，其实更像一家咖啡店或者一个生活馆；盒马鲜生究竟是海鲜超市、餐饮店还是菜市场，怎样描述似乎都不准确。很多品牌，像无印良品，我们说不清楚它究竟是在卖什么东西，又感觉什么都在卖，其实它背后瞄准的是目标客户群体的需求，其对用户的生活方式特征都是非常清楚的。

这些实体店无论是异业合作，还是品牌联合，再到跨界营销，其内核都是找到和自己契合或是互补或是能激发潜能的另一个自己。其目的就是对生活方式的共同开发，与消费者进行生活方式的沟通与交流，让自己看起来不再只是单一的品类，而是趋向于生活方式的传递者。让消费者在与其接触中思考生命的意味。通过洞察消费者的生活细节，以及对于自己精神世界的坚持，让品牌成为一种品质生活的象征，和无可替代的情感归属地。零售企业的这些变革都给消费者原先的生活方式带来了较大的影响，甚至引发了一轮又一轮的生活品质提升。

新的更美好的体验无疑将成为未来零售增长的引擎。当零售企业能够成功地传递情感和快乐，创造了一些标志性的体验给到消费者，品牌建设能做到差异化的时候，零售的竞争壁垒就容易树立，也可以提升消费者对品牌的忠诚度，对企业长期发展起到重要的作用。

在数字化时代，我们需要认真思考企业的零售模式如何变革，才能和消费者进行更好的互动，了解他们的思维模式，从解决他们每天的基本生活需求转化到和消费者产生情感共鸣，创造全新的整体零售体验上，让消费者产生难忘、愉快、有意义的体验。这样企业才能在为顾客创造价值的过程中确立自己牢不可破的竞争壁垒，最终赢得数字化时代持久的竞争优势。

第二章

模式变革之商品力

商品力是零售企业最基本也是最核心的能力。零售企业的主要经营活动是围绕商品而展开的一系列采购、储存、销售和交付活动，商品是所有零售活动的起点，也是所有零售活动的中心，是为顾客提供价值的主要方式。离开了商品力这一基础能力，零售企业的其他能力都是无根之水。商品力是驱动零售模式变革的第一能力。不同的零售企业最终顾客价值的体现不在其他而在于其商品力的呈现，通过商品力的呈现即可以看到一家零售企业对自身价值定位的认知、践行与理解是否清晰，是否具有持续创造价值的能力与活力。

第一节　商品力：破解顾客的需求密码

一、商品力是什么

传统的营销组合理论是建立在 4P 理论基础上的，即产品（Product）、价格（Price）、渠道（Place）和促销（Promotion），这是从企业角度来分析营销问题。美国营销专家劳特朋教授于 1990 年提出 4C 理论，即消费者（Consumer）、成本（Cost）、便利（Convenience）和沟通（Communication），这是他从消费者角度对 4P 理论的重新定义。

4P 理论与 4C 理论是相互关联的，它们的区别只是看问题的角度不同，因此结论也不一样。在 4P 理论中的第一个 P——产品（Product），从消费者角度来看，便是 4C 理论中的第一个 C——消费者（Consumer），准确地说应该是消费者的真实需求。奉行 4P 理论的钻子企业会考虑如何生产销售一把尽善尽美的钻子，但从消费者角度出发，我们可以看到，他们的真实需求并不是要买一把无可挑剔的钻子，而是想解决在墙上钻一个孔的问题。对此，解决方案有三种：买钻子、租钻子或租打孔服务（第三方服务）。于是，当生产钻子的企业一门心思改良它的产品，做出最完美的钻子时，殊不料其他行业的隐性竞争对手跨界"打劫"，用一种轻松的租钻子业务抢走了它的生意。这个例子告诉我们，不能只盯着自己的产品，要洞察消费者真正的需求。

回到我们最初的问题，商品力是什么？商品力就是帮助消费者解决困扰其问题的一个解决方案。如果你的解决方案优于其他竞争对手，就能吸引消费者采用你的方案，从而形成自己的商品力。

长久以来，如何持续提升零售企业的商品力成为人们争议不断的话题。不同时代下和不同业态中，商品力的内涵与外延都是不同的：商品力的内涵是指零售企业经营的商品本身的价值，商品力的外延则是指零售企业经营的商品能满足目标消费者的需求程度。

我们首先必须明白，零售企业的商品力是设计出来的，零售商品力体现在企业所经营的商品本身的内涵价值设计上，然后才是企业如何实现和不断提升自己的商品力。现代营销理论提出了整体产品概念，认为一个完整的产品分为五个层次：核心产品、形式产品、期望产品、附加产品和潜在产品。

核心产品是产品的第一层次，是指消费者购买某种产品时所追求的利益，是顾客真正要买的东西，因而在产品整体概念中也是最基本、最主要的部分。消费者购买某种产品，并不是为了占有或获得产品本身，而是为了获得能满足某种需要的效用或利益。例如，对一家服装零售商而言，顾客购买的就是"保暖和美丽"；对超市食品购买者和餐馆消费者而言，其真正购买的是"消除饥饿和美味享受"。

形式产品是产品的第二层次，它是核心产品借以实现的形式，即向市场提供的实体和服务的形象。如果有形产品是实体物品，则它在市场上通常表现为产品外观、式样、颜色、气味和包装等。产品的基本效用必须通过某些具体的形式才得以实现。市场营销者应首先着眼于顾客购买产品时所追求的利益，以求更完美地满足顾客需要，从这一点出发再去寻求利益得以实现的形式，进行产品设计。例如，对服装消费者来说，他期望的形式产品是舒适的面料、精致的做工、贴身的剪裁、别具一格的式样、喜欢的色彩等，能满足不同场景的穿着需求。

期望产品是产品的第三层次，它是消费者购买产品时期望的一整套属性和条件，即产品品质。例如，对于购买洗衣机的人来说，一般会期望该机器能省事省力地清洗衣物，同时不损坏衣物、洗衣时噪声小、方便进排水、使用安全可靠、寿命长等。企业商品力的竞争很多时候会体现在这一层次上，不是企业能为消费者提供不同的产品，而是提供同类产品时，其产品品质能够满足消费者的期望。

附加产品是产品的第四个层次，是指消费者购买产品时所包含的附加服务和利益，主要包括运送、安装、调试、维修、产品保证、零配件供应、技术人员培训等，也包括一件产品的品牌所带来的额外满足。例如，一件香奈儿的大衣和一件 ZARA 的大衣材质样式差不多，价格却相差十几倍，不是因为大衣本身的前几个层次的产品差异有多大，而是品牌本身蕴含的价值带来了不同的感受，消费者愿意为这种品牌溢价买单。附加产品来源于对消费者需求的综合性和多层次性的深入研究，要求营销人员必须真正洞察消费者的多样化需求，但同时必须注意消费者是否愿意承担因附加产品的增加而增加的成本。

产品的第五个层次是潜在产品。潜在产品表明了产品可能带来的潜在价值，或者说是衍生价值。消费者购买一双鞋，不仅仅是因为它的舒适和美观，也可能是因为会给他带来一种归属感，能与伙伴拥有共同的兴趣爱好和价值观。这是把一个企业的产品与其他企业的产品区别开来的重要标志，由此而形成了品牌的鲜明形象。许多企业通过对现有产品的附加与扩展，不断提供潜在价值，所给予顾客的就不仅仅是满意，还能使顾客感到喜悦，这也正是现在品牌联名或 IP 化产品大行其道的原因。

由于潜在产品的价值具有不确定性，因而更容易被顾客感受到价值的是附加产品。如今的竞争更多地发生在附加产品层次。在较不发达的国家和地区，竞争主要是在形式产品或期望产品层次。产品的附加内容使得管理者必须正视购买者的整体消费因素，即所有引起消费行为变化的各种因素和整个消费过程，从而发现增加产品附加价值的机会，以有效地进行竞争。一些成功的企业为其产品附加了丰富的额外价值，不只是为了满足顾客，更是为了取悦他们，因为这意味着会给顾客带来意想不到的惊喜。

商品力的设计在一定程度上就是产品价值设计，即企业确定提供给消费者的产品属于哪一层次，或者以哪一层次的产品作为竞争的基础。例如，是以最低的价格提供期望产品，还是以适当的价格提供附加产品？产品的附加价值应该是多少？这种设计需要了解目标顾客的真正需要，因为每增加一定的附加价值都意味着增加一定的成本，管理者要知道顾客是否愿意支付这么多钱以补偿产品成本。顾客的需求是多样化的，有些顾客可能更看重附加价值，有些顾客可能更看重产品价格，这就是为什么当有的企业提高附加产品的价格时，有些竞争者会以更低的价格提供"削减产品"，而两者都可能成功。

如果一个公司产品带给顾客的附加价值比其他同类公司的产品要多而花费相同，那么这个产品就具有更强的竞争力。需要指出的是，如果同行业的竞争对手都提供相同的附加产品，附加产品可能很快就会变成期望产品。例如，当所有社区超市都提供食品免费试吃的活动时，则这种免费试吃就成为超市食品期望产品中的一部分，这就意味着企业不得不提供进一步的服务和利益来满足或取悦顾客。为顾客创造附加价值的机会存在于顾客和公司发生联系的全部活动中，抓住这样的机会，不仅给顾客提供了附加价值，而且帮助顾客解决了问题，最终将赢得顾客的忠诚。

我国经过 40 多年的改革开放以及不同经济周期的刺激与影响，消费品市场已经由基本需求满足到基本需求释放再到通过消费表达自我的时代，整个变迁过程是中国整体经济快速发展的一个缩影，在这个缩影背后是产品要素的功能性满足向精神性满足发展的必然。

二、商品力：精准满足顾客需求

并不是越高层次的产品越有竞争力，零售企业的商品力体现在企业的商品能在多大程度上解决目标消费者的需求痛点。而不同的消费者面临同一个问题时，需求会不一样，解决的方案也不一样。

拼多多的崛起就是一个很好的例子。拼多多成立于2015年9月，两年之后，2018年7月26日，拼多多在纽约敲钟，正式登陆美国纳斯达克市场。它目前是我国第一大社交电商平台和与淘宝、京东并列的三大电子商务平台之一。拼多多虽然采用的是拼团模式来进行零售活动，但它的崛起离不开准确的市场定位和充分满足目标顾客群需求的商品力。

我国互联网的发展经历了三波人口红利。第一波人口红利，主要是最早接受互联网的一批人。第二波人口红利，主要是大城市的年轻人，伴随着移动互联网从一线城市向二线城市下沉的自然过程。而第三波人口红利则是小城主流人群，主要包括二三线城市、三四线城市中三四十岁以上的用户以及一线城市年纪较大的用户。一二线大城市的市场主要为阿里巴巴、京东所占据，进入门槛高。拼多多在三四线及以下城市的用户占比52.2%，消费水平低，主要关注商品的价格，因此拼多多拼团低价的模式就比较有吸引力。

拼多多的产品以低价格在各大电商平台中脱颖而出。拼多多社交电商平台上所提供的产品种类丰富，涵盖食品、母婴用品、服饰、日用百货、家纺家具、生鲜水果、海淘、医药等。拼多多从2015年至2019年间都采取低价策略，把相同产品的价格尽量压低到比传统电商平台上的价格更低。为客户提供廉价产品，成功地吸引了对价格极其敏感的来自四五线城市的用户。

最初进入拼多多平台的商品都没有品牌，或者以不知名的小品牌为主。

由于主打价格实惠，因此产品不追求品牌，只追求物美价廉。拼多多的竞争力体现在前端与后端能力的结合，这种结合使得拼多多打通了整个社交电商的交易过程，并成功推出了"拼工厂+拼农货"的模式。

拼多多与长三角和珠三角的中小外贸企业合作，这些企业正面临电商的严重打击，迫切需要在微利模式下进行低风险的大规模化生产。拼多多有效承接并放大了这种需求，将这些工厂变为由拼多多牵头，为其"爆款"产品提供全套代工服务的"拼工厂"。同时，拼多多精准链接起了农民与消费者，仅在一年时间内便催生9亿多扶贫订单，探索出了电商精准扶贫的"拼多多模式"。

所以，拼多多的成功并不是因为它的商品本身有多好，甚至它的商品还经常被人诟病，一度成为假冒伪劣产品的代名词。虽然经过整顿规范，情况已经有了根本性的好转，但拼多多上的商品还称不上品质有多好，而是因为拼多多的商品很好地满足了底层顾客的需求，满足了他们从用不起到能用上的消费升级需求，因而同样具有强大的商品力。

另一个相反的案例是Ole'超市。Ole'是华润万家旗下的一个高端超市品牌，于2004年在深圳创立。当时，华润置地要开一个一站式体验的高端购物中心，时任集团总经理宁高宁要求该购物中心的超市必须由华润万家承接。当即指派负责人去开创一个与华润置地定位匹配的、为中产阶级服务的高端精品超市，由此便诞生了国内最早的精品超市领导品牌——Ole'。

当时国内精品超市市场几乎空白，高端超市尚无人涉足。究竟要开一个什么样的超市才能符合中产阶层的需求？他们在调研了香港的高端超市及不同零售业态之后，把超市品类重点放在了红酒、西式美食、面包等三大品类上，逐渐明确了Ole'的商品定位：以优质的进口商品为主，突出"红酒区+体验bar"、全球精品糖巧及非常少见的芝士火腿、传递西式生活概念的健康欧包三个品类。

Ole'这一名字取自1998年世界杯的主题曲《生命之杯》,"go go go, ole ole ole"这句融合了英语和西班牙语的歌词当时在街头巷尾广为流传,于是,灵感闪现,Ole'这一名字由此诞生,它意喻着带给消费者开心、快乐、愉悦的购物体验。2004年,全国第一家高端精品超市——Ole'超市在深圳万象城揭幕,颠覆了国内传统超市形态,立即引发了业界乃至全社会的关注。一直到现在,Ole'超市都是国内领先于行业的高端精品超市,很受一、二线城市的中产阶层消费者欢迎。Ole'超市同样具有强有力的商品力。

由此可见,商品力不完全取决于商品的品质,而是取决于企业恰当满足目标消费者的商品能力。由于中国市场广阔,消费层次众多,一个企业是无法完全满足不同消费层次的需求的,这就在零售市场上衍生出不同的商品力,各自守护着一块市场。

三、商品力:随消费升级而提升

目标消费者的需求不是固定不变的,每一代人的需求不一样,同一代人的需求又会随着社会变迁和经济发展而发生变化,零售企业必须敏锐地洞察这些变化,从而不断提升自己的商品力。

前面提到的华润万家Ole'高端超市,一经亮相便迅速成为业界关注和模仿的对象,但其商品力并没有停留在最初的设计上,而是不断更新迭代。2008年购物中心逐渐兴起,国外商品快速流入,消费者对生活品质和个性化购物的要求日益提高。经过四年积淀,他们研究了几大类消费购物心态,第二家Ole'于深圳益田假日广场面世,定位为Ole'第二代——"lifestyle",即满足消费者购买与众不同商品的需求,为都市生活打造体验式超市,向人们传递一种"追求品质"的生活方式。

第二代Ole'延承了"传导生活方式"核心理念的同时,更强调"与众不同"的购物感受，当时还提出了一个口号"be Ole', be different"。并对顾客购物的感官体验及服务理念进行升级，给顾客以清新、明快的感觉，在动线设计中以更科学的布局规划来实现品类的过渡，还对有机健康中心、护理中心以及酒窖等品类中心进行了全新的诠释，充分展示商品的特色，延展了顾客服务空间。2010年底，Ole'衍生出更年轻时尚的副品牌blt，形成双品牌运作。

2012年，Ole'推出了创新的lifestyle业态，对具有代表性的品类中心进行了强化，优化商品组合，并首次引入"take it eat"的概念。作为生鲜区域及功能的扩展，在卖场内搭配了"美食区"，给顾客更多便利选择。Ole'门店引入了牛排、咖啡的现场制售与堂食空间，并可供开展烹饪、品鉴课的"概念厨房"。Ole'的每一家新店不会完全复制之前的店面样貌，而是根据门店周边的商圈特色来选择增加场景式体验形式。

近两年，随着消费者生活品质不断提升，Ole'开始往源头深处延伸，要么寻求国外工厂的战略合作，并购或是双品牌，做深度挖掘；要么就是以服务商的姿态连接国外品牌，做宽度拓展。Ole'积极尝试直接地对接源头，实现定制生产，寻求更深的合作。尤其在海产品这一领域，品牌化还很初步，消费者对原料来源、加工工艺、食品安全等很难界定，包括一次冻、船冻、钩钓等这些精细化的工艺也不清楚。像Sapmer和新海线，包括Sealord，这些国外的海产大亨逐步进入中国，走向台前。源头品牌的入驻有助于推动顾客教育的进程和可信度，通过源头品牌的升级，Ole'回馈给消费者更优质和优价的产品。

因此，企业的商品力是根据顾客需求的提升而不断提升的。在基本价值满足阶段，顾客关注的是产品力的要素体验带来的生理性满足。这个阶段满足的是从量足到丰富到质优价美再到顾客响应及时（量、多、好、省、快）。而随着基本价值可实现程度的不断提升，消费认知、消费品位、消费期望开始升级，这种升级是人性化的升级，而非经济性升级。于是，商品力的内涵也就变得越来越丰富多样。

如果原先的目标顾客已经能够很好地得到满足，企业的商品力提升也意味着可以满足更多的顾客群体。拼多多于 2019 年借助实施"百亿补贴"措施开始向一、二线城市或中上阶层消费者市场发力。根据 2019 年年报显示，拼多多在 2019 年推出的"百亿补贴"实际支出可能超过了百亿元。仅 2019 年第四季度，拼多多"百亿补贴"的支出金额就超过 50 亿元，平均每件商品的平台补贴约为 15%。"百亿补贴"为拼多多电商平台带来用户的急剧增长，拼多多在稳固低线市场人群，维持好已有存量的同时，向一、二线城市渗透，极力寻找新的突破口。

"百亿补贴"的这种做法说明拼多多的野心并不局限于低端市场，而是希望向全领域市场进军。但它必须对不同的消费群体采取差异化策略，进一步细分目标用户群体，清晰了解不同层级的用户需求。比如，中低端消费群体追求物美价廉，可以有针对性地为此类群体提供一批物美价廉的商品，保留住中低端消费用户市场。而中高端消费用户群体更看重产品和服务本身，可以在前一步的基础上为用户提供高端消费品和更高质量的服务。

综上所述，一个零售企业要不断提高自己的商品力，一方面要准确把握目标顾客群的需求变化，不断提升商品内涵以满足目标顾客消费升级的需求；另一方面，也可以重新定位目标顾客群，来重新规划自己的商品力。此外，企业还可以创造需求，引领消费需求来为顾客提供新的价值。在这方面，盒马鲜生就为我们提供了很好的样本。

比如，中国人吃龙虾的习惯是要么吃两斤以上，要么就不吃。而盒马鲜生通过数据发现并创造了一个新的需求，那就是 2 斤以下、1 斤以上的龙虾。现在我国 50% 以上这种龙虾是在盒马鲜生销售的，还供不应求，以至于盒马鲜生要找新的养殖场来养殖这种龙虾。这些业务完全是数据中长出来的。可见，零售企业创造需求，这种创造现在越来越依赖数字技术的应用。以数据驱动业务，才能真正做到以消费者为中心。随着未来万物互联和全样本数据运营成为可能、未来 C2B（Customer to Business，即消费者到企业）模式成为可能，消费者为中心将真正化为现实。

过去，我们大部分零售企业的商品力建设主要停留在对于顾客基本价值的满足与提供上，随着我国整体经济水平的提升，互联网技术的快速发展，基本性消费满足已处于高度饱和状态，在持续深挖基本性价值满足的基础上，关注和满足目标消费者的情绪价值与群体价值的认知与感知显得更为迫切。今天的商品力提升更多的是考验零售企业对于消费者生活方式与情感期望的理解与实现。今天的消费者需要的不再是简单的功能价值，而是作为完整个人的被尊重与被理解。无论是线上还是线下，无论是直播还是直销，最终能够坚持下来的都是围绕顾客价值实现而不断提升商品力的企业。

第二节　如何打造爆品

零售企业提升商品力面临的一个重要问题，是如何将自己经营的商品打造成爆品，因为企业资源有限、商店陈列空间有限、电商入口流量有限，如何才能把有限的资源放在最重要的商品上，实现最大的经济效应。

一、功能与情感叠加

咨询公司贝恩发布的 2018 年度《中国奢侈品市场研究》显示，中国消费者的奢侈品消费总额占到了全球市场份额的 33%，美国为 22%，欧洲

18%，日本 10%，中国消费者已经是世界上最大的奢侈品消费群体。在奢侈品畅销的同时，也有越来越多的人在用拼多多"血拼"便宜货，促使拼多多在不到 5 年时间其活跃用户就达到了 8 亿多。最新财报显示，截至 2021 年 3 月 31 日，拼多多年度活跃买家数达到 8.238 亿，较上一年同期净增 1.957 亿。而京东在 2021 年第一季度财报中给出的过去 12 个月活跃用户数为 4.998 亿；阿里巴巴截至 2021 年 3 月 31 日其中国年度活跃消费者为 8.11 亿（阿里巴巴全球年度活跃用户超 10 亿）。这充分说明了中国市场上消费分级正在发生。面对这种变化，今天的企业要打造一个爆品，与以前的思路完全不同了，需要对目标顾客群的需求进行深入洞察。

一个商品可以从两个方面的维度来满足消费者的需求，一个是功能维度，一个是情感维度，如图 2-1 所示。

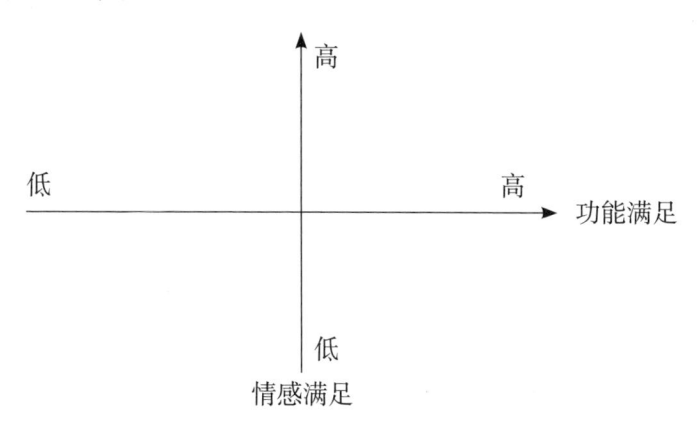

图2-1 从两个维度来衡量的商品价值

从功能维度来看，是指商品对消费者而言所具有的使用价值，如衣服用来保暖、食物用来充饥等。从情感维度来看，是指商品对消费者而言的无形价值，如名牌商品不仅可以满足消费者某些具体使用上的需求，还可以满足消费者的虚荣心和优越感。

一个商品要成为爆品，第一个思路是从功能上不断提升，尽可能高地满足消费者的功能方面的需求。以电饭煲为例,以前的电饭煲就是一个普通的电饭煲,现在的电饭煲有压力、有智能,它可以根据你的口味、米种来调节煮饭的一个加热曲线,这些新技术给电饭煲这个产品带来了更新换代的机会。

有些产品已经是多年的成熟商品,如何在功能上进一步提升呢?例如牙刷,大家都是用它来刷牙,功能比较简单,但也可以做出差异化。小米开发的牙刷产品,是把牙刷当成医疗器械来对待,而不是像普通的牙刷厂,把它当成快消品来对待,态度上是有区别的。因此他们不停地寻找一把真正的好牙刷应该长成什么样子,也就是寻找牙刷的最优解。经过半年的努力,他们在整个刷丝的排布上,让中间的毛高出来一点,这样有利于牙龈沟(牙齿和牙龈交界的地方)刷得更干净。他们把这种刷丝排布经过优化的牙刷,叫作巴氏牙刷。

再来看看牙刷的刷丝。他们在全世界范围内寻找,包括韩国、德国等各种各样的刷丝,最后发现日本东丽的丝是最好的。所以小米之家里贝医生牙刷的丝,是专门找东丽来研发代工的。还有就是刷头大小要合适,口腔的空间非常小,所以一定要尽量用小头。牙刷的外形非常简洁,整个就是一个很简单的排置,局部用彩色点缀。牙刷的细节还有很多,包括其专利等。因此,即便是牙刷这样的成熟商品,也可以把每个细节做到优化。

如果在功能上找不到可以改进的地方,企业也可以在满足消费者情感方面下功夫。像我们都知道的江小白酒,并不是它的产品本身有多么好,而是印在产品上面的话语,打动了千千万万目标顾客的心,使其成为市场上的爆品。他们的主要做法就是在情感满足上下功夫。

现在,为了应对消费分级,各种品牌纷纷开始实施高低端并行的品牌战略,例如小米和红米,华为和荣耀,等等。同时,分级消费也对营销提出了更高的要求,品牌需要更精准的受众策略和营销解决方案,以满足圈层化的营销需求。虽然消费者圈层不一样，不同圈层的消费者意识不可能是统一性的，整个消费更加多元化，但人性底层的东西不太会变，比如说大家希望变得更美、更健康，产品更好吃或者更好喝，希望追求更深层次的精神价值。

在功能和情感的双重属性中，商品的功能性是第一位的。很多红极一时的爆品，由于质量问题，最终却从明星变成了流星。例如，故宫口红曾经火爆一时，虽然价钱不高，但质量不过硬。还有诸多昙花一现的网红饮品品牌，来得快去得也快，其根本原因就在于缺乏品质的支撑。由此可见，创新的关键在于，你既要拥有美丽的"外在"，也要有硬核的"内在"来支撑，这个"内在"就是满足人的基本需求——健康、品质、好吃、好用等。

二、上瘾，上瘾

爆品往往是指那些容易让顾客购买和使用上瘾的商品。那么，什么样的商品能对顾客产生强大的吸引力，让顾客出于习惯而建立与产品持续的关系？有一本书叫《上瘾》，探讨的正是这样一个问题。这本书揭示了很多让顾客上瘾、形成使用习惯的互联网产品和服务背后的基本设计原理，告诉读者怎样打造让人们欲罢不能的产品。作者甚至还提出了一种新颖而实用的"上瘾模型"，通过四个步骤来养成顾客的使用习惯。这一理论对于打造爆品很有借鉴价值，泡泡玛特就是应用上述理论的一个很好的案例。

近几年国内兴起了一股"盲盒风"，微信朋友圈里经常有人秀出自己抽来的小娃娃照片。所谓盲盒，就是装着一个个小玩具的盒子，这些盒子包装一样，拆封之前不会知道里面装的是哪一款潮流玩具。心理学研究表明，不确定的刺激会加强重复决策，一时间盲盒成了让人上瘾的存在。根据天猫2019年8月份发布的《"95后"玩家剁手力榜单》，盲盒已经成为"95后"玩家增长最快烧钱最多的爱好。2018年有近20万名消费者在盲盒上花费超过 2 万元，其中最硬核的玩家一年甚至豪掷百万。

售卖盲盒的各个商家中，规模最大、知名度最高的是一家叫作泡泡玛特的潮玩店。泡泡玛特是集潮流商品销售、艺术家经纪、衍生品开发与授权、互动娱乐和潮流展会主办四大业务于一体的潮流文化娱乐公司，成立于 2010 年，以"创造潮流，传递美好"的品牌文化在潮流玩具行业中脱颖而出。

在打造盲盒爆品时，泡泡玛特借助了社交的力量，挖掘到一部分消费者的"收集"热情，并让这种热情通过盲盒的购买方式被迅速放大，进而产生了社交属性。"拆盒"衍生为视频和图文内容，在社交网络病毒式蔓延，利用每个人都有的"心动"的感觉扩大品牌受众。最终，泡泡玛特的"拆盒"仪式，在 B 站、小红书、抖音等平台上成了一种特殊文化，而盲盒也成为一种消费习惯。

乐高也是一款让消费者持续上瘾的商品。乐高是一个全球闻名的老牌玩具品牌商，1932 年创立于丹麦，至今已有 80 多年的历史。乐高的名字来源于丹麦短语"Leg godt"，意思是"玩得好"。创始人奥勒以标志性的积木为基础创办了公司，在几代管理人的传承和经营下，乐高用小小积木搭建了一个庞大的玩具帝国。

乐高是全世界最专注、伟大的产品企业之一。表面上看，乐高的塑料颗粒只是一块棱角分明的糖果色塑料，但其无限变化的创意性却让全世界乐高迷为之着魔。产品体现了这种无限组合变化的魔力。乐高 80 多年的发展绝非一帆风顺，这家企业也曾一度走到破产的边缘。当网络游戏、视屏游戏雨后春笋般地发展起来时，乐高和许多其他玩具厂商一样，受到了巨大的冲击。加上来自传统玩具制造公司的激烈竞争，2004 年的乐高负债近 10 亿美元，销售额短短两年内下降了 40%，面临着破产的威胁。

于是，当时的乐高公司花大价钱做市场调研，找品牌顾问，想借此找到正确的市场方向。然而，所有的市场大数据分析都得出同样的结论，就是未来人们会对乐高积木越来越没兴趣，因为成长于信息时代的新生代，他们的兴趣都被电脑占据了，他们需要"即时满足"，他们没有耐心和兴趣再玩乐高。经过仔细考虑，乐高团队没有接受市调公司的建议，而是完全改变了原来根据大数据分析得出的努力方向，回过头来继续集中精力做积木，而且把积木做得更精致、更小块、更有挑战难度、玩起来更费时间。其后所有的营销也都朝着这个方向配合。

玩具，很多人看到这个词的第一反应便是"小孩子玩的"，将玩具定义为儿童的玩物，而忽视了大人玩玩具的可能性。但实际上，玩具存在的意义并不只是局限于儿童之间，它在青年甚至成年、老年群体之间也同样具有存在价值。乐高重新定义了玩具市场。玩具不仅仅是孩子的专宠，在乐高看来，不管年龄和能力如何，任何人都应该可以捡起乐高积木，都可以尽情发挥自己的想象力。好的玩具设计，不光挣孩子的钱，还要挣成年人的钱。

在那之后，情况有了奇迹般的改变。乐高的成年"粉丝"占其年销售额的近10%，尽管从份额来看，这不是一个巨大的蛋糕，但成年人的购买力十足。这一群体是乐高的拥趸，他们为乐高着迷，他们可以用充满魔力的小组件搭建出任何想象的造型，他们对品牌有着极高的忠诚度，只要喜欢就很少去考虑价格。10年后，乐高超越美泰（即"芭比娃娃"品牌商），成为全世界最大的玩具商。

乐高的重新崛起颠覆了我不少固有的观念。一是什么样的专业店会有未来？前两年我在写一篇文章时，曾以玩具反斗城为例，认为传统玩具厂商已经面临天花板，未来发展空间有限。结果，乐高颠覆了我的这一观点，它不仅活得很好，而且活得越来越好，找到了一条玩具专业店发展的新路子。二是在数字化时代，我们该如何运用掌握的大数据？我以往认为，大数据才是最懂人性的，它会直接揭示真实的市场需求。但是，乐高告诉我们，不要过于迷信大数据,数字始终是我们决策的助手,人的洞察力有时会超越数据显示的真实,具有决定性意义。三是标准化与差异化融合的问题。著名战略家迈克尔·波特告诉我们,低成本和差异化难以兼得,而低成本优势又主要依赖标准化获取。于是,我的固有观念是,标准化与差异化化往往是矛盾的,无法统一。但乐高用它的极致标准化产品和无限个性化体验给出了不同答案,它让人们看到了一个企业商品力的提升,不一定是去迎合消费者,也可以去引导消费者。

三、品牌联名与商标 IP 化

要想打造一款爆品,品牌的商标也十分重要。一个创立多年的品牌,因为市场和渠道的固化,消费者对品牌形象的认知根深蒂固,想要创新是十分困难的,甚至要承担巨大风险。尤其对那些早已被打上"毫无新意"标签的老品牌来说,重回消费者视野更是难上加难。要想平安跨过创新的这个风险,另寻一条出路就成了必然。于是,品牌联名成为当前众多品牌的选择,尤其是跨界联名,更是受到品牌商的喜爱。

想必还有不少人记得 2019 年 6 月优衣库推出与 KAWS 联名 T 恤衫时消费者疯抢的情景。在很多优衣库的门店,消费者们早早地排起了长队。一开门,消费者们便一哄而入,你争我抢,甚至把模特身上的衣服都扒了下来。其实,自 2016 年以来,KAWS 与优衣库已经多次合作。刚开始,他们出品了联名版胶囊系列服饰(指以经典款主打的衣服系列)。后来的一次合作虽然不再有芝麻街系列元素,但从中国消费者身上可以看出其受欢迎程度并未下降。2019 年这次联名款被大肆炒作的原因在于这是 KAWS 和优衣库的最后一次合作,KAWS 还在 Instagram 上发布了一张优衣库店面照片,配有写给"粉丝"们的一段文字:"我真的希望你们能喜欢这次的联名商品,因为我已经决定这将是我最后一次与 UT 合作。"

不仅外资品牌热衷联名来推出爆款商品，国内的老字号也开始兴起联名风潮，丝毫不逊色于新品牌。例如前不久，大白兔联名 GODIVA 发布了最新款冰淇淋，并通过线下快闪店销售。这不是大白兔第一次联名，在此之前，大白兔就与美加净合作推出了大白兔奶糖味的润唇膏，与"气味图书馆"联手推出了"童年的味道"香水。可以说，只要大白兔有新品推出，就必定能带热一波话题。越来越多的老字号通过跨界、联名等方式，在年轻人里破圈出道，老字号和老品牌们正在重新焕发出勃勃生机。

品牌的跨界合作有利于企业塑造新的形象，给品牌注入新的活力。跨界合作多以网红产品为主，这些联名款产品具有社交属性，满足了新生代的新鲜感和好奇心，匹配了年轻消费者的不同需求。于是，从雪糕、薯片、衣服到球鞋，越来越多的联名款产品轮番登上热搜。甚至有些看起来八竿子打不着的品牌，也纷纷联合起来造势，联名产品越来越多。

钟薛高连续推出了与娃哈哈、五芳斋、小米 10 青春版的联名款雪糕。他们称这种跨界合作是为了赋予品牌更多的个性。以钟薛高与五芳斋合作的粽子口味雪糕为例，打破了大家觉得粽子是端午节吃的美食这一传统观念，满足了不同类型消费者的需求和猎奇心理。

茶饮界的喜茶，也曾与可爱多、盒马、回力等推出过联名产品。据企业负责人介绍，他们看中的是与喜茶吻合的品牌价值观和社交属性。喜茶在品牌联名上的出发点不是盈利，本质上是品牌文化的输出。他们想要与消费者建立联系，所以寻找更多有趣的方式去呈现产品和品牌，提升品牌的丰富度和纵深感。

上面提到的泡泡玛特品牌也是最会做联名营销的，通过城市联名、品牌联名、IP 授权合作，泡泡玛特的 IP 得以不断深入用户心智。目前泡泡玛特已经和多个品牌进行了联名，包括伊利、娃哈哈、欧莱雅、卡西欧等，内容辐射到美妆、快消、食品、日用品等多个领域。

一般来说，成功的联名，好产品和好故事缺一不可。好产品应该在设计、功能、品质、价格四个方面达到平衡状态，成为顾客渴望拥有、愿意支付溢价，并且愿意花费时间去购买的产品。而好故事则是能够与消费者建立强烈的情感连接，产生共鸣，有很强的交互性。与其他 IP 不同的是，泡泡玛特是一家没有故事的 IP。但或许正因为这样，才让泡泡玛特不被定义，有着更多的可能性。

目前泡泡玛特共有 85 个 IP，包括 12 个自有 IP、22 个独家 IP 和 51 个非独家 IP。泡泡玛特热衷于和人气 IP 合作，和迪士尼、王者荣耀、Hello Kitty、非人哉等进行联名。例如，泡泡玛特和非人哉合作推出发呆哪吒系列，联名《国家宝藏》推出合作款 Molly 李白，联合华纳兄弟电影推出哈利·波特魔法世界系列盲盒，等等。

泡泡玛特和欧莱雅小美盒联名，推出了多款定制礼盒包装，采用"端盒"模式进行销售。泡泡玛特还和德芙跨界合作，推出了定制包装的巧克力和可爱周边，包括行李牌、便签纸、购物袋、胶带等，并以盲盒的形式销售。泡泡玛特和娃哈哈联名，将盲盒玩法应用到了品牌产品，推出了限量款定制"盲水"，4 瓶盲水加 1 个 DIMOO 太空系列盲盒，限量 5000 箱，基本几秒售罄。

泡泡玛特联合芬达推出联名礼盒鼠年大乐队系列手办娃娃，让 Molly 住进了芬达罐。资生堂旗下美妆品牌 Za 姬芮与泡泡玛特旗下的 Pucky 森林系列梦幻联名，古灵精怪的 Pucky 以莎士比亚《仲夏夜之梦》中的捣蛋鬼 Puck 精灵为原型，是泡泡玛特旗下的一款超人气潮玩。

IP 是品牌年轻化和艺术化的一个有效途径。品牌与人气 IP 联名，不仅能赋予品牌年轻化的形象，同时也能通过新潮周边吸引年轻消费者，助力打开年轻市场。但企业要实现从品牌到 IP 的转化还有很长的路要走，需要大量的资金投入和内容创作。除了"品牌+IP"的合作，还有那些未成为IP的品牌与品牌之间的合作，例如RIO和六神花露水合作推出的鸡尾酒，泸州老窖和茶百道推出的醉步上道奶茶等，饮料和日用品跨界、酒和茶牵手，它们的诉求无非是借助对方的品牌力，为自己招揽更多用户。除了双方联名，还出现了"品牌+IP+名人"的多联名趋势，这都给了品牌更多的可能性。不过，真正的品牌远不是靠一次联名操作就能成功的，它需要不停地跟用户交流，用产品占领用户心智，再靠时间慢慢沉淀下品牌资产来。

第三节　买手店与自有品牌

一、买手店的兴起

当前，买手店的兴起，是零售企业提升商品力的一个重要表现。尤其是百货商店和专业店，为了不沦为品牌商的"试衣间"，许多企业纷纷建立买手制度，通过向世界各地寻找好物，树立自己独一无二的商品形象。

买手店起源于"二战"前后的欧洲。当时的伦敦、巴黎等城市兴起了独立的街边小店，往往由个人经营，经营者常担任着产品设计、采购等职责。买手店在起源地的语境中被称作"Boutique"，即法语"商店"之意，后被英语语言纳入使用，又译作"精品店"。20世纪60年代早期至70年代中期，买手店在欧洲蓬勃发展。90年代，买手店的概念被引入中国，并在2010年后得到较快发展。

随着人们生活水平的不断提升，个人意识也在渐渐苏醒。在强烈的个人主义文化中，买手店通过眼光独到的采购和个性鲜明的宣言，在极大程度上提供了一个灵活且易于制造消费者共鸣的平台，成为"独一无二"的代名词。买手店依赖买手的个人品位与时尚理解，通过整合创造附加价值，是更具针对性的营销与商业细化的表现。

尤其是在百货行业，近年来面对电商、租金压力和同质化竞争，不少传统百货尝试自营模式，引入买手店来直接面对消费者，针对客户群体做精细化分析，挑选符合客户群体的小众新奇特产品，加大特色品牌的采买比例。能提供丰富品类品牌和活力的买手店为传统百货业转型提供了全新思路，正在成为一种重要的引流方式，帮助盘活原有供应链、商品资源和地段优势，用全新面貌连接消费者，同时导入新兴品牌。

例如，百联集团于 2017 年 9 月推出了精品集合买手店 The bálancing。首家店进驻上海东方商厦徐汇店，该精品店定位为时尚生活方式集成店，占地面积达 1200 平方米。作为精品买手店，The bálancing 区别于以往百联集团的商户联营和租赁制，面向开放的市场，通过海外直营采购、自营买断以及与国内外设计师、品牌方的深度合作，店内售卖超过 150 个国际时装与生活方式品牌。为了保证店内的产品有其独特性，The bálancing 的采购团队会倾向于选择一些"独家"品牌。

国内最早也最出名的买手型百货应该是开在广州正佳广场的 Hi 百货了。Hi 百货是中国首家买手制高端精品百货，首家店铺于 2012 年 9 月落户广州正佳广场，拥有 6000 多平方米的购物和体验空间，买手们远赴世界各地，例如英国、法国、意大利、日本、泰国、美国、巴西等国家搜寻全球美物。目前，Hi 百货已经在国内开设了 5 家门店。

Hi 百货一经问世便引起业内关注。它是一家买手精品店，与购物中心动辄上万平方米相比，规模很小。Hi 百货主要卖的是时尚商品，它采购的 30% 的产品都是互联网上没有的，很好地保持了商品差异化，其主要的目标消费群为25~35岁女性，同时还有儿童用品、餐厨用品、文具数码、配饰等产品。Hi百货受到年轻人的热捧，其中一个很重要的原因就是注重品牌的打造。

Hi百货的商业模式，是建立买手团队在全球搜罗设计师品牌组货，货品定位为高端精品，通过场景陈列和品质性体验空间打造卖场。Hi百货的买手选品基本遵循三个理念：第一是设计美学。商品具有自身的独特设计感，优选设计大师的作品或全球获奖商品，比如德国红顶奖奖项商品。第二是玩味潮趣。尽量选择具有多功能性和趣味性、使用时能体会到生活乐趣的商品。第三是生活优品。商品能够满足不同的顾客需求，凸显实用性和高品质的理想生活概念。

目前，Hi百货正佳广场店有6000多平方米体量、20000多个SKU（Stock Keeping Unit，即库存量单位，如件、盒、托盘等），其中有150多个设计师品牌、300多个海内外品牌。买手型百货经营确实不易，自营采购需要巨量现金投入，一旦误判市场就可能出现一大堆库存商品。尽管国内买手型百货出现已有8年多时间，但其发展仍然步履维艰，还没有走出一条成功的模式。主要原因在于买手本身需要培养，目标市场也需要培育，需要很长一段时间才会逐渐成熟。

不过，如今中国的本土小型买手店已遍布各地，渐成燎原之势，走出了一条与欧洲买手店不同的道路。注重体验式消费、个性化增值服务，并进行线上线下全渠道发展，正成为本土新品牌重要的孵化渠道。尤其是一些传统服装与鞋业公司，面对激烈的市场竞争，纷纷寻求市场突破口，买手店就是它们与一线高敏感消费者接触、孵化新品牌的最佳通道。

如今，越来越多的买手店开始青睐本土设计师品牌。一方面，国外设计师品牌存在进货手续繁冗、周期长、货源不够稳定、条件相对苛刻等问题；另一方面，本土设计师品牌性价比高，且设计能力和供应链能力不断提升，中产消费者对本土品牌的接受度也越来越高。从买手店采购数据来看，华人设计师品牌的采购量占到了一半以上，且有不断提升的趋势。同时，也衍生出了许多新型线下买手商店。

树德生活馆就是一个典型代表。树德创立于1999年，前身为中国高端文具专业供应商，几乎包揽了全球设计各大奖项。随着时代发展和消费升级，人们愈发注重生活美学和文化品位，树德发挥自身的独特优势推出了树德生活馆，目前已在广州、北京、上海、武汉、杭州、苏州、沈阳等地陆续开设了15家生活馆。同时，它也在天猫开设了旗舰店。

作为中国原创设计品牌的树德生活馆，是集原创设计、咖啡厅、书店、展览、胶囊旅馆于一体的生活美学空间。产品主要包括文创用品、生活家居、身体护理、出行箱包、智能家电等。树德以"一起助力中国设计"为己任，为大众提供"亲民好设计"的原创生活用品，诠释"好好生活"的理念。

树德生活馆还会定期举行设计活动和设计论坛，给设计师构建一个互相交流、互相学习的平台，并建立设计师与大众沟通对话的桥梁，让设计走进日常、走向大众。它的未来愿景是"不仅是创意用品的品牌，也是设计分享的平台"。

从树德生活馆来看，中国的买手店正在从单一消费品店演变成多元空间。面对消费者对体验式消费和新型社交的热衷，买手店开始开展丰富多元的运营，并且从空间上进行多元设计和改造。一些买手店经常与艺术家合作展览、举办主题活动、搭建秀场、开派对等也在国内买手店屡见不鲜。咖啡厅、书店、酒吧、展览等都被陆续引入，形成"体验+社交+消费"空间。

事实上，国内许多书店也正在向"书店+买手店"形式转型。近年来，我国传统书店一直面临着"To be or not to be"这种哈姆雷特式的生死拷问，在理想与现实之间挣扎，步履维艰。网络书店兴起，阅读习惯改变，经营成本上涨，经济下行阻碍，都让实体书店面临着一系列前所未有的冲击。转型，这可能是我近几年在实体商店听到最多的一个词，当然实体书店也不例外。

方所书店是当今实体书店创新的一面旗帜，于2011年11月正式在广州太古汇开业。这是一个涵盖书店、精致生活用品、咖啡、展览空间与时尚服饰在内的一体式立体文化空间。其最有特色的是文化活动，平均每月举办讲座6~8场，极大地带动了图书的销量和人流量。

位于南京五台山体育馆地下停车场的先锋书店，是南京的著名文化名片。从1996年创立以来，先锋书店不断调整，逐渐形成了以"学术、文化沙龙、咖啡、艺术画廊、电影、音乐、创意、生活、时尚"为主题的文化创意品牌书店经营模式。据介绍，目前书店的年利润里，十之六七都是创意产品创造的。

言几又书店也是成功转型的一个代表，经过10多年的蜕变和发展，目前在全国共有近60家门店。这家书店除了书籍之外，还拥有书吧、咖啡、家居、儿童美术中心、私人订制服饰、艺术画廊、花艺、盆栽、DIY手工艺等。书店还别出新裁开设了三个小教室，提供亲子活动、英语、艺术、音乐、美术、益智、幼儿课程等服务，颇受欢迎。

诞生于1993年的西西弗书店是贵州最大的民营书店，它将自己定位为多元化经营的文化空间，店内80%是书店本体，另外还有15%的咖啡吧座、5%的创意杂货，使书店业态和盈利模式更加丰富。目前，它已经走出贵州，进入重庆、成都、深圳、南宁、杭州等16个城市，仅在2015年就在全国开办了20家新店，总店面数达到42家。

位于上海松江区泰晤士小镇内的钟书阁，融合了西式建筑风格和中式传统元素。这里所有的大小空间都被分隔成一间间带有不同主题的精致小书房，每间都设计独到，富有艺术气息。讨论室、小画廊、写作室、咖啡室等休闲区都安排得很用心，被誉为"中国最美书店"。

毫无疑问，上述书店的转型都涉及了跨界营销。所谓跨界营销就是指书店将两个或以上不同业务或品牌组合在一起，实现用户体验上的互补融合。跨界内容可以如下："书店＋咖啡＋餐饮＋酒窖＋工艺品＋画廊＋展馆＋影院＋音乐＋陶艺＋服饰＋创意中心＋教育＋游戏＋娱乐……"这种经营模式也可称为业态混搭。目前，许多实体书店在这方面都做出了尝试，甚至有人开始探索"书店＋民宿"的跨界经营模式。

而在书店跨界营销中，最基本的方式就是书与其他商品的交叉营销，也就是将书籍和相关商品及服务同时展示在一起，刺激顾客的关联性购买欲望。2011年开业的日本茑屋书店日均客流量过万，高效益的秘诀就来自交叉营销。其关联陈列渗透到书店的各个角落，在料理书籍旁陈列着酱料及厨房用品，在园艺书籍旁放置种子、花盆等商品，在体育书籍旁摆放着网球和自行车，在旅游书籍旁设置着旅游咨询柜台。

广州的唐宁书店在这方面的转型也十分成功。在唐宁书店里，可以随处看到书和各种物品的有机组合。例如，书籍《香水》和《香水圣经》旁摆放着各种各样的香水，而且名字都特别有文艺气息，比如花道、醉芍药、禅那、真爱如血、维京时代、米利都学派、当我又遇见你、天堂等，一整套的沙龙香水；还有叫明日花园、祇园花魁、桃花源记、竹林七贤的系列身体乳液……

在唐宁书店的二楼文创区引入了各种不同的生活器物，让读者在书店里就能了解什么是好的生活质感。很多摆件只有在这里才能买到，外面都没有同款。随处可见的大小风格各异的台灯、小音箱、收音机组成一个个小书桌的模样，重点是书桌上还摆放有《人生有一百万种可能》《我喜欢人生快活的样子》诸如此类的书籍，完美配合了不同种类不同风格的文创产品。有的书桌上还有毛笔、钢笔、墨水、笔记本和水杯搭配……给人提供了一个完整的场景式体验。这种场景式体验充斥在书店的各个小细节处，可见经营者的用心，书店实际上变成了一个书和其他物品组成的买手店。

当前，全渠道运营也是买手店的一个发展趋势。买手店始于线下，却不止于线下。如今，买手店更倾向于线上线下相结合的方式，归根结底，是围绕买手和目标用户进行渠道的覆盖和消费者的触达，最终完成销售转化。结合当下消费者的趋势来看，面对不断变化的市场环境和不断细分、个性化的消费需求，专业买手店想要获得长久、可持续的发展，应该培养更专业化的时尚买手人才。

二、自有品牌开发

自有品牌开发是零售商的一种商品品牌战略。自有品牌也称 PB（Private Brand）品牌，是零售商通过收集、整理、分析消费者对某类商品的需求特性的信息，开发出新产品功能、价格、造型等方面的设计要求，自设生产基地或选择合适的制造商进行加工生产，最终使用零售商自己的商标并在本企业销售的商品品牌。与 PB 品牌相对应的是面向全国市场销售的制造商品牌或称 NB（National Brand）品牌。

国外自有品牌在近几十年来取得了长足发展，成为零售市场营销的一个重要里程碑。尽管自有品牌出现较早，但直到 20 世纪 60 年代后期，自有品牌才被制造商视为一大威胁，特别是在有包装的日用消费品市场领域，但这一势头很快向其他市场扩散，到 70 年代，几乎任何产品市场都难逃自有品牌商品的入侵。现在，自有品牌已经成为零售企业的一种基本竞争战略。

与前面提到的买手店有着异曲同工之处，零售企业的自有品牌战略已经成了行业最热门的话题之一。如果说买手店还只是停留在采集世界各地的好物上，那么自有品牌就是打造零售企业自己拥有的商品品牌。零售企业开发自有品牌的目的是寻求差异化竞争优势，省略一部分中间环节以扩大盈利空间，在零供关系中掌握更大的自主权，增强抵抗市场风险的能力。而自有品牌一旦打造成功，其影响力足以媲美制造商或品牌商的商品品牌，在消费者心目中占据一席之地。屈臣氏系列水产品就是一个最好的例子。

屈臣氏自从成为香港地区的龙头零售企业开始，一直在开发以屈臣氏品牌为主的自有品牌，诸如我们都知道的屈臣氏纯净水、屈臣氏沙示汽水、屈臣氏苏打水、屈臣氏美妆系列等商品，特别是屈臣氏纯净水，每年的销售额都达到10亿以上。由于屈臣氏品牌从自有品牌演变成国内知名品牌，有自己的代理商和销售渠道，已经不同于其他零售企业的自有品牌，与制造商品牌没有任何区别，甚至比制造商品牌还具竞争力，可算得上自有品牌在中国获得成功的优秀案例。

屈臣氏的其他自有品牌商品开发也十分成功，这都有赖于其建立的一套质量保障体系。2011年5月，屈臣氏品质保证中心在广州成立，这不仅是屈臣氏在全球成立的首个品质保证中心，更是国内健与美零售行业的第一个自有的品质保证中心。在这里，屈臣氏配备了30多台一流的仪器设备和严格的实验环境，对自有品牌的产品质量实施严格监控。如今，该中心已成立10年多时间，将众多自己开发的优质产品送上了商店的货架。

由于每一件个人护理产品都是与肌肤亲密接触，所以屈臣氏在品牌引入和质量把关上丝毫不敢懈怠，所选购的每一件产品都经历了品牌评估、市场考察、品质检测、上架设计等一系列严格步骤。而屈臣氏品质保证中心成立后，已经对超过1000个在售自有品牌产品进行了检测。所有对产品品质的反馈也在这里能够得到解答，中心每天与多位到店的消费者亲密沟通，收集源于使用者的护理需求，从而为产品质量保驾护航。

零售巨头沃尔玛的自有品牌开发也十分成功。沃尔玛中国目前已经开发了共13个系列的自有品牌，当前最主要的三个品牌是：Great Value（惠宜）

主要覆盖食品和非食品；Mainstays（明庭）主要覆盖家居用品；Faded Glory（简适）主要覆盖服装产品。目前，Mainstays 和 Faded Glory 正慢慢地淡出大卖场，而惠宜和新出现的 Marketside 品牌的商品正越来越多，另一个新品牌 George 也开始出现在各地的沃尔玛门店。

当前，沃尔玛自有品牌计划收拢为三大核心品类：首先是鲜食，其次是包装食品与日化用品，最后是服装与纺织品。三大品类都将有自己的品牌定位、细分类品牌名，而且采用专属的营销活动和推广方式与顾客进行沟通。按照沃尔玛自有品牌的发展规划，惠宜将负责自有品牌的包装食品与日化用品类，Marketside 目前只有烘焙类商品，以后将慢慢扩展到鲜食，而 George 则是一个新引入中国的自有品牌，集中在服装和纺织品方面。

沃尔玛中国的自有品牌正在高速发展，并通过精简品牌数量以更好地与顾客沟通。不过，品牌数量减少的同时，品类在迅速地扩充。以惠宜为例，惠宜主要覆盖食品和非食品，目前惠宜的 SKU 已经增加到近 2000 种，覆盖了百货、快消、冷冻食品等品类，从米面油、调味料等民生商品，到液体奶、果汁、酒水、坚果、饼干、红枣等热销干货，再到冷冻海产、肉类、水饺、手擀面条等中高端食材，再到加热即食类的比萨、牛排、米饭等便利性的商品，再到洗衣液、洗手液等快消商品。

国内不少零售企业也在发力自有品牌开发。例如永辉超市，2017 年初永辉和达曼国际达成战略合作，推进自有品牌业务，2017 年就推出 3 个品质定制亿级品牌（悠自在、田趣、优颂），并打通了线上线下渠道。2018 年 12 月 22 日，永辉自有品牌永辉优选全系列数百个产品在永辉超市、超级物种、永辉生活等多业态门店及线上集体上市，发布自有品牌总 SKU 数量接近 300 个，其在 2018 年共实现自有品牌及品质定制销售 16 亿元。永辉还在 2016—2020 战略发展纲要中提出将实现自有品牌销售占比 15%～20%。

国内另一家超市家家悦开发自有品牌起步较早，2013 年时已经实现自有品牌收入 8.71 亿元，现已拥有荣光、麦香苑、悦己飘香等多个自有品牌。自主生产加工的产品达 1200 多个单品，包括精品果蔬、精品肉类、熟食等，家家悦自有品牌商品在门店同类商品销售中占比达到 35%。

除了超市行业，国内的百货行业也开始重视自有品牌开发，力图重塑供应链。为了丰富原有百货产品线，为目标消费者提供更加独特和个性化的商品，一些百货企业着力发展自有品牌商品，期望打造具有长期竞争优势的自有商品供应链，以提升商品的独有性和毛利率水平。这些自有品牌主要涉及服装、化妆品、家居用品及食品等。

例如，新世界百货近年来的重要战略之一是打造自有品牌，继推出 LOL 原创生活概念店、n+ 自然烘焙、路易烘呗儿童教育品牌等自有品牌之后，又推出自营品牌新说。新说的主营品类为服装，在风格上更倾向于设计师品牌或者相对独特小众的商品，主要面对较年轻的主流消费群体。2017 财政年度，新世界百货的自营货品销售比例占到收益的 31.8%，可见其对自营业务的重视。

王府井集团也十分重视自有品牌业务，其自有品牌建设已不再局限于服装产业，2017 年 4 月，王府井集团的自有品牌——王府井梦工厂专卖店开业，该店以创意产品集合店的形式，主要经营文创和民俗产品。据介绍，大部分商品是王府井集团自有设计团队设计委托厂家生产的，部分传统技艺绣品则从当地匠人处收购，再进行装裱等简单加工变成店内售卖的商品，也有一些在当地已经市场化了的产品会直接进行采购。

当前，国内零售企业做自有品牌大都刚刚起步，还停留在低价环节，这与零售以及消费者的发展成熟度有关。参照西方国家零售商自有品牌发展经验，低价是自有品牌最初的阶段，然后发展到差异化、品牌形象阶段。自有品牌的开发需要零售商懂产品、懂制造，对供应链上游环节非常在行，而国内零售商缺乏这样的人才储备。另外，国内零售商也不擅长进行目标顾客定位、进行价值主张来打造品牌。

自有品牌始终也是品牌，零售企业应遵循品牌开发的商业理念，要为了创造新需求而做，为了更高性价比而开发，而不是为便宜为了价格战而开发。零售商不应低估他们的自有品牌商品形象，而应该根据自己的优势资源进行开发。例如步步高的扶贫农村资源、家家悦的海鲜收购加工能力、无印良品的供应链整合能力、屈臣氏的工业设计国际水平等，这些都是成功开发自有品牌的依托

前面提到的永辉超市开发自有品牌，便是依托了自身强大的供应链优势：全国 20 多个农业合作基地及多个物流中心，1000 多位生鲜产品的买手，生鲜直采占比超 70%。他们针对市面已有的产品进行改造，完善品控体系，并与腾讯合作利用大数据来探查消费者需求变化，选用年轻化的 IP 形象并创新包装设计，根据消费者的反馈意见进行及时改良与更新，建立现代化实验室，搭建国际化质量管理体系，使其自有品牌具有较强的竞争优势。

家家悦也是依托自身的生鲜优势，选择品牌关注度较弱、销售量大、购买频率高的商品作为自有品牌的切入口，大力发展生鲜、食品深加工品类的自有品牌，通过与知名企业的合作，以及建设自有工厂、生鲜加工中心、中央厨房等打通优化了相关品类的整个产业链，形成了较强的把控、研发、生产和销售能力，并采用原产地、定点基地、采购网络三位一体的形式，保证产品品质和可追溯性，实现了生鲜农产品的标准化、精细化、品牌化，使其自有品牌商品在价格上具有较高的市场竞争力，能及时应对市场变化和同行竞争。

总之，自有品牌是一个上规模的零售企业必须考虑的战略决策，但企业绝不能为了开发而开发，必须要有资源、资金、技术、团队、理念，这样才有机会成功。零售企业一定要以消费者需求为核心，通过建设专业买手团队、强大的供应链、大数据等，不断跟踪消费者需求变化，推出改良商品，提高供应链管理能力，从而打造自己的自有品牌竞争优势。

第四节　数字化驱动商品力变革

一、从独木到森林：数字驱动商品攀升

零售企业的商品力不仅体现在一个个爆品的打造上，还体现在一篮子商品的组合上。在零售领域，存在一个理论——商品攀升理论，这是从零售企业的产品线角度解释其发展变化规律的。所谓商品攀升，是指当零售企业增加相互不关联的或与公司原业务范围无关的商品和服务时，即发生了商品攀升。例如，一家鞋店原先经营的品种主要有皮鞋、运动鞋、拖鞋、短袜、鞋油等商品，经过一段时间的发展，其经营的商品种类越来越多，又增加了诸如手袋、皮带、伞、帽子、毛衣、手套等商品，这就是攀升了的商品组合。

商品攀升理论的提出者巴里·伯曼和乔尔·R·埃文斯认为：大量商品攀升现象的发生源于一些原因，如零售商希望扩大销售规模；卖得快的和毛利高的商品和服务不断加入；消费者的购买冲动越来越多；消费者热衷于一次购齐；可抵达不同的目标市场；季节影响和竞争性可能降低。此外，还可能是由于零售商原经营产品线的需求下降，使其不得不增加产品线宽度以稳定顾客基础。

商品攀升具有传染性，例如，便利店、药店、书店、花店等都会受到其他商店商品攀升的影响。便利店不仅经营食品和日用品，目前还在不断增加

经营药品、鲜食、书籍、玩具、鲜花和季节性商品等品类，这使得其他专业店也被迫扩大商品经营范围，以填补便利店经营引起的损失。这又影响了其他零售商的经营，后者也只有如法炮制进行商品攀升。

商品攀升意味着不同类型零售商之间的竞争加剧，对制造商来说则因为销售分散到更多零售商而增加了分销成本。商品攀升还给零售商带来其他问题，如零售商在采购、销售其不熟悉的商品及提供相应服务方面缺少专业知识，与更宽的商品组合相关的成本（包括较低的库存周转速度），及增加的商品经营不成功给零售商形象带来的损害。

商品攀升理论在很多零售企业的发展历程中都明显地体现出来。例如亚马逊，最初销售书籍单一品类商品，随着20多年的发展，它从一个单纯的卖书为主的电商逐渐演变成无所不包、无所不卖，成为一个全品类的电商。国内的京东、网易严选等也是同样的发展规律，印证了商品攀升理论的适用性。

然而，当一家零售企业不断延伸自己的商品经营范围时，要如何保持且不断提升自己的商品力，也就是说，零售企业提供给消费者一篮子货物供其选择时，需要考虑什么？

一般情况下，一个商店的业态确定下来，就已经框定了其大致的经营范围。不同业态的商店，其商品经营有着不同分工，专业商店以经营某行业一大类或几大类商品为主，其专业分工越细，经营范围越狭窄；综合性商场除了经营某几类主要商品外，还兼营其他相关行业的商品。商店经营规模愈大，经营范围愈广，反之则愈窄。此外，商店经营对象是以附近顾客为主还是面向更广泛的市场空间，商店是属于百货商店还是超级市场、便利店，商店是以高质量商品、高服务水平为经营特色还是以价格低廉为经营特色，这些都对商品经营范围有着重大影响。

零售企业保存了大量的历史交易数据，这些数据提供了每一件商品的历史交易信息，包括交易是在哪一个门店进行，是否以捆绑形式出售。实施客户忠诚度计划的零售商可根据这些交易数据，针对某些个人或群体增添买家的相关信息。通过现代大数据分析技术，零售商可将堆积如山的交易数据变成反映客户真实需求的数据。

有许多商品的销售是相关的，"啤酒+尿片"的组合就是一个经典的例子。女装可以带动化妆品的销售，小食品可以带动儿童玩具的销售等，也是广为人知的。根据商品消费连带性的要求，把品类不同但在消费上有互补性，或在购买习惯上有连带性的商品一起纳入经营范围，既方便顾客挑选，也利于扩大销售。

因此，在确定商品经营范围时，在确定了基本的主力商品类别之后，还要考虑辅助商品和连带商品的范围，这就要充分分析商品的相关性，既不能只经营某些高利润的商品，也不能因"大而全"而影响了经营特色。良好的搭配可以相得益彰，互相促进。由于不同地区消费者的心理千差万别，对商品相关性分析还没有成熟的理论，我们可以通过大数据对顾客购买信息进行分析，看几种商品被同时购买的概率，提供一些量化的参数。

越来越多的数字分析技术被用于零售企业的经营活动中，为它们的各种决策提供了有力的支撑。例如，哪些商品必须保持货源充足？顾客如果找不到这些商品就会离开商店，而且不会购买其他任何商品。这些商品就是必备品，必须想方设法保证供应，否则容易造成顾客流失，这对零售企业而言不仅是损失了眼前的一笔交易，也损失了许多潜在的交易或未来的交易。

零售企业的商品攀升过程，不是自然而然地发生的，很多时候需要企业进行商品组合的规划。这种规划主要有两个维度，一个是商品组合的广度，也就是企业当下应该经营多少个产品线，未来的商品可以扩张到哪些产品线上；另一个是商品组合的深度，也就是同一个产品线应该有多少花色品种供消费者选择。尽管消费者喜欢有商品选择的权力，但过多的选择也许会适得其反。德国零售企业 ALDI 对每一品类商品的种类选择都十分慎重，甚至不会提供给消费者购买替代品的机会，但仍然赢得了消费者的欢迎。

零售企业在规划产品组合的广度时，需要考虑每一个产品种类的销量和利润情况，管理者需要了解每一个产品种类对总销售量和利润所做出贡献的比例。假设一个企业规划了五大产品种类，第一类产品占总销售量的 50%，占总利润的 30%；前两类产品占总销售量的 80% 和总利润的 60%。如果这两个项目突然遭到竞争对手的打击，企业销售量和利润就会急剧下降。把销售量高度集中在少数几个项目上，意味着产品线非常脆弱，企业必须要小心监视并保护好这些项目。如果最后一类产品仅占销售额和利润的 5%，管理者甚至可以考虑将这一销售不畅的产品种类从企业产品组合中撤除。

零售企业在规划产品组合的深度时，需要考虑企业追求的目标和每一个品种对企业的贡献。那些希望有较高市场份额与市场增长率的企业倾向于更深的产品组合，而追求高额利润的企业则会慎重挑选产品品种来规划产品组合的深度。在确定最佳产品组合深度的问题上，管理者可以尝试增加或削减产品品种来平衡。如果增加产品品种能增加企业利润的话，就说明现有的产品组合太浅；如果削减产品品种能增加企业利润的话，就说明现有的产品组合太深。因为产品品种的增加会带来一些费用的上升，如设计费、仓储费、订货费、运输费以及新产品项目的促销费等，最终上升的费用会侵蚀新产品的利润。于是，这种产品组合深度不断发展的势头会被遏制。

二、定制产品：从 B2C 到 C2B、C2M

随着科技的发展，未来商业将是以消费者需求为导向的、以定制化和智能化生产为基础的智慧商业。消费者不再是一味削足适履地购买标准化产品，而是根据自己的需求定制产品，如根据自己的喜好定制服装、根据自己的皮肤特点定制美容护肤品、根据自己的腿型定制牛仔裤等。拥有这种能力的企业将会把产品力提升到极致。所以，未来大行其道的商业模式不是 B2C（Business to Customer，即企业对消费者）或 B2B（Business to Business，即企业对企业），而是 C2B、C2M（Customer to Manufactory，即顾客对工厂）。

近年来，李克强总理不止一次提到 C2B，认为这是一场真正的革命。在其主持召开的国务院常务会议上，提到："第四次工业革命已经到了这个程度，仅仅靠工业化信息化结合已经不够了，人们的需求变化日益灵活化，工业生产需要更快适应不断变化的市场需求，满足客户与消费者花样百出的个性化需求。"

事实上，C2B 模式已经开始在人们的日常生活中落地。对于一个私人定制牛仔裤订单，爱斯达的 C2B 远程服装定制已经可以做到：18 秒完成激光裁剪，45 分钟牛仔裤出炉，用户在下单 72 小时后收货。而在汽车领域，上海大众早在 2016 年 7 月就公布了企业 C2B 造车战略；9 月，宝沃发布"九屏一云"服务平台，作为公司 B2C2B（Business to Consumer to Business，即商家对消费者再对商家）生态构架的重要一环。C2B 造车模式如果顺利实施，将直接挑战传统汽车商业模式。

滴滴打车已经证明了出行行业 C2B 模式的魅力，而 2016 年新成立的我行我宿是一个 C2B 模式的酒店服务平台，在该平台上，C 端用户发布价格之后，不同的酒店会进行抢单，再由用户进行选择。过去，大多数酒店无法通过自身的优势主动吸引客人，都是被动地挑选，闲置资源较多。我行我宿的模式，将有利于盘活酒店闲置资源，同时为用户提供更加便利的选择。

零售业中 C2B 比较成熟的行业应属家居定制行业，以索菲亚为代表的家居定制企业率先尝试了 C2B 商业模式，并成功颠覆了整个传统家居行业。索菲亚成立于 2003 年，其发展可以用"三部曲"来概括：第一步是以 C2B 来确定自己的商业模式；第二步是以 O2O 实现其线上与线下的完美融合；

第三步是从衣柜定制转型为全屋定制，不断完善其智能生产和全渠道营销。今天看来，索菲亚走过的每一步，一头被消费需求引领，一头被技术创新推动，两头合力最终促使其成为行业内的领军品牌。

第一步，确立自己的C2B商业模式。100个人，就应该有100个不同的衣柜，因需而变，是定制衣柜的核心。索菲亚品牌创始人在企业成立之初，就推出了经典百叶系列定制衣柜，由此确立了索菲亚的C2B商业模式，也拉开了定制衣柜在中国发展的序幕。在工业经济时代，传统的商业模式都是B2C模式，即以厂商为中心，以商业资源的供给来创造需求、驱动需求的模式。而C2B商业模式是以客户为中心，以个性化、多样化需求来驱动生产，客户需要什么就生产什么，这是由客户定义价值的商业模式。由于现在的消费者都希望买到适合自己的个性化家具，索菲亚定制正好为消费者提供了"装修公司做不到、成品家具买不到"的个性化产品。

当然，定制生产对于信息化需求是极度依赖的。为此，索菲亚从2005年就开始了信息化建设，设计了大量专业软件系统，将门店数据直接传到对应的工厂部门，并结合不断改进柔性生产，解决了"客户的个性化与工厂的规模化、标准化"之间的矛盾。十几年来，索菲亚一直坚守最初的C2B商业模式。它之所以还能站在行业潮头，就是因为早早确立了C2B商业逻辑，这是其赖以生存的基础。

第二步，实现线上线下完美融合。随着"80后"逐步成长为主流消费群体，以及移动互联网的快速兴起，越来越多的年轻消费者开始通过互联网来了解品牌。为了迎合用户需求，索菲亚积极寻求突破。2014年3月，索菲亚正式入驻天猫，尝试线上与线下融合之道。索菲亚的线上之路刚开始走得很艰难。6月之前，索菲亚在天猫销量一直为零。天猫许多商家主要采取的是B2C模式，卖的都是标品。但对索菲亚这样以非标品为属性的企业来说，如何调整运作流程是一个难题，为此它花了大量时间来重新整合设计、制作、安装等环节的大量交互信息。

今天，如果你打开索菲亚官网商城，填写一些数据，就能简单快速地测算出自己衣柜的预算费用，索菲亚还会推送三种方案给你，有经济方案、精英方案和豪华方案，每一种都可以通过箭头查看到更多的方案，这种设计真正做到了将自己的脚放进消费者的鞋里。终于，在2014年的"双11"活动期间，索菲亚取得了1.8亿元的战绩，成为家居行业第一。尝到甜头的索菲亚发现，互联网其实是一个好东西，它能真正提升用户体验。为了让线上线下有机地融合在一起，索菲亚把O2O功能定位成服务和引流，把线上的客户都引到线下店里去，从而解决了电商如何支撑专卖店的问题。

第三步，全屋定制中的智能生产与全渠道营销。永远不停止创新的步伐，是索菲亚应对这个变革时代唯一的办法。2015年11月，索菲亚集团与上海明匠深度合作成立广州宁基智能系统有限公司，计划3年内实现各大工厂从自动化柔性工厂向智能化柔性工厂的全面转型。2016年，公司为了不断满足新消费群体"80后""90后"的消费需求，扩大产品线，丰富产品系列，全面开启全屋定制时代。如今，在索菲亚，人们能感受到一个崭新的时代正在徐徐开启。在大家居战略下，索菲亚已经推出一个家居空间几乎所有需要的家具，包括衣柜、橱柜、书柜、榻榻米、床、电视柜、餐柜、鞋柜、阳台柜、饰物柜、书桌等全屋定制系列家具。同时，索菲亚还在原有渠道投放儿童学习椅、床垫、沙发、茶几、实木家具等联动销售产品，不断推陈出新，提高消费者一站式家装体验。

索菲亚与其说是一家家居公司，不如说是一家大数据公司。每天1万笔订单意味着40多万个板件，而每个板件又有花色、纹路、尺寸等10个数据，各个环节全是数据，索菲亚信息与数字化中心每天要处理400多万组数据。甲骨文公司帮索菲亚做信息化系统时，初时以为它是一家小公司，但一个月之后发现自己设计的系统完全无法满足公司需要，只好不断打补丁加以完善，不得不承认索菲亚是一家名副其实的大数据公司。索菲亚利用大数据分析技术给自己的用户画像，按以前的经营模式根本不知道自己的柜子卖给了谁，但自从上了信息系统和电商之后，可以把客户全部画出来，比如知道大部分客户是年轻人，他们的主要特征、年龄、居住何处、做什么工作等。索菲亚通过这些大数据可以指导开发更好的产品，实现更精准的广告投放与营销。

VR体验馆是索菲亚为提升顾客体验而正在大力推广的一项举措。在VR体验区，客户会有一种身临其境的感觉，虚拟的全屋空间一览无遗，精致的书橱、舒软的沙发、简约的茶几……全屋空间不仅具有立体感，而且会变换颜色的沙发也让人眼前一亮，带来不同的视觉审美。目前，索菲亚正在一步步实现全渠道营销，不仅有自己专门的线下渠道和官网，还有微博、微信、社区等渠道，不仅入驻了天猫和京东，还与土巴兔、齐家网等平台合作，且这些渠道都是交互的，不管用户的订单从哪一个渠道进来，都会落入索菲亚的IT系统里去，进行统一的会员管理和订单管理，让客户的最终体验一致。

除了家居行业的领头羊在纷纷尝试C2B商业模式之外，其他行业也在该领域积极探索。例如，燕窝品牌小仙炖在轻奢滋补品市场占得一席之地，它的C2M模式、周期服务和品牌高曝光是其独特的差异化要素，这些要素使得小仙炖实现了销售额从2018年2亿元到2019年8亿元的大幅增长。2020年的"618"期间，小仙炖销售额突破2.45亿元，同比增长463%，力压汤臣倍健和SWISS等大牌。C2M模式也就是用户驱动生产，用户在线上下单，工厂接单后当天鲜炖并冷鲜配送。本质上，C2M模式是按需定制燕窝的生产逻辑，从源头解决消费者和厂家供需信息不对称问题，既能保证产品新鲜度，又可以减少库存风险。这一模式使得小仙炖充分满足了客户对"新鲜"的品质要求，快速形成规模经济。

在新的历史变革时代，传统企业必须做到"坚守应该坚守的，尝试应该尝试的"。索菲亚和小仙炖在这方面做了最好的诠释，它们一边在坚守自己的商业模式，同时不拒绝改变，不断尝试新的智能技术、新的营销手段、新的运作流程，并以自己的坚守和尝试，引领着各自行业的深刻变革。

一旦 C2B 和 C2M 的商业模式在一个行业发展甚至成熟起来，市场竞争的逻辑就会随之改变。这种商业模式将消费者与经营者的关系颠倒过来，它意味着对传统流程进行再造，整个产业价值链，从消费者、设计者、生产端、品牌商直至经销商，整个流程在未来都要重构。在数字化时代，所有的生意还是原先的生意，但都值得重做一遍。

第三章 模式变革之价格力

市场营销由四个基本要素组成，即商品、促销、分销渠道和价格。企业通过前三个要素在市场中创造价值，通过定价从创造的价值中获取收益。价格力是零售企业最重要的能力之一，一方面是由于价格的高低对需求具有重大影响，另一方面，在市场竞争中，零售企业的价格策略同其他竞争策略相比具有不可替代的作用。价格在竞争中的灵活性、价格对消费者的心理作用以及价格对企业财务状况的影响等，都直接关系到企业能否有效地实现目标。甚至可以说，在一定程度上，零售企业的各种竞争能力最终都将在价格力上得到体现。

第一节　价格力：顾客价值的变现力

一、车轮理论与成本驱动

从世界零售业的发展趋势来看，零售商业机构的发展存在着一般的规律性，美国哈佛商学院零售学权威麦克奈尔教授把这种规律性称为零售业态发展的车轮模式。他认为，新型的零售商业机构的变革有着一个周期性的像一个旋转的车轮一样的发展趋势。零售创新者通常以低价格、低成本、低毛利特征开始出现，经过一段时间，这些革新者会逐渐提高经营的商品档次，改善商店设施和提供更多的顾客服务，为此他们不得不提高商品的价格。之后，他们也开始受到新一轮低成本、低价格、低毛利的创新者的威胁，于是轮子又重新转动。

麦克奈尔以美国零售商业发展实践证明：超级市场、折扣商店、连锁商店等都是以追求低价格销售而出现的，但随着时间的推移，都不能始终如一地贯彻"三低"政策，不得不提高商品价格，而当价格提高到一定程度，又必然会走向反面，被另一新的零售机构所代替。他认为，100多年来的美国零售业正是按照这种"轮转"理论发展起来的。

车轮理论不仅适合美国零售商业发展趋势，在世界范围内的零售业也是循着这一轨迹发展起来的，许多专家学者的研究提供了有力的支持证据。

零售模式变革
数字经济时代零售企业生存之道

F.G.Pennance 和 B.S.Yamey 对英国食品零售业进行细致的研究后发现，尽管现存的零售商为了保持优势偶尔会有降低毛利的做法，但从整体趋势来看，英国的食品零售业基本上是按照车轮模式发展的，即最初出现的是食品百货店，随后是食品连锁店，然后是廉价商品店和现购自运商店，而现在则是食品超市大行其道。以上的每种形式在出现时都是以低毛利、低价格的策略与业内现有竞争者进行竞争，然后自己又发展成为高价格、高毛利的零售店。这完全符合车轮模式的发展规律。

车轮理论所揭示的零售业发展规律，实际上正是说明在100多年的发展历程中，成本领先一直是零售企业竞争的优势，它驱使着新型零售业态在竞争中不断替代旧零售业态，而当这一业态失去了成本领先优势时，则马上又会被另一种以成本领先为竞争武器的零售业态所替代，于是，零售业就是这样在成本领先的推动下向前发展着。

目前，成本领先依然是我国零售企业的主要竞争优势。每一年的"双11""双12"和"618"电商大促，实际上都是围绕价格在做文章。在消费者价格敏感度极高、相对议价能力极强的消费环境中，零售企业必须充分发挥价格机制的作用。而价格机制又必须在与其成本控制的融合中发挥作用，因此零售企业只有通过加强成本控制，使成本降到最低限度，成为行业中的成本领先者，才能凭借低成本的优势创造相对的价格优势，在激烈的市场竞争中生存和发展。

美国学者巴里·伯曼和乔尔·R·埃文斯认为，要获得成本领先优势，零售商可以采取以下战略组合决策中的一种或几种：运营程序标准化；商店布置、规模和经营产品标准化；利用次等位置、独立式建筑以及在较老的狭窄商业中心区选址，或利用其他零售商废弃的店址（二手店址）；将商店置于建筑法规宽松、劳动力成本低廉、建筑和运营成本低的小社区；使用廉价的建筑材料，如裸露的矿渣砖块墙和混凝土地板；利用简易的设施和低成本的展台；购买重新修整的设备；加入合作采购和合作广告团体；鼓励制造商为存货提供融资。

事实上，今天的零售企业已经充分地运用数字技术来达到运营成本的最低。其中，亚马逊利用数字技术实现动态精准定价就是一个最好的例子。在亚马逊上，如果你对某产品的价格不满意，那么不妨等10分钟，因为价格很可能会发生变化。2013年价格调研机构Profitero的数据显示，亚马逊每天会对产品价格调整250万次，而与此形成鲜明对比的是沃尔玛和百思买，这两家机构在2013年11月份分别只调整了约50000次价格。Profitero还指出，在2013年全年，亚马逊将每日价格调整的数量提升了10倍。对于部分消费者来说，这种疯狂的价格调整机制是令人不爽的，毕竟自己刚买完某个商品，然后商品就降价了，这个体验实在太糟糕了；不过对亚马逊来说，这一波波疯狂操作帮助自己提高了25%的利润。

这一切都是大数据技术的应用效果。上亿件商品，再加上2亿用户，亚马逊拥有的数据量就已经是海量了。在这些数据的帮助下，亚马逊可以对用户进行画像，可以分析每种商品的毛利、库存、周转天数、损耗率，可以分析竞争对手的价格等，这样就可以做到每10分钟就对一些产品进行价格调整，在保证其价格具有相当竞争力的同时，榨取更多利润。

亚马逊就在这个过程中发现了一个赚钱法，也就是在比较畅销的商品上降价，做到更便宜，而在那些顾客不太经常购买的商品上提升价格——比如说降低畅销小说价格的同时，提升那些晦涩难懂的书籍的价格。当消费者经常搜索那些比较畅销的商品时，慢慢会得出一个"亚马逊的价格很不错"的结论。一旦形成这一印象，便不再比价，由此相信亚马逊的所有商品都是低价了。

如今的电商平台上有数千万种商品，而消费者越来越缺乏耐心去一页一页地浏览完全部产品内容。只要提交关键词，电商平台就会从浩瀚的商品大海中挑出符合你需求的商品，甚至还把你可能需要的相关商品一并呈现在你眼前。在数据驱动方面，天猫、淘宝、京东、拼多多等电商平台都有一套高效的推荐机制，包括"基于你的搜索进行推荐"和"买了这个的消费者，还买了……"，此时，它们只要将海量消费者的数据整合到一起，就可以完成推荐了。

此外，亚马逊还会进一步分析：购买多类产品的顾客，从年销售额角度看，是否比只购买过书籍的顾客更有价值？每位顾客在订购商品时，白天与晚上做出的选择会不会不同？当亚马逊预测你可能会购买某种商品后，它们就会把该商品配送到距离你最近的仓库，一旦你下单，亚马逊就可以以较低的配送成本给你带来更好的体验。这一技术，国内的天猫、京东也同样运用得非常熟练。可见，大数据技术已经越来越成为零售企业在各个营销策略上的一个重要工具。

二、消费者感知的价格力

我们通常所说的价格力，并不仅仅体现在商品绝对的低价上，也不体现在企业能绝对降低经营成本和有效运用大数据技术进行定价上。例如，阿里巴巴于 2020 年 10 月初在上海开设"1 元更香体验店"，作为淘宝特价版联合产业带商家共同打造"厂货橱窗计划"的一部分，该店货品以全场 1 元的特价出售。这种价格的确很有吸引力，但不是对所有人都有吸引力。因此，绝对的低价并不意味着零售企业绝对的价格力。

零售企业的价格力主要体现在企业如何引导目标消费者的价格认知上，让目标消费者认为企业的商品是他真正需要的品质，在这种认知上的相对价格低廉，才是消费者感知的价格力。为此，我们需要了解消费者的价格心理。

一般来说，零售企业的价格水平既受消费者收入水平的制约，也受消费者价格心理的影响。消费者收入水平与价格心理其实是互相联系的，人们研究发现，同一收入层次的消费群体往往具有类似的价格心理。

消费者价格心理也就是消费者对商品价格水平的心理感知。它是消费者在长期的购买活动中对商品价格认识的体验过程，反映消费者对价格的知觉程度及情绪感受。消费者对商品零售价格心理感知的速度快慢、清晰度强弱、准确度高低以及感知价格内容的充实程度，融入了消费者的个人知识、经验、需要、兴趣、爱好、情感和个性倾向等因素，直接影响着消费者对价格水平的接受程度。因而，对消费者价格心理的研究，在制定零售价格上很有帮助。

一般而言，消费者价格心理主要包括以下几种常见形式。

1.习惯性价格心理

这是指消费者对一定商品价格水平的心理习惯性。这种对价格水平的习惯性，是消费者在长期购买一定商品的频繁交易中形成的。某种商品需支付多少金额，已在消费者心目中逐步形成某个固定标准，消费者往往以这个标准去联想和比较价格的高低涨落。产品价格在这个习惯性标准以内，被消费者认为是正常的、合理的；如果超过或低于这种标准，便被认为是不合理或不正常的。习惯性价格的变动，不仅影响消费者的购买行为，也影响商店在消费者心目中的印象，因此，对习惯性价格的调整要持慎重态度。

2.敏感性价格心理

这是指消费者对一定商品价格水平变动的心理反应程度。通常消费者对各种商品价格在心理上有一个大致的标准。这种心理价格标准，是消费者在长期购买活动中，由于人的意识、想象、习惯以及人们对商品品质的体验而形成的。日常用品的心理价格标准较低，非生活必需品的价格标准较高。从消费者对价格变动的敏感性来看，心理价格标准较低的商品，其价格敏感性相对较强，心理价格标准较高的商品，其价格敏感性相对较弱。例如，蔬菜、副食品等价格较低的商品价格上涨，即使幅度不大，也容易引起消费者的强烈反应；而那些高档电器、豪华家具等商品价格上涨，即使幅度较大，消费者的反应也并不敏感。

3.倾向性价格心理

这是指不同的消费者出于不同的价格心理，对商品的档次、质量、商标都会产生不同的倾向性。消费者价格倾向心理的形成，主要取决于消费者所处的社会地位、经济收入水平、消费水平、消费方式及文化素养等方面因素。一般来说，倾向于选择高价商品的消费者，心理上总认为高价意味着高质量，即"好货不便宜"，所以倾向于选择高价名牌商品。而倾向于选择低价商品的消费者，则在心理上认为价格并不完全代表质量，商品价格上的不同档次并非意味着商品质量存在很大差别，只要经济实惠即可满意，所以比较倾向于选择低价商品。

4.感受性价格心理

消费者对价格高低的判断，往往是在同类商品中进行比较，或是在同一商店中对不同商品进行比较而获得的。但是，消费者的判断知觉并不永远一致，有时也会出现错觉，因而对价格的高低判断也会不太准确。价格错觉大都是在客观条件有了一定变化的情形下产生的，其中受背景刺激因素的影响较大。零售商在定价时有意识地调整价格背景因素，可以改变消费者对价格的判断。例如，由于周围陪衬的各类价格的不同，而显出价格的高低不同，有些商品尽管价格一样，但放在高价格系列中显得低，放在低价格系列中则显得高。

三、影响消费者价格感知的因素

在零售企业制定商品价格时，必须考虑顾客对价格的敏感程度。通常零售商会对那些顾客对其价格不太敏感的商品制定较高的价格，对那些顾客对其价格比较敏感的商品制定较低的价格。下面我们来分析一下影响顾客对价格敏感程度的几个因素。

1.认知替代品效应

认知替代品效应（Perceived Substitute Effect），是指购买者对该商品的其他替代品了解、认知得越多，则对价格越敏感。对可替代品的认知，会由于购买者和购买环境的不同而存在很大的差别。初到市场的消费者对折价商品的了解要远远少于那些有购买经验的消费者，因此，他们经常付高价从常见的零售商处购买商品。有效的商品销售方法，能影响购买者对替代品的认知。比如到顾客家中销售商品，购买者对其他商品的种类和成本就不会太了解；又如零售商可以通过将某商品与相应的高价值品牌商品摆放在一起展示的方法，来影响购买者对替代商品的认知。

2.独特价值效应

所谓独特价值效应（Special Value Effect），是指购买者对某种商品区别于竞争商品的特色评价越高，其对该商品的价格就越不敏感。一些公司投以重资来重新设计和宣传商品，希望给消费者带来独特的价值。之所以要努力地这样做，是因为消费者对商品独特的款式、品位或性能评价越高，决定是否购买时越不看重价格。例如一件香奈尔晚礼服的定价可能是一个百货商店同质礼服的 10 倍，但购买香奈尔礼服的消费者认为购买该品牌晚礼服得到的自信和满足感十分有价值，所以他们对价格并不敏感。

需要注意的是，仅靠商品特色本身不能产生这种效应。消费者必须了解到商品的特色才能相信它的价值。商场人员可以通过强调商品的优点、弱化缺点的定位方法，影响消费者对商品价值的感知。将商品特色转换为可以感知的价值需要进行宣传，如果零售商是销售差异较少的商品，就要尽量设法淡化竞争者高价商品带来的差异的重要性，即削弱独特价值的影响。

3.转换成本效应

转换成本效应（Switching Cost Effect），是指更换商品的附加成本越大，购买者挑选商品时的价格敏感性越低。这是因为，一些商品需要购买者进行一系列的配套投资以保证使用，如果从商店购买现用商品就不必追加投资，而购买别的商品就需要新的配套投资，这就会限制品牌间的价格需求弹性。由于这一效应经常是由消费者的"惰性"造成的，因此人们往往低估它的影响，事实上，即使是最具理性、追求价值的消费者也会被它影响。

4.困难对比效应

困难对比效应（Difficult Comparison Effect），是指当购买者很难比较替代品的优劣时，购买者对已知的或声誉较好的原有商品的价格敏感性较低。购买者愿意购买他们信得过的商品，而不愿冒着得到较差价值的风险去寻找市场上的最佳价格。他们对有声誉的品牌的信任可能来自自己或是他们所信任的人的使用经验。有很多商店就是依靠消费者对其品牌的信任赚取了巨额利润，这并不表明这些商店必须向顾客提供质量最好的商品，而是要自始至终地向顾客提供他们所希望得到的物有所值的商品。

很多零售商都面临这样一个问题：厂家是否仅给自己供货。有些制造商品牌十分强大，并采用多渠道营销策略，于是消费者可以在各处买到同品牌商品，这样就使得他们对产品的价格很容易做出比较，而单个零售商很难定出高一些的价格。为了克服这一问题，许多零售商开发了自有品牌，这样就增加了消费者对同类商品的困难对比效应。

5.支出效应

所谓支出效应（Expenditure Effect），是指当费用支出较大（总额或占家庭收入的比例较大）时，购买者的价格敏感性较高。在消费市场上，支出大小对价格的影响会被收入效应干扰。由于购买者必须在有限的收入和有限购物时间之间进行权衡，就造成了购买者价格的敏感性和商品支出占收入比例的正比关系。高收入的购买者可以购买很多不同的商品，但他们的时间宝贵，不能像低收入的购买者那样费时地挑来选去，所以宁可购买价格较高的商品以节省时间。

6.公平效应

公平效应（Justice Effect），是指如果商品的价格超出消费者理解的"合理""公平"的价格范围，消费者的价格敏感性会提高。有三个因素影响顾客对公平价格的理解。

第一，商品当前的价格与原先价格的比较。消费者一般认为大幅度提价是不公平的，即使这种提价是为了平衡供求。如果某种商品价格提高了很多，人们往往会认为这不公平，于是，他们会由著名品牌换成普通品牌，由高级商品换成低档商品。

第二，类似产品和类似购物环境下支付的价格也会影响对合理价格的理解。例如，多数品牌的瓶装纯净水定价在2元以下，若某种牌子的纯净水超出2元太多则会被认为不合理。又如，同样是一瓶相同品牌的纯净水，在豪华的饭店消费与在一家简陋的杂货店购买，即使价格相差一倍以上，人们也并不认为该价格不公平。

第三，商品是目前生活所必需的，还是为了提高生活水平，不同的使用目的也影响着人们对公平价格的理解。维持当前生活水平所必需的商品被看成是必需品，将必需品的价格提高往往被理解为不公平。相反，人们不反对提高非必需品的价格。两者的区别是，提价只是使后者获益减少了，而没有像那些必需品一样，降低了生活质量。

7.存货效应

存货效应（Inventory Effect），是指消费者具有储存产品以备未来之用的能力，这增加了他们对暂时价格与长远期望价格之间差异的敏感性。它只是暂时地影响顾客的价格敏感性。超级市场的番茄罐头优惠一个星期，其销售量提高的比例会高于同样减价幅度的新鲜西红柿。顾客可以轻松地储存今后几个星期使用的番茄罐头，却不能储存同样多的易腐烂的新鲜西红柿。当然，这种影响是短时间的，如果该品牌不优惠，他们也会购买，只不过每次购买的数量不会这样大，因此，他们实际的总购买量增加得并不多。存货对价格的敏感性的影响主要取决于购买者对未来价格的预期。因此，评价这一效应，必须将价格与购买者预期的未来价格相比较，而不是和当前的价格相比。

第二节　价格力管理：价格带

一、锚定价格

在一篇标题为"How Apple Can Make You Buy Anything"（苹果为什么总能让你买买买）的文章中分享了这样一个故事。

2010年1月27日，乔布斯在产品发布会上首次发布了第一代苹果平板iPad。在乔布斯发言的75分钟，他提出了一个非常直白又简单的问题："对于这款iPad产品，我们应该如何定价呢？"提出这个问题后，乔布斯并没

第三章 模式变革之价格力

有自问自答，他转而提到了之前的有关传闻，提及了市面上普遍对这款 iPad 产品的价格推测。

"如果你去了解那些业内人士的推测，你可能会发现，他们认为我们会把这款 iPad 产品定价控制在 1000 美元以下。通常，这就意味着这款产品售价可能是 999 美元。"乔布斯说。当他说完这句话过后，乔布斯身后的大屏幕上，就出现了 999 美元这几个字符，而且还是加粗的字体。随后一分钟，乔布斯继续在介绍这款产品。他提到了这款产品在技术和成本方面的目标，他还提到希望"许多人都能使用这款产品"。

在这个过程中，他身后的 999 美元这几个硕大的字符一直停留在屏幕上。然后，乔布斯突然话锋一转，说道："我很兴奋地向大家宣布，我们这款 iPad 产品的定价并不是 999 美元起，而是 499 美元起。"就凭借这一句话，加上背景屏幕的一个炫酷的动画效果，乔布斯就彻底重新定位了 iPad 在大家心目中的地位。"499 美元的 iPad，很多人都买得起。"他补充说道。随后，会场内掌声如雷。

突然之间，人们的关注重点从要不要花 499 美元去买一款可能喜欢或者不喜欢的产品，转变为一款本来价值 999 美元的产品，现在购入可以直接节省 500 美元。后来，苹果在半年之内就成功地销售了 750 万台 iPad，在一个没有任何竞争和预先存在的市场中，通过这款产品直接实现了 50 亿美元的收入。

在心理学上，当我们在做出判断和决策时，容易受到第一印象或者第一信息的支配，就像沉入海底的锚一样把人们的思想固定在某处，这种心理现象就称作"锚定效应"。

锚定效应最初是由诺贝尔经济奖得主丹尼尔·卡尼曼提出的。所谓锚定效应，是指人们在做出判断时易受第一印象或第一信息即初始锚的支配，以初始锚为参照点进行调整，但由于调整不充分而使得最后判断偏向该锚的一种判断偏差现象。因为一个人在大脑进行信息补充的时候总会受到一些信息、态度或数据的影响，从而对个人的评估结果产生很大影响。购买商品时，如果商品的评估价格和标签价格相符，我们购买该商品的概率就会增加，如果相差太远则不会购买。大脑补充的信息受某些因素的控制。

你会发现多数商家在衣服吊牌上标注建议零售价，而实际购买价格往往是在这个价格基础上做出的折扣。企业营销往往是利用这种客户的心理，制定影响客户判断的心理价位，把你的判断锚定在企业想要销售的价格范围内。所以，日常生活中人们实际经常通过心理博弈来做决策，而很多看似慎重的选择实际上不过是被人利用了锚定效应的结果。人们在做决策的时候会过分依赖之前被提供的信息碎片，无法自控的，就会将更多的注意力放在最初获得的信息上。正如乔布斯所言：顾客不是要占便宜，而是要有一种占了便宜的感觉。

2019年夏天，Costco进入中国市场，在上海开出首店。为了让顾客感知到它的性价比优势，于是将飞天茅台酒的售价定在1499元，比市场上的价格便宜几百甚至上千元，而此价格便成为顾客认知Costco店内商品的价格，因此可以称作锚定价格。

另一个例子也可以说明这一点。星巴克的橱窗里，总是摆放着昂贵的矿泉水，很难销售出去。为什么不好销的商品会一直摆在店内占用宝贵的资源呢？星巴克这样做是有它一定的道理的。矿泉水摆放的目的，就是告诉用户：我们的矿泉水都卖20块，所以咖啡30多块一点都不贵。可见，矿泉水在星巴克店里其实是一个价格锚，有了对照，消费者才不会感觉咖啡贵，而认为它物有所值。

优衣库也经常采用价格锚定策略。它在打折或限时优惠的时候，在打折价格旁边一定会清楚地标注出初上市价格599元起的商品现在只要199元起就可以买到，这里的599元就是锚点，有它作为参照，顾客会毫不犹豫地接受 199 元的价格。

价格的形成应该是同时包含理性因素与非理性因素、理性的供求与非理性的心理。在我们的生活中，无时无刻不在锚定的价格之中，我们总是喜欢有参照物的选择，而不是孤立无助的选择，犹如物理学中的"参照物"在我们的现实生活成了"安全感"的依据。当我们面前只有一个孤零零的选项时，我们会不知所措，因为面对一个价格的时候，我们思考的问题不是"贵不贵"，而是"买不买"的问题。

商业心理学家往往会要求商家设计价签、菜谱、返款优惠等，可以说，价格成了最为普遍的隐形说服大师。很多消费者不能记住所有商品的价格，只能记住其中的一部分。零售企业便选择这一部分敏感商品定为较低的价格，这些商品价格因为容易影响消费者的认知，故称为锚定价格，消费者即以此判断零售企业的价格是偏高还是偏低。

《无价》的作者威廉·庞德斯通告诉我们：价格只是一场集体幻觉。在心理学实验里，人们无法准确地估计"公平价格"，反而会受到无意识、不理性、政治等不正确因素的强烈影响。营销专家们很快就把这些发现应用了起来。价格顾问会建议零售商怎样说服顾客多付钱或少付钱，而谈判教练也会提供类似的建议帮助商务人士谈成交易。

锚定效应之所以产生，部分原因是信息不对称，消费者在决策中除了锚之外没有其他参照，因此显著锚定效应的产生有赖于信息不对称性的加强。商家会想尽一切办法引导消费者衡量自己对商品的需求和其价格之间的性价比，而不是去对比两件商品的性价比。消费者对商品的认知受商家提供的信息干扰和制约，这种情况直接影响到了顾客最终的购买行为。在消费者对成本信息未知的情况下，商家时常会利用锚定效应，通过促销广告和宣传单的数字来影响消费者的经济决策，从而为自己谋求更高标价，寻求更大利润。

当然，任何产品都不是市场的宠儿，如果你向消费者提供了外部锚 A，但同时竞争对手又为消费者提供了外部锚 B，这样一来锚 A 的锚定效应就将大打折扣。同时消费者亦可以参考内部锚（之前的经验、学习等）来干扰你公司提供的外部锚 A，达到降低信息不对称性的结果。所以，在一般情况下，需求和供给是相互独立的，然而以锚定心理来看，需求和供给又紧密相连。有时候，不是需求决定价格而是价格影响需求，因果关系在某些情况下会发生反转。

作为管理者，还可以通过一些设计精巧的锚来影响甚至改变消费者的决策，但不能只停留在局部或者短期效益。要想从战略的角度牢牢锁定消费者，必须构建独特的、有价值的锚系统或者锚组合，编制一张"锚网"。锚系统包括产品组合、价格、广告、产品材料、包装、商标、品牌定位、传播渠道等一系列因素。这些锚聚合到一起，即是品牌定位。为什么品质几无差异的饮用水，消费者在心理上对不同品牌的价格认同会不一样？依云水的价格高于屈臣氏水的价格，屈臣氏水的价格又高于农夫山泉水的价格，这种认识正是来源于消费者对品牌的认知。所以，定价不是一个单纯的营销元素，而是其他营销元素的综合反映。

当你的品牌定位牢牢占据消费者的内心，消费者就会对品牌形成一种态度，进而变成一种积极的评价，甚至是一种莫名其妙的偏好。心理学告诉我们，当一个人与外界事物的关系从简单的认知过渡到一种态度甚至是与自身的价值观相结合变成一种信念时，这个人的行为将产生质的改变。因此，借助锚系统的威力，一个品牌最终有可能实现"营销就是让推销变成多余，让产品实现自我销售"。

二、价格带规划

零售企业设计的锚定价格会带给消费者对企业商品的一种基本价格认

知,而要让消费者行为真正被企业的价格力所影响,还需要设计好商品的价格带。所谓价格带,是指零售企业经营的某一类商品的销售价格由低到高形成的一个价格幅度,其实质是指企业满足不同消费群体的价格差异化程度。

例如,一家女装商店的价格,最高是2000元,最低是500元,则价格带为500~2000元,企业采购部或设计部就会在这一价格带中去采购或设计女装款式,组成商品群。价格带的中间水平往往是目标顾客最容易接受的价格水平,而价格带的宽度决定了该商店面向的消费群的层次和数量,如表3-1所示。

表3-1 女装店A和B的价格带组成

	女装店A	女装店B
价格带（最高价和最低价的区间）	500~2000元	1000~3000元
价格带宽（最高价-最低价）	1500元	2000元
价格带广度（品牌/品种数）	8个	5个
中间价格（消费者最常购买）	1250元	2000元

女有时候,企业为了促销或者树立品牌形象,会在价格上实施一些特别的促销策略。例如将某些商品作为引流的招徕商品而制定远低于成本的价格,或者有意引入价格奇高的高端商品,以树立企业形象提高商品档次,这些都不是正常经营的商品价格,不能算作价格带管理范畴。

所谓价格带规划,就是指零售企业必须根据目标顾客的需求对所经营的商品价格有个合理的规划,以便符合目标顾客的认知并在顾客所能承受的范围内。任何一个阶层对商品价格的接受能力都是不同的,当企业面对的目标顾客群是中产阶层时,你所提供的商品必须满足他们对生活品质的要求,而不是绝对的价格低廉。此时的价格力体现在目标顾客群所需要的产品品质基础上的价格竞争力。价格带规划需要考虑以下几个方面。

零售模式变革
数字经济时代零售企业生存之道

第一，需要考虑目标顾客群的特征。

企业需要进行深入的市场调查，对目标消费者进行准确画像，然后根据消费者的消费需求、生活习惯决定品类构成，根据消费水平决定价格带。也就是说，在这个商品群中各个价格带区间的角色定位是什么、各占比例多少，这是价格带管理的重要内容。价格带中最高价达多少金额，代表你的高端客户能付出多少；价格带中最低价达多少金额，说明你对顾客的优惠政策能做到何种程度。

第二，需要考虑与竞争对手错位竞争。

价格带规划要有利于企业与竞争对手进行错位竞争，可以用如下几个示意图来表现企业的竞争策略。

如图 3-1 所示，如果我们店的价格带能完全覆盖竞争对手的价格带，则意味着在同业态的商品竞争策略中，占销售 70%~80% 的重点品类的价格带完全覆盖竞争店，也就是做到了比竞争店商品更深、更宽，从而体现出企业重点品类商品的丰富与齐全。

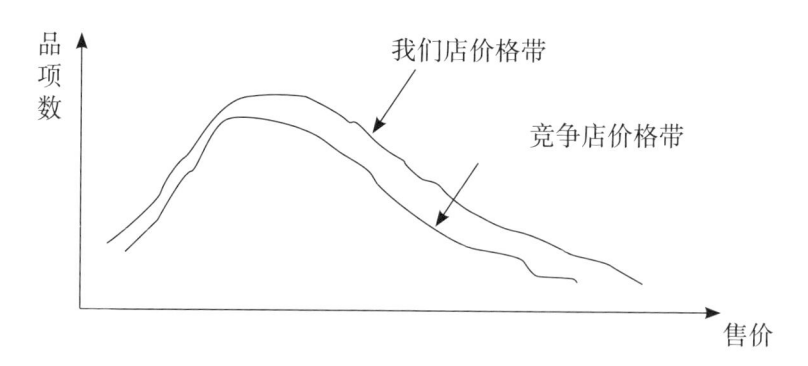

图3-1 完全覆盖型价格带

如图 3-2 所示，当我们店的价格带与竞争店的价格带有一大半重叠时，且我们店的价格波峰在左边，竞争店的价格波峰在右边，说明在低端商品上，我们店做得比竞争店更深更丰富，有更多选择；而在高端商品上，竞争店比我们店做得更深更丰富。因此，我们店更容易吸引对价格敏感的顾客。这也意味着，当竞争店为上限加强型时，我们可以利用下限加强型的价格带，当竞争店为下限加强型时，我们可以利用上限加强型的价格带，从而达到错位竞争的目的。

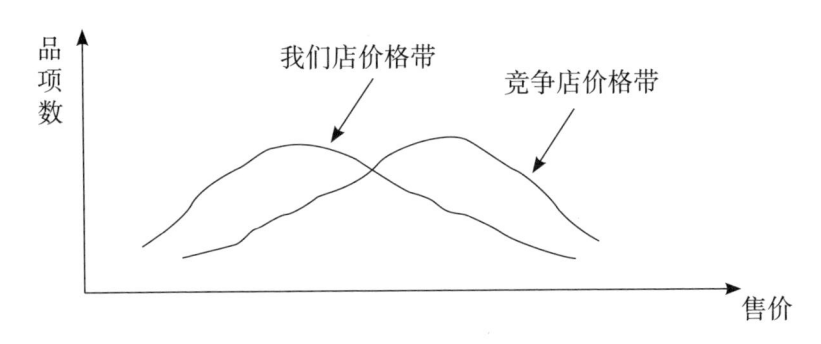

图3-2　半覆盖型价格带

如图 3-3 所示，如果竞争对手占优势，其价格带的重点在高价区域时，我们则可以以低价为主，允许有少量的重叠，但可以完全不去触碰对方的强项，使双方都有明确的商品定位和目标顾客群，反之同理。而当竞争店的价格带出现断裂或有较弱的价格段时，我们也可以乘虚而入、见缝插针，形成与竞争店在商品策略上的互补和竞合。

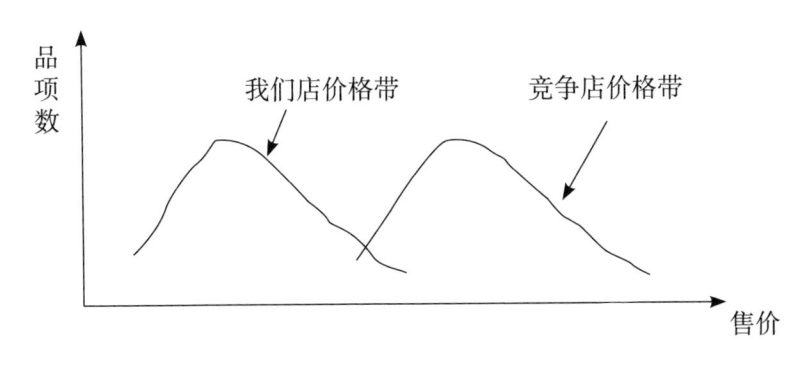

图3-3　回避型价格带

在规划价格带时，要注意突出重点，不搞平均主义。也就是说，不是突出下限价格带的商品，就是突出上限价格带的商品，通过陈列位置、陈列量与陈列设计，突出重点推介或重点销售的商品。同时，价格带不能出现断档情况，要形成一个品种齐全、重点突出的商品形象。例如女装，如果价格带在 300~899 元之间，则 300 多元、400 多元、500 多元、600 多元、700 多元、800 多元各种价格的商品都要备齐，不能仅销售 300 元、499 元、899 元的女装，这个价格带中间缺少的商品，就属于断档商品。我们在规划价格带时，要给出不同价格水平的理由，并尽量将消费者的注意力引向高价格商品。

价格带管理的基本原则是利益最大化。价格带管理是一种工作方法，指导企业人员以此价格管理数据为参考，在市场上选择、组合能按此价格出售又有利可图的商品，以及指导企业日常的商品组合和商品陈列、促销等，以尽可能地获取最大效益。任何一种工作方法，当它不能为我们带来最大利益时，就需要加以调整，价格带管理也不例外。

价格带规划是根据目标顾客群的消费能力和消费习惯来确定的。由于消费者的需求在不断变化，竞争对手的价格策略也在不断调整，同时市场上的新商品新品牌层出不穷，这都要求企业对各价格带的定位和管理进行定期检查和调整。

第三章　模式变革之价格力

第三节　高性价比：致命的诱惑

零售企业的价格竞争实际上已经走过了两个阶段，第一个阶段是纯粹的低价，即消费者只关注价格的高低作为购物的依据，只要价格够低，就能吸引消费者前来。这种情况在经济落后地区比较明显，由于收入不高，消费能力明显不足。第二个阶段是性价比阶段，即消费者不仅关心价格，也关心商品质量，强调在一定品质的基础上追求低价。也有人把这两个阶段称为零售1.0和2.0阶段。

一、天下有免费的午餐吗

什么样的价格最有竞争力？答案是：免费。

那么，天下真的有免费的午餐吗？美国著名的互联网杂志《连线》总编克里斯·安德森就曾在《免费》一书中指出："互联网把微处理器、网络带宽和存储融合在一起。在技术革命推动下，这三者的成本都在以惊人的速度降低。互联网不仅整合三者，而且以极低的成本接触到了数以亿计的海量用户。当一种互联网软件以趋近于零的生产成本和同样趋近于零的流通成本抵达海量用户的时候，它的价格自然也可以趋近于零。"作者认为，免费已经成为21世纪全新的一种商业模式，这种新型的商业模式是数字化时代一个独有的特征。

零售模式变革
数字经济时代零售企业生存之道

现在风行一句话："羊毛出在狗身上，猪来买单。"指的正是一种免费的商业模式。消费者是免费的，但总要有人买单。例如我们天天在用的微信，日活跃用户数量达到9亿人，看起来不需要支付任何费用，那么是谁在维持这个庞大平台的运转呢？那些背后支撑它的工作人员以及大量的服务器都需要成本，腾讯公司是如何平衡这一成本费用并获得巨额利润的？可见，一定有第三方买单，才能让这一最大的国民级运用App得以运作下去。

不仅是互联网企业，线下企业也有类似的免费情况，我们再来看一个案例。许多人都有过乘飞机的经验，通常下了飞机以后还要再搭乘另一种接驳交通工具才能到达目的地。但在四川成都机场有个很特别的景象，当你下了飞机以后，就会看到机场外停了上百部休旅车，车上写着"免费接送"。如果你想前往市区，平均要花150元车费去搭出租车，但是如果你选择搭上面那种黄色的休旅车，只要一台车坐满了，司机就会发车带着乘客去往市区的任何一个点，完全免费。

这真是免费的午餐，许多人当然会选择那种黄色的休旅车。那么，它是怎样运转的呢？原来四川航空公司一次性从风行汽车订购了150台风行菱智MPV，此次采购主要是为了延伸服务空间，挑选高品质的商务车作为旅客航空服务班车来提高在陆地上航空服务的水平。原价一台14.8万元的休旅车，四川航空以9万元的价格购买150台，提供给风行汽车的条件是，司机在载客途中要为乘客详细介绍关于这台车的情况，简单地说，就是司机帮助厂商推销车，在乘客的乘坐体验中顺道突出车子的优点和车商的服务。

当地有不少找不到工作的人，其中有一部分人很想当出租车司机，据说从事这行要先交一笔可观的保证金，而且他们自己没车。四川航空征召了这些人，以一台休旅车17.8万元的价钱出售给这些准司机，每载一个乘客，四川航空就会付给司机25元。一辆车的差价8.8万元，一共150辆车，四川航空借此就进账1320万元。那么，司机为什么要用更贵的价钱买车？

因为对司机而言，比起一般出租车要在路上到处转悠找客人，四川航空为其提供了一条客源稳定的路线，这样当然能吸引到司机来应征。接下来，四川航空推出了只要购买五折票价以上的机票，就赠送免费市区接驳的活动。这样，整个闭环的商业模式就形成了。

现在再来看看《免费》一书中作者总结的几种免费的商业模式。

第一，直接交叉补贴模式，即"短期让利 + 后期卖东西给消费者"。曾经的滴滴打车与快的打车竞争，两者都不约而同地使用了价格战，对使用者不仅免费而且补贴。这两家公司也有自己的想法，因为软件公司获取了客户经常活动的区域与时间，这一顾客信息很有价值，有不少商家愿意购买这些信息，更何况软件上还能绑定广告。当然，这决不是长久之计，只是两家公司为了争夺消费者扩大市场份额而采取的一种竞争手段，一旦形成垄断，一定会恢复到正常的商业模式来。社区团购大战也是一样的道理，初期为了争夺市场驱赶竞争对手，在生鲜商品上给予消费者极低的定价，甚至补贴到免费，这是一种不正当的竞争行为，严重损害了线下实体商店经营者的利益，扰乱了零售市场，所以成为政府管制的重点对象。

第二，免费加收费模式。这是典型的互联网模式，也称作"谷歌模式"。先给用户提供价值，免费搜索网页，以此吸引用户量，然后给广告主提供精准搜索匹配，侧边放广告位。后来，百度也采用这一模式，使其一举成为全球最大的中文搜索平台。然后，360杀毒软件又发展出了"免费加收费"的商业模式，它的很多服务是免费的，但是你如果要获得更好的服务，那么就要收费了。WPS软件也是如此。业界有个5%的模式，也就是说5%的收费客户可以支撑其他95%的免费客户，并且能够盈利。

第三，三方市场模式，即"短期让利 + 后期卖东西给别的商家"。通信运营商的包月租送手机就是这种典型的免费模式。一开始是手机运营商通过卖手机给运营商，赚取利润和市场份额，减少广告费。而通信运营商获取客户的固定月租，扩大市场份额和固定收益，客户包月租后免费使用手机，这个就是三方市场的一种共赢模式。

第四，非货币市场（生产商和消费者）模式，即利用代币或信誉货币体系来交易。例如目前比较流行的微信读书，可以通过你阅读的时间换取代币或免费时长，进而把读者留在应用软件里，赢得电子阅读的头部市场之后，就可以通过获取消费者阅读信息和广告推送来获利。

免费模式在互联网企业比较流行，那么，对于零售行业，尤其是传统零售行业是否也有一定的可取之处？的确，免费模式对消费者有着巨大的吸引力，但线下零售企业运用甚少，主要原因是无法做到像克里斯·安德森在《免费》一书中所说的"商品的生产成本和流通成本可以随消费者增加而趋近于零"。无论消费者数量高达多少，商品的生产成本和流通成本都不可能像网络数字化商品那样无限减少。当然，由于价格策略的灵活多样，也有一些零售企业在价格竞争上会借助类似的免费模式来吸引消费者，例如近些年迅速成长起来的生鲜超市钱大妈。

钱大妈创立于2012年，是目前国内发展最迅速的社区生鲜超市之一。"不卖隔夜肉"是钱大妈的经营理念，也是吸引顾客的核心动力，钱大妈坚持向顾客提供"优质、新鲜、健康"的优质食材，要求所有门店经营的新鲜肉菜均在当天销售完毕。每天19:00开始打折，每隔半个小时再降一折，直至免费派送，决不隔夜销售。值得注意的是，钱大妈将这种打折模式营造成为一种销售文化，在每天19:00开始，钱大妈的店铺就会广播打折消息。比如："现在是9折时间，请大家有序购买""现在是7折时间，请大家有序购买"等。在这样一种购买环境中，顾客的购买积极性会明显提高，购买数量也会显著增多。

可见，免费是一种诱惑，是一种吸引，更是一种策略。免费的背后是人性，当一个顾客被邀请去购买一个从未接触过、从未了解过的产品时，他的内心是担忧的。如果他能够免费试用，接受度就会更高，降低了购买风险，不会担心产品品质及钱财被浪费。因此，我们不仅要看到"天底下没有免费的午餐"这句话背后的人性，也要重视商业的基本常识和规律。

二、高性价比：极致成本控制

天底下没有免费的午餐，但天底下有些企业可以做到极致的成本控制，追求极致的低成本来吸引大量价格敏感型的消费者。例如美国的 Dollar General、Dollar Tree 和 99 美分商店等都是这方面的成功者。其中，Dollar General 和 Dollar Tree 是美国最著名的两家一元店，都位居世界 500 强之列。

由于经济不景气和失业率居高不下，越来越多的消费者进入一元店寻找便宜商品。据美国研究集团调查，全美约三成消费者会在一元店等廉价商店购物。对于很多美国人来说，一般情况下，当购买大量物品时，他们会前往沃尔玛等大型超市，但由于一元店网点更多，居民在购买面包、牛奶、洗涤剂等日用商品时，常常会去这里。例如 Dollar General，目前它在美国已经拥有 1.3 万家店，其店铺数超过任何一家零售连锁公司。这家店成立于 1939 年，1968 年就已经上市，如今市值超过 500 亿美元。

Dollar Tree 也是美国大型的折扣廉价连锁店之一。它的前身是家杂货铺，于 1953 年成立。其店铺出售的商品价格大多为 1 美元，甚至更低。公司于 1995 年在纳斯达克上市，2008 年以前，公司股价走势平平，市值约 40 亿美元左右。2008 年金融危机后，Dollar Tree 在下沉市场逆市生长，一路狂奔，数据显示，2009—2019 财年，Dollar Tree 营收年复合增长率达到 16.3%。Dollar Tree 的营收在 2016 年出现大幅增长，这主要是因为它在 2015 年收购了 Family Dollar（当时美国一元店的"老三"），这笔收购让 Dollar Tree 与 Dollar General 在美国一元店市场形成双雄并立之势。2020 年，Dollar Tree 上榜"德勤全球零售力量增长最快零售商 TOP10"，目前市值已经达到 260 亿美元。

这些折扣廉价商店一般会选择在商业不集中的平民区开店，以此吸引周围居民。店内装修也比较简单，主要是密密麻麻的货架和日光灯，还有丰富的日常用品。这样不仅租金比商业区便宜很多，而且容易与周围居民建立感情。

这里的东西确实便宜。以 Dollar Tree 连锁店为例，在这家连锁店中，花 1 美元可以买到四分之一加仑的牛奶（约 945 毫升）、四节装的 1 号电池、470 毫升的漱口水、479 毫升的洗发液、940 毫升的果汁、1 磅重的饼干、一盒 120 张的餐巾纸等商品。这里的绝大部分商品价格只有 1 美元，绝大部分出售的商品都产自发展中国家。

在 1 美元定价的系统下，销售成本上涨时，Dollar Tree 是无法通过提价来转移压力的，因此，Dollar Tree 选择向上游要利润，公司对其每件商品都设置了目标利润率，首选品牌溢价低的非主流品牌商品。此外，还通过小包装以及设定最低购买量等方式进行销售，通过大规模采购摊平运输成本，释放利润空间。

让物品快速流转，是一元店的商机所在。一元店之所以能以低价战略生存，主要原因在于它们有办法从那些已经破产或快破产的公司进货，价格便宜得惊人。此外，存货过多的公司也是一元店进货的来源。著名的"统统 99 美分"的经营秘诀就是在制造厂家清仓的时候进货。

一元店的商品虽然价格非常便宜，但并非次品销售店，其出售的商品质量还是很可靠的。在金融危机之后，一元店普遍脱胎换骨，除销售各种非知名品牌或地区品牌外，也开始大量销售全国知名品牌，甚至吸引了一些中产阶层来店购物。

我们再来看看日本廉价商店的兴起。在零售业一直有着前瞻性发展的日本，在平价小百货领域的研究与尝试也堪称业界楷模，百元店就是其一大特色。

自从1990年经济泡沫破灭之后，日本经济持续低迷，进入了被称为"失落的20年"。在这种经济状况下，日本著名管理学家大前研一在《低欲望社会》一书中写到，"日本年轻人没有欲望、没有梦想、没有干劲，日本已陷入低欲望社会！"

所谓"低欲望社会"是指：无论物价如何降低，消费也无法得到刺激；经济没有明显增长，银行信贷利率一再调低，而30岁前购房人数依然逐年下降；年轻人对于买车几乎没有兴趣，奢侈品消费被嗤之以鼻；"宅"文化盛行，一日三餐因陋就简。未满35岁的日本人，从懂事以来就面对"失落的20年"，大多数人的心态不只是不愿意背负房贷或结婚生子，而是所有的风险及责任都不想承担。

在消费领域，低欲望社会表现为消费力的减退。新技术、新设计以及各种时尚潮流的消费对象是年轻人，然而随着年轻一代数量的逐年递减，消费趋于饱和，但高龄阶层对于时尚等消费能力有限。此外，日本人对于攀比也渐渐失去了兴趣，那些奢侈品的消费变得毫无意义。所以，低价商品成为日本人的主流商品。当然，日本人不愿意消费，还有一个重要的原因，就是薪资水平的停滞不前。

在这种背景下，日本廉价店异军突起，近几年发展很快。如大创产业，其创始人兼总裁矢野博丈是日本率先采用单一定价模式的经销商，他利用这个战略成功挤进亿万富豪行列。据彭博亿万富豪指数显示，他拥有的净资产高达190亿美元。作为日本最大的折扣零售集团，大创产业在日本国内拥有超过3150家门店。

矢野博丈的创业之路并非一帆风顺。他从中央大学毕业后曾做过很多不同的工作，其中包括经营岳父的水产生意，最后都破产了。1972年，他开着一辆在后车厢装满小商品的小货车，沿街叫卖商品。后来为了省去贴价格标签的时间，他想出了所有商品一律要价100日元的点子。1977年，他创建了大创产业（原意为"干大事"）。

1991年，也就是日本经济泡沫爆裂几年后，矢野博丈开了第一家100日元店。那时，日本消费文化已经开始发生影响深远的转变。工资增长停滞以及经济不给力，导致日本消费者的观念发生了根本性转变，开始变得越来越精打细算。在2016年3月发布的一份客户报告中，瑞银集团指出，事实证明这种转变是日本折扣零售行业的福音。

大创产业以帮助顾客"找到惊喜和乐趣"为己任，提供独特的新奇享受体验，让成千上万的顾客满意而归，不仅在日本，在全球也是如此。大创产业宣称：没有任何一家公司可以效仿我们的核心理念——"质量过硬""品种多样""做工独特"。显然，这三个优势是大创产业成功的支柱，让大创产业在竞争中始终处于领先地位，也让它自信任何1元店都无法模仿其理念。

可以说，大创产业的成功之道在于物美价廉与推陈出新。它每天都推出20多种新商品，全部商品共有4万多种，品种之丰富，一点也不亚于大型百货商店。2012年，大创产业正式进入中国大陆市场（其早年已进入中国台湾、香港市场，目前两地均有二三十家大创门店），首家分店落户广州，取名大创生活馆，由香港四洲集团与大创产业联合投资，并由四洲集团统一运营。据悉，大创生活馆产品覆盖食品、电器配件、厨房用品、文具、玩具、日常生活物品等4000多个品种。值得一提的是，大部分商品均会统一定价为人民币10元，且店内也都有大大的"10元"标志。

目前，身为日本折扣零售行业的龙头老大，大创产业在日本国内有3150家店，在海外有1800家店。在截至2017年3月份的一年里，这家总部设在广岛的零售商的年度营收总额高达4200亿日元。矢野博丈将自己的成功归因于精明的产品采购。大创产业的采购团队都是与制造商进行直接谈判，以低价格大量订购高品质产品。这种策略与全球最大零售商沃尔玛公司曾使用的策略相同。

在中国，类似情况也比比皆是，名创优品就是其中一例。创立于2012年的名创优品自创办之日起就以每年几十上百家的开店速度在全国迅速扩张。2013年，名创优品开店27家，2014年开店373家，2015年开店1075家……截至2020年，名创优品在全球近90个国家和地区构建了4514家门店的零售网络，并且在零售业最难的时节里逆势起飞，成功上市。

2021年2月25日，名创优品公布了2021财年第二财季（10月1日—12月31日，名创优品财年是从7月1日到次年6月30日）未经审计财报。财报显示，公司营收、利润双增长且超市场预期，名创优品在2020年累计新增门店达303家，海外业务新拓展至冰岛和葡萄牙两个国家。其中，该财季海外门店数量逆势新增近50家，占比2020年全年海外新增门店数量的60%。

名创优品主要经营生活百货、创意家居、健康美容、女士饰品、数码配件等产品，定价均在10～99元之间，价格低廉，店铺设计却简洁时尚，深受18～35岁的小资、白领等主流消费人群的喜爱。名创优品早先经历过消费者这样的质疑：便宜没好货，几十元能买到什么好东西？为了扭转"便宜没好货"的形象，他们做了两个工作，一个是严控质量关，全部商品都经过严格检验；另一个就是从设计入手，开发出时尚的商品和店铺形象，要做低价，但不能做低端，这让原来看上去廉价的店铺成为时尚小百货的代名词。

名创优品具有强大的商品研发能力，其商品优质低价的核心在于所有的商品均为自有品牌，一方面降低商品采购成本，即便每件商品价格亲民，依然有30%以上的毛利率；另一方面，自有品牌使得其商品成为独家，最大程度地实现了差异化经营。据名创优品创始人叶国富介绍，公司在开发新产品上形成了一套711制度，即每7天要上新100个产品，而这100个新品是从 1 万个备选方案中挑选出来的，新产品开发已经实施定量考核，每周上新是为了吸引顾客每周都能到商店来，增加复购率。

零售的本质就是效率。名创优品具有高效的店铺运营水平，通过不断优化门店运营系统以减少用工数量，提升门店效益。名创优品早先一家门店的员工配置为 15 人左右，现在降低到 8~10 人。同时，名创优品具有强大的供应链系统。他们在国内拥有 800 家左右的供应商，其中不乏为国际一线品牌做代工的生产制造企业，其独创的物流系统和高效的自动仓储设备保证了每家店每个月都能有新商品补充。2020 年上市后，名创优品表示计划将 IPO 募集资金的约 30% 用于投资仓储物流网络，说明仅仓储物流一块，名创的供应链就还有相当大的成长空间。整体链条依然在扩建延伸，而供应链越完善，企业所能运转的规模和范围就会越大。

名创优品总部收益来自两块，一个是品牌使用费（3 年期限，每家店 15 万元）；另外一个就是在商品价值链上的 8 个点的利润。由此也可以看出，名创优品正在以轻资产的模式运作，它将设计、研发、供应链掌握在手中，而将门店租金、装修等"重投入"交给加盟商，从而减轻总部负担，使其快速奔跑。

在性价比的竞争上，过去在零售行业流行一种价格竞争战略，称作价格匹配。这是一种价格竞争补偿机制。一些大型的零售企业如沃尔玛等经常有告示称：发现有竞争对手价格比我们低，只要提供收银小票，我们将补偿差价。这就是价格匹配，导致许多竞争对手模仿至今。目前来看，国外的许多商家正在逐渐放弃这种价格竞争战略，沃尔玛在北美就已经停止了价格匹配，但尽管如此，价格仍然是零售企业最常用的竞争武器。今天的价格竞争已经不再是简单的比较，而是从采购到销售各个环节都最大程度地压缩成本费用，把商品价格降到竞争对手无法匹敌的地步，从而形成自己强大的护城河，成为市场竞争中的赢家。名创优品如此，小米也是如此。

三、高性价比：会员制风靡

在以性价比构建自己的价格力中，并不是所有极致的低成本就能战无不胜。当目标顾客并不是价格敏感型的顾客，而是对商品的品质比较敏感，甚至对企业的服务也比较敏感，此时纯粹的低价并不一定能吸引他们的注意，高性价比就体现在商品品质上的性价比了。这正是当前仓储会员店大行其道的原因。

以麦德龙和山姆会员店为代表的仓储式会员店，是最早进入中国的外资仓储式会员店，但它们早期的发展并不顺利。经过一段时间的探索，尤其是从2012年以后，仓储式会员店已经越来越受到消费者欢迎，成为近几年来能抵抗互联网商业冲击而逆势增长的实体店之一。它们成功的原因主要如下。

一是定位为中国的中产阶层，提供优质的高性价比商品。进入中国的两家外资仓储店，无不以中国的中产阶层为目标顾客。这群人中有近些年从海外归来的留学生，也有本土成长起来的中产阶层，他们对商品的品质颇为讲究，外资仓储式会员店中高性价比的商品可以满足他们挑剔的眼光并忽略掉会员费。

二是以全球供应链为支撑。两大外资仓储式会员店都有强大的全球供应链作为支撑，在这里可以找到来自全世界的优质热卖产品，尤其是新鲜进口商品很受欢迎。这些商品提倡多买多省，尽量是大包装大分量，能用桶装绝不用瓶装，因此可以做到商品的价格总体水平比竞争者低5%~8%。商品选择性不多，同一种商品只有1~2个牌子，最多3~4个牌子，这些牌子都是精心选出来的畅销品。而减少种类增加所选产品的购买量，可以最大限度地降低商品成本，保证客户所买商品低价优质。

三是仓库与卖场合二为一。卖场宽敞，装修简单，尽量降低商店运营成本。卖场内的货架一般分为三层，上两层整齐地摆放复合包装还未拆包的商品，最下层摆放的是拆包的独立包装商品。上两层存货，下层卖货，这样的设计看上去既整齐又压缩了货物所占的空间，减少库存，节省费用，更方便售货员陈列商品。他们只需用叉车将复合包装的货物挑下放在底层地面上，拆除包装即可，多数是机械化作业，很少人工搬运。而且，宽敞的购物空间能够给习惯在大城市拥挤的街道和写字楼中穿梭的人们带来一种久违的畅快感。

四是迎合中国消费者购物习惯进行了适当的经营策略调整。例如，在选址上，由于美国人习惯于每一到两周开车到超市，一次性购买一两周所需要的生活用品，所以美国的仓储式会员店大多开在城市交通便利的边缘地区。但中国人更习惯全家出动，在购物的时候吃喝玩乐一并享受，所以中国的山姆会员店现在越来越多地出现在卫星城中心地带或者近郊区购物中心里面，周边必须有餐饮、娱乐等配套设施，比如广州番禺和深圳龙岗的山姆会员店，就有别于美国的独立建筑模式。即便在服务上，这些仓储式会员店也一改国外有限服务的特点，适当增加必需的服务项目以迎合中国中产阶层的购物习惯。

在中国的仓储式会员店中，最成功的要数沃尔玛旗下的山姆会员店了。当前，实体店在互联网商业的冲击下进入寒冬，不少企业纷纷断臂求生。沃尔玛也不例外，从 2016 年开始不断关闭大卖场。但沃尔玛的另一种业态——山姆会员店却展示出勃勃生机，时有新店开出，这种现象在中国尤甚。

早在 1996 年，亚洲第一家山姆会员店就已经在深圳落地生根了。但是在很长的一段时间内，它的发展一直不尽如人意，一度被迫改成普通的沃尔玛大卖场。时至今日，当年那个不被看好的山姆会员店已经成为中国零售业

第三章 模式变革之价格力

的一匹黑马。

山姆会员店与传统超市最明显的差别就在于它的会员制，只服务它的会员。它的会员资格是要收费的，在中国，个人会籍和商业会籍一样，年费为260元。由于会员收费制度，让山姆会员店成功地把一些不买东西只想吹空调吃试用品的围观群众挡在了门外。所以，即使是在中国腊月的年货月中，山姆会员店内也保持着稀疏有致的人流量，让顾客可以在货架中畅通无阻。

山姆会员店没有花哨的门店装饰，它主要是通过沃尔玛全球供应链以大规模采购、大包装商品和简约的货架陈列，来降低采购和运营成本。山姆会员店中的商品在可以保证最低价格的同时也兼顾了高出平均水平的品质。与大卖场动辄数万种商品不一样的是，山姆的商品数量要少得多，通常控制在4000～5000种。山姆会员店每年都会派出大批的采购队伍，对采购产品品质严格把关的同时要求精确判断顾客喜好，将售卖的产品品牌定位在顾客喜好度最高的产品上，营造出一种"不多，但每一款都是挚爱"的气氛。

目前山姆会员店在全球范围内有700多家门店，为全球超过5000万个人与商业会员提供服务，已成为全球最有影响力的零售商之一。它在中国开设了20多家商店，分别坐落在深圳、广州、福州、上海、杭州、苏州、武汉、常州、北京、大连和珠海，服务近160万中国会员。

虽然山姆会员店在中国市场独领风骚，但从全世界范围来看，最成功的会员店应该算是Costco。Costco是全美第二大超市、第一大会员制仓储超市，其前身是Price Costco。1997年10月，Price Costco由1976年在加州圣迭戈成立的Price Club和1983年在华盛顿州西雅图成立的Costco合并成立，并在1999年更名为Costco Wholesale Corporation，由此开启了它后来崛起的神话。

Costco经营的商品如下：食品和杂货（包括干货、休闲食品、糖果、酒精和非酒精饮料以及清洁用品）；日用品（包括主要电器、电子产品、健康和美容用品、硬件、花园和庭院用品）；新鲜食品（包括肉类、农产品、熟食店和面包烘焙）；纺织品和服装；附加服务（包括加油站和药房）。Costco 单店 SKU 约 3800 个。Costco 于 1995 年创立自有品牌 Kirkland Signature，产品涵盖食品、生鲜、酒类、保健、药品、日用、母婴、服装等，已占 Costco 总销售额的 20% 以上。Kirkland 已成为"健康、优质、低价"的象征，如保健品、坚果等已经成为全美销售排名数一数二的品牌。

作为美国会员制仓储式超市，Costco 的核心商业模式是低价、精简的商品和会员制。自成立以来，Costco 以"不靠商品靠会员"著称，即公司主要盈利来源于付费会员年卡，而非商品销售利润。目前，Costco 在全球 11 个地区设有超过 770 家分店，会员数量超 9600 万。根据 Costco 公布的 2021 财年第一季度的财报，Costco 一季度总营收 432.1 亿美元，同比增长 19.2%。其中商品净销售额为 423.5 亿美元，同比增长 16.7%。会员费收入 8.61 亿美元，同比增长 7%。净利润为 11.66 亿美元，同比增长 38%。2019 年 8 月中国大陆首家 Costco 门店在上海闵行区开业，面积近 1.4 万平方米，提供 27 大品类的 4000 件商品；随后，2020 年 2 月 18 日，星河控股和 Costco 以 8.98 亿元联合获取上海浦东新区某地块，筹备中国第二家 Costco 门店。2021 年 2 月，双方联合又拿下深圳龙华某地块，筹备第三家 Costco 门店。

要了解 Costco 的成功奥秘，必须弄清楚它的会员制模式。目前，绝大部分零售商都实施了会员制，但一般采取的是双轨制，会员和非会员都可以入店消费，零售商通过积分返款或提供增值服务来吸引会员，增强会员的黏度。Costco 与其他零售商不同，它采取的是单轨制，即完全会员制，只有会员才有资格进店购物，非会员则被挡在店外。另外，其他零售商实施会员制都是免费注册制，顾客提供个人信息或购物满一定额度即可注册为会员，且往往是永久性会员。但 Costco 会员制采取的是付费模式，顾客必须交纳一定费用才能成为 Costco 的会员，且为期一年，下一年想继续成为会员必须续费。

Costco付费会员卡分为两种收费方式：普通会员，包括个人、企业及企业副卡用户，美国及加拿大地区年费为60美元/年，其他地区或有不同；高级会员，美国及加拿大地区年费为120美元/年，其他地区或有不同。高级会员除享有普通会员优惠外，还享有消费2%返还（返还上限为1000美元/年）及额外的精选服务等。另外，每位付费会员首次办卡时可申请一张免费家庭卡。详情如表3-2所示。

表3-2　COSTCO会员种类及权益

会员权益	普通会员（Gold star member, 60美元/年）	高级会员（Gold star executive, 120美元/年）	普通商务会员（Business member, 60美元/年）	高级商务会员（Business executive member, 120美元/年）
包括一张免费家庭卡	√	√	√	√
适用于世界范围内的任意一家Costco	√	√	√	√
每年最高以2%额度返利，返利可以直接在Costco消费，返利上限为1000美元		√		√
额外享受Costco精选服务		√		√
添加会员权利（60美元/个）			√	√
转卖商品再购买			√	√

注：数据来源于Costco官网，上述会员权益仅为美国地区使用，不同国家地区卡种及其对应会员权益不同。

零售模式变革
数字经济时代零售企业生存之道

目前，Costco 拥有持卡会员 9600 万人，其中付费会员 5000 多万人，付费会员续费率一直保持在 90%，由普通会员升级为高级会员的人数达到了 38%，可见其会员制强大的吸引力及变现能力。

沃尔玛旗下的山姆会员店目前在全球拥有 5000 万会员，直接为其带来了 20 亿美元会费收入。在美国，它的会员分为两种类型，一种是每年 100 美元的 sam's Plus，一种是每年 45 美元的 Sam's club member。会员可享有 10 余项会员权益，其中，价格类权益占 30%（商品返现和免运费）、生活类附加服务占 70%。

亚马逊于 2005 年在美国市场首次推出 Prime 会员，目前在全球的会员数量超过 1 亿。Prime 会员年费也从 2005 年的 79 美元/年，上涨至现在的 119 美元/年。Prime 会员不仅享受免费送货服务，还享受免费视频、音乐等其他服务。它作为一条主线，贯穿了亚马逊的各项业务。所以，如果亚马逊继续推出新的业务板块，完全可以被纳入付费会员的权益体系中。

与上述两家企业不同的是，Costco 的会费收入成了它的利润来源，而山姆会员店和亚马逊的会费收入仅占其利润的一部分，或是用来弥补成本费用。在 Costco 这种会员模式下，销售额的波动不会影响整体利润，Costco 不需要依靠会员强大的购买力来保持盈利，即便内外环境导致销售额降低，它也只需要让消费者看到成为会员的价值即可，会费已经足够保证利润的稳定。这使得它的经营重心乃至整个经营模式都变得与其他企业不一样。

Costco 的竞争策略来自它的极致低价。这种极致低价离不开少 SKU、高采购深度、自有品牌等强供应链设计，此外，Costco 的价格策略也非常独特，它有一条定价原则是"大容量定价"，即不断增加商品的容量，直到每毫升的价格最低。沃尔玛的汰渍洗衣液 100 毫升售价 39 美元，相当于 0.39 美元/毫升。Costco 增大汰渍洗衣液的容量，变成 500ml，售价 100 美元，相当于 0.20 美元/毫升。薄利多销，买得越多越便宜，这是自古以来公认的道理。而 Costco 的创新之处，是把这种大容量作为标配。在 Costco，基本上都是这种大包装、多包装、箱包的大容量商品。

Costco 在发展过程中所取得的非凡成就，来自它成功的商业模式，而它的商业模式又取决于它独特的会员制模式。下面，我们来看看 Costco 独特的会员制带来了什么样的商业模式。

第一，锁定高价值客户群的定位模式。Costco 的目标定位于中产阶级家庭和中小型企业客户，他们的年收入一般有 8 万~10 万美元，具有一定的消费能力，愿意为更优质的商品和服务支付一定的溢价成本，会员身份成为他们能享受更优购物体验的载体。Costco 专注于这些客户群体，为他们提供高质量低价格的商品及一站式的购物体验。付费会员制作为一种用户管理手段，也是一种企业定义会员的方式，它首先是缩小了目标客户范围。"是否愿意支出会员费"成为区分受众购买力最简单的标准。在会费门槛之上，Costco 圈定了较为精准的客户群体，相应的，对会员的数据监测更简单，也更容易提高服务水平和运营效率。

第二，依赖会费而非商品差价的盈利模式。诚如前面所述，Costco 的盈利点不同于一般零售企业，它不依靠商品销售实现自己的利润增长，而是以会员规模数量及会费总额增长来作为企业主要盈利所在。因此，续费率就决定了企业是否能生存和发展的关键。续费率代表付费会员在会员身份到期时，持续付费延长会员身份的人数比例。续费率越高，意味着企业的权益对付费会员具有越强的吸引力。由于付费会员对零售企业提供商品和服务拥有更高的期待值，这就倒逼企业更加重视消费者的需求以及购物过程中的体验，这使得 Costco 必须全力以赴地追求顾客满意。

第三，特制精选 SKU 的商品严选模式。Costco 在商品上严格遵循特制精选 SKU 的严选模式，主要表现为极致精选、独家特制、严控质量这三个方面。一是极致精选。与沃尔玛、家乐福商品动辄几万 SKU 数的大而全产品策略不同，Costco 对每一个品类只精选 2~3 种"爆款"类型，故其 SKU 仅约 3800 个，而且很多商品以"打""捆""箱"等大包装销售。二是独家特制。Costco 的商品具有极强的差异化，除自有品牌 Kirkland Signature 外，第三方品牌也会为其设计专供商品，比如 Samsonite 的 Costco 专供款。三是严控质量。Costco 严选商品保证优质，主要选择中高端品牌，并明文规定一旦出现质量问题将至少 3 年不与该供应商合作。

第四，真正无理由退货的服务模式。为了检验每一个精选出的商品是否让会员满意，Costco 的退货服务几乎做到了"变态"的程度。吃剩下的半块牛排、喝掉的半瓶酒可以退；买来一束鲜花放在家里几个星期枯萎了可以拿去退；枕头用了几年后可以拿去退；电视看了几年后也可以退……对于 Costco 而言，付费会员制意味着企业与会员之间建立了契约关系，企业成为代替会员及其家庭挑选商品的买手。会员进店后不再担心商品质量和价格问题，完全相信在这里买到的商品是经过精心挑选的。正是这种服务意识加顾客信任关系保证了老会员的忠诚度，从而使得续约率居高不下。

第五，限定毛利率的定价模式。独特的盈利模式导致了独特的定价模式。Costco 采取的是限定毛利率的定价模式，它对商品销售毛利率有两条硬性规定：一是所有商品的毛利率不超过 14%，一旦高过这个数字，则需要汇报 CEO，再经董事会批准；二是面对外部供应商，一旦别的地方比 Costco 的价格还低，则它的商品将永远不会再出现在 Costco 的货架上。Costco 的商品毛利率一般在 11% 左右，远低于传统零售超市的 15%~20% 的毛利率。这就逼着它必须高效管理商品和卖场，不断提高运营效率，不断降低运营成本。只有这样才能尽可能地降低商品毛利率，更多地让利给会员，由此才能保留更多的老会员，吸引更多新会员，从而达到其扩充会员规模、以会员费盈利的目的。

第六，严控成本费用的运营模式。在极低毛利率的运营环境下，Costco

全方位严控成本费用。在选品上，一方面，精选 SKU 节省了预订、追踪和展示的成本，降低了平均库存成本；另一方面，每个品类较少选择往往代表着足够大的订单量和更少的品牌竞争，更利于 Costco 与供应商的议价。在人工费用上，因精简 SKU 的库存运营策略，Costco 门店所需人员相对较少，相关数据显示其单店员工约 176 人，而同业的沃尔玛整体平均单店员工为 200 人。更高的单店产出和相对较少的人工带来高人效，Costco 年人效为 94 万美元，沃尔玛整体平均人效为 21 万美元，由此可见 Costco 人工费用压缩所带来的益处。

在租金费用上，Costco 店址大多设在郊区，坚持核心物业自有，以此锁定租金费用。相关数据显示，在其主要门店分布的北美地区，Costco 一直保持着较高的门店物业自有比率，美国、加拿大和墨西哥自有物业门店占比分别为 81%、88% 和 100%，以此抵御租金费用上涨对利润的侵蚀。在物流成本上，Costco 门店承担了部分仓储功能，其配送中心高效运转，以此控制物流费用。在"少 SKU、深仓储"的商品策略下，Costco 以减少一切非必要仓储物流设施为导向，充分利用门店闲置空间作为仓库，货架高大宽阔，部分存货直接存储在货架上，节约仓储成本。由于采用与低毛利率相匹配的低费用策略，Costco 精简人工、装修简朴、控制物流成本，其费用率低于同期的沃尔玛几个百分点，充分显示了 Costco 的费用控制水平。

Costco 于 2019 年进入中国大陆市场，在上海开出了第一家实体店，并拟在上海和深圳再开两家店，对于中国大陆市场是志在必得。Costco 自 1997 年进入中国台湾地区耕耘 20 余载，已深谙中国人消费习惯，并在台湾地区力推管理本地化、建立东南亚供应链，这些都为它进入中国大陆市场做好了准备。但是，Costco 进入中国大陆市场仍然会面临三大挑战。

一是年轻人购物方式变化的挑战。自 2015 年以来，阿里巴巴、京东、苏宁纷纷加大快消品的电商投入，京东到家、美团、饿了么等到家电商平台，以及各类生鲜电商 App、实体零售 App 同时促进了食品杂货电商化。加上"宅、懒、馋、急、忙、老"等人群的增加，国内消费者的购买习惯日趋电商化、碎片化，大件标准化食品用品倾向于通过电商、到家业务购买，生鲜类通过社区超市、生鲜连锁购买，紧急性、临时性需求类通过便利店购买，远程、大宗购物的意愿下降，这对 Costco 选址相对偏远、仓储式大包装销售模式将是一大挑战。

二是现有商品组合、供应链的适度本地化过程的挑战。在商品选购组合偏好上，内地消费者的选择与港台地区仍有一定差别，尤其在食品和生鲜方面差距较大，与海外消费者差距则更大。Costco 落地中国大陆市场需做好商品本地化，完全采用 Costco 常用的海外供应链并非最优选择，仍需甄选一批中国本土供应商，并加快商品更新换代的速度。

三是现有服务项目与中国消费者体验型需求的差异问题。中国消费者在购物之余还有"吃喝玩乐、教育、体育"等体验式消费需求，Costco 在海外提供的加油、眼科诊所等服务并不能完全迎合中国消费者的需求。与大型游乐场所配套，以及购物中心式的体验项目场所集聚，才能更好地匹配中国消费者的体验型需求。Costco 原来的一站式购物体验服务需要针对中国消费者进行调整。

可以说，Costco 是线下零售企业的优秀代表，它身上仍然带有传统零售的经营印记，在今天这个数字化时代，Costco 面临的挑战和压力是巨大的，它能不能延续以往的辉煌，能不能在中国复制出它的成功，还有待时间来检验。但是，不管是新零售还是传统零售，零售的本质是不变的，如何为消费者提供性价比最高的商品和服务，依然是零售竞争的焦点所在。

第四章 模式变革之服务力

零售业是服务性行业。随着中国市场消费升级，在一个注重数量向注重质量转变的新消费时代，顾客越来越要求零售商提供细致、周到、充满人情味的服务，要求购买与消费的高度满足。于是，高品质、全方位的服务力理所当然地成了零售模式变革之法宝。国外商界有句名言："零售业唯一的差别在于对待顾客的方式。"现代市场竞争的真正主题是服务，在消费者价格承受力普遍提高的今天，零售企业将注意力更多地投向服务不失为明智之举。

第一节 从成本驱动到服务驱动

一、全渠道服务竞争时代来临

零售业是一个以服务活动为主的行业,即为顾客提供在合适的地点以合适的价格购买到合适商品的服务。在一定时期内,成本的降低毕竟是有限的,企业不可能无止境地降低价格;商品品种的竞争也是有限的,我们身边众多的商店经营着相差无几的商品。在这样的环境下,零售商怎样才能脱颖而出,在顾客心中树立差别化形象?唯有优质的服务才能保证企业与众不同。

过去很长一段时间零售企业比拼的是性价比,只要把商品的性价比做到极致,就能无往而不胜。所以,沃尔玛成为行业里首屈一指的成本控制专家,凭着"天天平价"将商店开到世界各地,并如愿以偿地坐上了世界五百强的头把交椅。今天的新零售代表盒马鲜生,其模式变革之一就是引入了"零售餐饮化",这种变革实际上就是把更多的服务深度整合进商品供应链,把食材做成菜品的附加值就会更高。

服务是直接面对人的活动,它比产品质量、价格更容易深入消费者的内心,好的服务能给消费者带来持久的愉悦感,而差的服务给消费者带来的却是无法忍受的烦恼。企业只有保持服务力,树立高品质服务形象,才能比竞争对手多拥有一项强大的竞争优势。

高水平服务力还有一个明显的好处是可以培养顾客的忠诚度，稳定老顾客。有些零售商常常会犯这样一个错误，认为开发新顾客对企业成长非常重要，属于一种积极、主动及进攻的策略，而维护老顾客是一种消极、被动及退守的策略。其实，培育顾客忠诚度，维护老顾客同样具有积极的意义。

首先，维系老顾客的成本较开发新顾客的成本低。粗略计算，争取一位新顾客所投入的营销成本，大约是留住老顾客所投入成本的三到五倍。因为忠诚的顾客能不断给企业带来更多的回报，他们会主动再来购买，使得在他们身上投入的营销成本要比招来新顾客所投入成本低得多，且企业对他们比较了解，不必在交易时花费更多的时间。

其次，老顾客可以成为企业最有效的推销员。一般来说，顾客对企业的期望是靠企业对待他们的方式来塑造的，但对新顾客来说，这种期望主要是靠朋友和同事的口碑来塑造的。口碑对购买决定的影响力要超过广告。遗憾的是，口碑不是企业能直接操纵的，口碑来自相当满意和极不满意的顾客之中。老顾客相对来说对企业的满意度会高，那么他就很有可能为企业四处散布正面口碑，甚至影响亲友，进而使企业能有更多的交易机会。

最后，老顾客代表着许多潜在的营销机会。老顾客不但会重复购买，更会购买商店所提供的其他产品或服务。据《追求卓越》的作者统计，杂货店的一位老主顾，会在10年内购买价值5万美元的商品；一位忠诚的汽车顾客，会在他一生期间给经销商带来15万美元的收入。

数字化时代，企业与用户的距离越来越近，用户可选择购买的平台也越来越多，企业之间的竞争将会越来越激烈，企业服务能力决定着企业是否能够与用户具有高黏度。那么零售效率到底是成本供应链的驱动还是高水平的服务驱动带来的呢？

当前，线上线下相融合的全渠道购物已成为主流消费方式。许多消费者在购买商品时会先在线上研究再到实体店体验。例如，一个消费者在线研究某种电子产品之后，又到实体店体验，那么购买该品牌的概率就会达到80%，且其中近一半的人会选择在实体店购买。消费者越有兴趣查找信息、对比价格并与他人讨论，就越有可能购买该商品，从而使得线上线下的品牌商和零售商通过提高透明度和便捷性受益匪浅。

消费者对全渠道基本服务的需求越来越普遍，例如线上购买线下取货、线上查询线下店铺存货等。这在过去几年并没有引起商家的足够重视，相关服务没有得到很好解决。但从2020年初新冠肺炎疫情发生以来，这种现象已经大有改变。疫情极大地推动了零售商的数字化进程，使得原先的许多传统零售商在最短时间内走到线上，并实施线上线下全渠道服务策略。而不能进行这种变革的企业则市场份额被蚕食，日子越来越难过。

一些调查表明，有相当一部分消费者"希望"或"非常希望"在线上下单门店提货，希望能在实体店刷二维码上网查看商品，希望能在线上查看店内库存。但真正体验过这些服务的消费者并不多。因此，零售商完全可以改进服务，通过提升全渠道体验的交互感和满意度来产生更高价值。对于全渠道商家来说，实体店的价格应尽量与线上价格保持相近，同时更高级的全渠道体验也开始触发消费者更强烈的需求。购物者对全渠道服务的高期望和实际的低采用率说明，零售商一方面要完善基本的全渠道服务，另一方面也要提供店内的虚拟现实体验、线上产品定制等高级服务。

全渠道零售体现在线上与线下的无缝连接和互动融合，但这归根到底还是手段和方式的变化，并没有改变"零售＝服务＋产品"的本质，用户才是最终的裁判。一直以来，市场都是服务和产品最好的试金石。消费者总是希望需求被了解和得到个性化服务，这是消费者的一贯需求。但现实中，所谓"个性化推送"往往成为"垃圾信息轰炸"。绝大多数消费者都在社交媒体上收到过广告，但只有少数人认为收到的推荐是真正的"投其所好"。这些线上广告都是基于早前的研究和购物经历，针对的往往是已经购买好的产品，而非正打算购买的产品。有些消费者还对线下购物体验颇有不满，店员通常既不懂顾客的需求，也不懂产品，因此基本帮不上什么忙。

数字时代正在重新定义客户体验，对于今天的中国消费者而言，线下线上购物的界限越发模糊，毕竟消费者想要的不过是便利、个性化、灵活和透明的购物体验。企业应当整合在线渠道和实体店的特色，引导消费者购买符合他们特定需求的产品。商业的本质正在从"买卖关系"过渡到"服务关系"，未来的商品必须体现对人的尊重与关注。正如《论真理》中的那句哲学名言："人是万物的尺度，人存在时万物存在，人不存在时万物不存在。"在这个数字化新时代，零售商应该增强对消费者的了解，并提供线上线下的全渠道服务，才能改善购物体验，创造更大的价值。

二、服务设计：满足顾客期望

零售商想要提高全渠道服务，必须根据消费者需求和自身的能力进行分析，对服务进行科学设计。零售商的服务设计，就是要对企业所提供的服务项目、服务质量、服务价格等有关问题做出决策，包括三个方面：一是服务项目的设计，即为顾客提供哪些服务项目，满足顾客需要的服务类型；二是服务水平的设计，即为顾客提供的服务水准是什么样的，必须达到什么要求；三是服务价格设计，即提供的服务需不需要顾客承担服务成本，或者承担多大程度的服务成本。

说到服务设计，很多人都以为这是设计师才需要具有的思维，但事实上，服务设计存在于我们生活中的每个角落，当服务设计思维真正应用到商业模式中时，就会出现服务设计优势效应，面对两家售卖同样品质、同等价格产品的店铺，服务设计的魅力与意义在于让你走进其中一家而非另外

第四章 模式变革之服务力

一家。

我们来看看星巴克和麦当劳的顾客排队设计。为什么在星巴克里的顾客是横着排队,而麦当劳却是竖着排队?

星巴克横着排队的设计,主要有以下几方面的考虑:一是缓解焦虑感。当顾客站在柜台旁边时,能够清楚地看到墙上的商品价目单,而不用担心视线被排在前面的顾客阻挡。挑选的时候看到柜台里忙碌的工作人员,能有效缓解排队等候的烦躁。反之,如果视野受到影响势必会加深顾客的焦虑感。二是充满仪式化观感。横着的吧台相当于一个完整的制作流程展示,让顾客可以看到咖啡师操作的全过程,通过饮品制作仪式化的过程能够提升饮品在顾客潜意识里的价值——嗯,这杯饮料做起来很麻烦,确实值这个价格。三是避免制造拥挤感。员工的作业吧台是横向的流水线,所以顾客在吧台左侧排队,而在右边取咖啡,秩序井然,可以避免走道拥堵。此外,横着排队可以优化购物体验,让顾客与顾客之间产生交流,可能是直接的搭讪,也可能是隐性的交流。

麦当劳设计的是竖着排队,这主要是为了营造更紧张、快节奏的氛围。纵向排队时,顾客之间是背与面的接触,会让顾客产生焦虑感,在后面排队的人会觉得前面的顾客太拖拉,而轮到自己点餐时也总是觉得后面排队的人会不耐烦,于是会加快点餐速度。这种无形之中营造出来的紧张感、催促感,刚好迎合了麦当劳快节奏的就餐方式。

所以,无论是星巴克的横着排队方式,还是麦当劳的竖着排队方式,都是经过精心思考而设计出来的,这种设计除了反映餐厅的文化和使命外,还建立在摸透顾客心理的基础上。这也足以说明了为什么两家企业会这么成功。星巴克的成功可以说是当代整套服务设计最典型的案例之一,杰斯帕·昆德在《公司精神》一书中曾写到,"星巴克的成功在于,在消费者需求的重心由产品转向服务,再由服务转向体验的时代,星巴克成功地创立了一种以创造'星巴克体验'为特点的'咖啡宗教'。"

什么是服务设计？服务设计是企业管理者专注于创造顾客最佳服务体验的过程。这需要对所有相关行动者及其之间的相互作用，以及辅助材料和基础设施有一个整体的看法。当消费者更加追求自我体验感受，对所有行业的设计和体验标准都提高了，服务设计的应用就显得愈发重要。而服务设计的应用要遵循五项原则：（1）以用户为中心，服务应该站在用户视角，以用户的体验为中心去做；（2）共同创造，所有的利益相关者都应该参与到服务设计过程中；（3）顺序性，服务应该被视觉化为一系列相互关联、有次序的行动；（4）服务实物化，无形的服务有形化；（5）系统化、全局化地考虑整体环境。

顾客对服务的期望是零售商设计服务的标准和参考点。在设计高质量的服务水准时，了解顾客的期望是首要的也是最关键的一步。如果竞争对手正确地提供服务，那么一家零售商搞错了顾客的需要就意味着失去顾客及其业务，也意味着在与顾客无关的活动上投入资金、时间和其他资源，甚至意味着在竞争激烈的市场中无法生存。

顾客对于零售商店的服务有两种不同类型的期望：理想服务期望和适当服务期望。理想服务是顾客从自身愿望出发很想得到的服务水平，或希望商店能提供的服务水平。但是，由于现实条件的限制，顾客承认自己希望达到的理想水平常常是比较苛刻的。因此，他们还有另一个低水平的服务期望，这个低水平的服务期望被称为适当服务。适当服务是顾客从商店的客观条件出发考虑可以接受的商店提供的最低服务水平，如果商店提供的服务水平低于适当服务，顾客就会产生怨言，甚至背离商店而去。顾客的理想服务与适当服务之间的差距称为容忍区域，它反映了顾客承认并愿意接受该差异范围的服务水平，如图4-1所示。

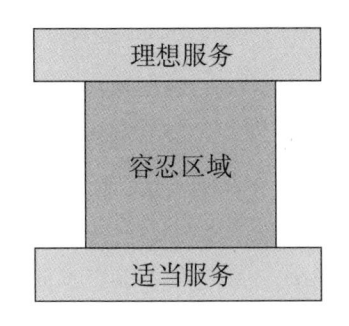

图4-1 顾客的服务期望水平

不同的零售商，同一零售商的不同服务人员，甚至相同的服务人员，服务水平也不会总是一致的。假若服务降到适当服务水平——被认为可接受的最低水平之下，顾客就会感受到挫折并对商店的满意度降低。假如服务水平超过了容忍区域的上限，即达到理想服务水平，顾客就会非常高兴并可能有些惊讶。你可以这样认为，容忍区域是这样一个范围或窗口，在这里顾客并不特别注意服务绩效，但在区域外（非常低或者非常高）的时候，该项服务就会以积极或消极的方式引起顾客的注意。

例如，当顾客在超市排队付款时，大多数顾客对排队时间可接受的范围在5～10分钟，假设排队付款能在这段时间内完成，顾客也许就不会对等候有意见。如果顾客在一家超市排队付款时间总是在2分钟之内，他就可能会注意到这项服务并判断其为优秀的服务；如果该顾客在另一家超市排队付款的时间超过了10分钟，他（以及大多数排队的其他顾客）就会开始抱怨并不停地看表，有些顾客甚至会舍弃商品而去。一些注重服务质量的商店会时刻关注顾客排队的时间及顾客丢弃商品的购物篮，从而判断收银员的收款业务是否达到顾客期望的水准。

不同业态和不同竞争战略的零售商店，顾客对其服务期望是不同的，这就是为什么从顾客角度看，仓储式商店雇佣为数不多的雇员就能使顾客感到满意，而在豪华的百货商店里到处是穿着制服、彬彬有礼的服务员也不一定能使顾客满意的原因。

不同的顾客具有不同的容忍区域，一些顾客的容忍区域较窄，其对零售商提供的服务水平会比较挑剔；而一些顾客的容忍区域较宽，其对零售商偶然出现的服务差错也能接受。另外，顾客对不同的服务项目具有不同的容忍区域，与不太重要的因素相比，顾客有可能更不放松对重要因素的期望，使最重要的服务项目的容忍区域缩小，理想服务和适当服务的水平提高。

由于消费者需求的千差万别，满足消费者的服务也不尽相同，企业可以选择自己的服务项目来建立服务优势。例如，企业可以选择全方位服务优势，最大限度地满足消费者的各种服务需要；企业可以选择快捷服务、便利服务、人情味服务等特色服务，以己之长叩动消费者的心扉；企业还可以选择高于竞争对手的承诺服务，强化服务质量，给消费者足够的信心，甚至超越消费者期望，使其达到101%的满意。企业无论选择哪种差别化服务以确立自己的竞争优势，都必须以消费者需求为出发点，提供消费者最关心的服务。这种服务应建立在企业的能力范围之内，但必须超越同行，是竞争对手达不到或想不到的服务优势。

三、服务差异化：海底捞只有一个

当前的中国消费者更加追求个性化与独特的购物体验，他们除了要求产品能满足个人需求和彰显品位外，购物体验也要符合自己的行为模式。一些消费者常常抱怨定制自己想要的商品几乎不可能，而标准的现成商品和常规服务又无法满足需求。这点在服装品类上尤为明显，因为购买服装主要考虑的就是合身与风格，消费者希望品牌商提供可以定制的剪裁、颜色、图案、材质等。而在另外一些情况下，他们并不需要定制产品，而是需要满足特定使用要求的服务，例如只是短期租用或短期试用，视情况再决定是否购买。

第四章　模式变革之服务力

很少有公司的业务或运营模式可以满足此类定制或短期试用需求，不过也有一些公司做到了，例如前面提到的耐克、安踏，以及红领等。展望未来，品牌商可以通过创新的服务模式打造强大的定制能力，让自己从众多竞争对手当中脱颖而出。

由此可见，不仅产品需要满足消费者的个性化需求，就连服务体验也要按照消费者的不同偏好来提供。这就要求零售商管理者在服务设计时不能寻求单一的标准，更不能因为某家企业的服务口碑好而盲目地模仿。

以海底捞为例。海底捞让我们惊讶的不是它的美味，而是它的服务，尤其是为人称道的餐前服务。而且这一服务历时十余年没有改变，包括等位时提供的跳棋、扑克、水果、饮料、零食，以及免费的擦鞋、美甲服务等，还有能为顾客带来快乐的服务人员，几乎全部保留了下来，这真的很不容易。

曾经在网上疯传一篇文章——《海底捞的服务有毒》，其中有几则顾客留言是这样写的。

"海底捞的服务是有毒的，看我一个人在吃就抱了个玩偶来放到对面，说是可以让我看起来不那么孤单。"

"上次去海底捞，一个服务员拼命地往我碗里夹东西，边夹边说怎么吃那么少……您是我妈派来的吧？"

"我一个人吃的时候，有个服务员全程陪聊，聊工作、聊感情，简直就是人生导师，吃完还一直把我送到电梯口让我常来。"

"有次下大雨从海底捞门口路过，门口的服务员非要撑着伞把我送到小区门口，还送了两块眼镜布给我擦眼镜上的水……我只是路过啊！"

"海底捞的服务员就差帮你付钱了。"

俗话说，做好一件事并不难，难就难在长期坚持做好这件事。十多年如一日地实施让顾客无可挑剔的服务，成为海底捞的一块金字招牌。海底捞的服务已经不是一种表面功夫，而是深植于企业内部的一种服务文化。

要模仿一个企业的服务内容很简单，但要模仿一家企业的服务文化则很难，文化是内嵌于员工心中的一种固有观念，它无所不在，只能被体会，很难被模仿。当然，我们在这里并不想谈海底捞的服务能不能学会，而是要谈海底捞的服务该不该学的问题。这是两回事，一个是选择有所为有所不为，一个是如何将选择的"所为"做到最好。两者之间，做正确的事远比正确地做事来得更有意义。

现代市场竞争中，服务已成为企业的一大利器，愈来愈显现出其重要性。但服务竞争是无止境的，而企业囿于现实条件只能为顾客提供有限的服务，这就需要企业对提供哪些服务以及提供的服务达到何种程度做一个科学的设计。尽管服务本身十分抽象，但企业的服务设计依然有章可循。

首先，企业的服务策略必须服从整体竞争战略的需要。不同竞争战略的成功实施需要不同资源和能力的支撑，企业一旦确定了自己的竞争战略，也就意味着在组织安排、作业流程、控制程序和竞争策略上必须服从这一战略，服务策略也不例外。

Nordstrom（中译名为诺德斯特龙）百货公司是零售业公认的服务典范，多年来它一直致力于以优质服务形成自己的差异化竞争优势，于是，各种匪夷所思的服务故事不断地从 Nordstrom 传出来，成为行业佳话。而 Nordstrom 之所以在服务差异化优势上有所建树，归根结底在于其形成的一套独特的公司服务文化。公司告诉每位员工的正确做法是：要听从顾客的声音，而不是公司管理层的声音。

沃尔玛是行业内大家公认的成本控制专家，为了赢得总成本领先竞争优势，沃尔玛必须在服务项目的设计上精打细算，因为服务项目的增加往往与经营费用的提高成正比，这样会削弱其竞争力。于是，沃尔玛在企业内部形成了一种独特的节约文化，天天平价就是其无往而不胜的一个竞争利器，难怪一份期刊上曾登过这样一篇文章——《要想与沃尔玛竞争，唯有在服务上超越它》。

因此，服务设计要考虑的另一个方面就是企业和顾客能够承受的服务成本。顾客对企业既有服务期望也有价格期望，当企业提供无可挑剔的服务所增加的成本不能自行承受而转嫁到商品价格上时，一部分顾客就会宁愿放弃这种优质服务而选择更优惠的商品，这便是我们身边会出现高端百货、大众百货、折扣百货、货仓式商店、24小时便利店等多种零售业态的原因，它们以各自的服务特色满足着不同顾客的不同期望。

当年，初到羊城（广州别称）的仟村百货也曾设计了众多令人惊讶的顾客服务内容，包括将一楼大厅的一半空间开辟为免费托儿所，为男士休息室的顾客提供免费的茶水、书报、皮鞋刷、纸巾及健康咨询，顾客购买大件商品可以先使用一个月满意后再付款，还有店内服务员搀扶顾客上扶梯，帮顾客拎重物、打伞、叫出租车、免费修单车、擦洗汽车等，但如此优良的服务也没能挽回仟村百货的命运，它仅仅维持了一年零两个月便关门大吉。

事实上，仟村百货的服务不但没有成为商店的救命稻草，反而成了它一个沉重的负担。到了后期，大部分服务项目都被取消了。一种服务一旦超越了商店的承受能力，它本身都难以长久，还怎么救得了商店？所以，任何企业都应该平衡服务内容与服务成本之间的关系，明确什么可为什么不可为，既要满足顾客的服务期望，又要满足顾客的价格期望。

再回到海底捞的案例。对于如何看待海底捞的服务问题，我曾在课堂上专门做过一次案例讨论，下面是部分学生的回答。

"我讨厌太近距离的服务，更讨厌妈妈式的唠叨，正因为这我才逃到餐馆来用餐。"

"我如果到海底捞不用等位马上就能用餐的话，我会心里不平衡，因为没有享受到媒体宣扬的餐前服务，而这些服务成本却可能需要我承担一部分。"

"相比较服务，我更注重火锅本身的品质和价格，我宁愿餐馆将更多精力花在食物和价格上。"

"我不能忍受等待两小时才能用上餐，哪怕它的餐前服务再好。"

"我对过度热情的服务常常抱有怀疑，越热情我越担心会受到欺骗。"

如果将这一讨论更大范围地公开，相信会有更多不同的答案。可见，服务竞争是个万花筒，人们对它的期望不同，才给了企业众多竞争机会，也因此形成了不同企业的不同经营风格。这正是服务竞争的魅力之处，对于每位企业管理者而言，你所需要的不是模仿，而是创新。

既然每个企业的服务内容和服务水平都可以不同，会不会有一种统一的标准来衡量什么是真正好的服务？现在，我们需要重新思考一个最基本的问题，即什么样的服务才是真正好的服务。

如同一个人的最高情商是让所有与他相处的人都感到舒服自然一样，真正好的服务就是让所有顾客都感到轻松舒适，如沐春风，这也是企业服务的最高境界。要做到这一点，关键在于拿捏好服务的分寸感。

广州一家高端百货的管理者曾说，他们的钻石顾客只要一踏入商店大门，便会被保安认出来，并第一时间通知该顾客常去的专柜做好准备。他们并不会立刻与顾客热情地打招呼，而是远远地跟在后面看有什么需要帮忙。因为顾客喜欢自由自在地选购不愿被打扰，但当出现困惑时又希望能及时得到店员的帮助。

而广州另一家折扣百货的管理者却说：我们有意识地将商店的通道设计得比较狭窄，让顾客在卖场穿行时感觉到有点拥挤，这种被动的打扰可以激发顾客的购物欲望。特别是在商店进行大促销活动时，摩肩接踵的人群让顾客更有安全感，也更乐于出手，享受一种尽情抢购商品的购物乐趣。

所以，是让顾客购物时不被打扰，还是有意让顾客被动地接受打扰，这种购物氛围的设计关键在于你要懂得是为谁服务，以及这些顾客在什么样的情境下需要怎样的服务。因此，懂得顾客心理是企业管理层设计服务时应具备的一个关键素养，也是员工提供顾客服务时应具备的一个重要素质。

根据著名的服务质量差距模型，顾客之所以会对企业提供的服务不满意，主要源自四个方面：认识差距（Knowledge gap）、标准差距（Standard gap）、传递差距（Delivery gap）和沟通差距（Communication gap）。其中，认识差距是决定你提供的服务是否正确的关键因素之一。如果企业管理者不能正确地感知顾客期望，就会做出一系列不恰当的决策，从而将过多资源投入顾客并不关心的地方。如果企业员工不能正确理解顾客需求，就会想当然地提供顾客并不需要的服务，甚至是可能带来负面效果的过度服务。

沃尔玛内部有一个著名的"三米原则"，这曾经是其创始人山姆·沃尔顿在大学时代竞选学生会主席的一个成功秘诀，如今成了沃尔玛为顾客服务的一条准则。沃尔玛要求每一位新员工宣誓，"我保证：对三米以内的顾客微笑，并且直视其眸，表达欢迎之意。"当然，这种微笑和致意必须在一米开外三米之内。因为人与人交往有一个安全距离，突破这个距离，你的微笑只会带来紧张和压力，让人产生不适感，由此而产生戒备之心。

所以说，服务的差别不在于内容的差别，而在于人的差别，在于人对服务"度"的把握差别。只有对人的心理解读准确到位，才能提供顾客所需要的优质服务。"懂"是人与人之间交往的最高境界，也是企业提供服务的最高水平。仅有热情是不够的，如何将你的热情服务转化为顾客需要的正确服务，这是每一个学习海底捞的企业管理者必须思考的问题。

第二节 用户思维下的单客管理

一、从流量思维到用户思维

当一个时代从成本驱动开始转向服务驱动时，整个商业的逻辑都在发生变化。过去，所有零售经营者最看中的是流量，不管是线下零售商还是线上零售商，几乎所有的企业营销都变成了一项旨在如何去获取流量的活动，包括从抢占终端好位置到网红带货、从广告轰炸到内容传播等，大家追求的都是流量。但我们发现，在媒体与渠道等碎片化的当下，客户流量越来越贵，而且转化率越来越低，像京东、天猫这样的传统电商平台，有时其顾客导流转化的成本甚至高过了实体商业。线下的企业也是如此，大家都在寻找最佳的商店位置，即人流量最大的位置，这是最有价值的店铺位置，因此以前业界有一种说法："零售成功的要素是什么？第一是选址，第二是选址，第三还是选址。"

今天的数字化时代，传统的流量思维必须转向用户思维。商业已从一个交易的时代进入一个关系的时代，这使得所有行业的商业模式都值得重做一遍。

我们来看看蔚来汽车是如何销售的。蔚来汽车的销售有一多半是靠老用户介绍来的新用户。对于其他企业而言，商品卖出去了，意味着和用户的关系基本就结束了,而蔚来的用户关系却刚刚开始。蔚来的核心理念之一是让用户满意。为了做用户的企业,蔚来的做法是按订单生产(OTD)。一个上海的用户,从蔚来定制一辆车,把这个车交付到他手上,差不多在十天之内可以完成,而且有非常多的配置可以选。这背后是从供应链到制造,到物流,再到用户连接,甚至上牌,所有事情都连接在了一起。而传统的经营模式是先产出来,然后卖给经销商,经销商再卖给用户,差不多要两个多月。

在移动互联网时代,云已经开始连接万物,但很多企业还在用互联网出现之前的方式去服务用户,比如车主加油只能去加油站,人找服务。而蔚来的思路是用云把全国的充电桩、换电站、服务团队、车辆等都连接成一个能源云,用户只需要在 NIO App 上一键下单,全国的服务专员就能提供能量无忧的上门服务,做到服务找人。App 上有用户的点评,比如这个桩到底能不能充电,速度大概会是什么样,让大家心中有数。另外,不同的公司运营不同的桩,如何在支付环节打通,无论在哪个桩充电用一个账号都可以支付,这种体验特别重要,但非互联网出身的公司往往会忽略。

蔚来汽车的销售,就是典型的用户思维模式下的销售。从这一汽车销售方式的变化,我们可以发现,今天的商业逻辑已经在彻底改变,过去注重流量思维的一套方法已经行不通了,今后人们将越来越注重用户思维,注重为用户提供更好的服务体验。

所谓用户思维,就是站在用户的角度看问题,以用户的眼光来设计企业的营销策略,从而为用户提供一揽子解决方案,真正做到"用户至上"。从卖产品到卖解决方案,卖的都是用户真正需要的东西,而不仅仅是你想卖的东西。要针对用户典型场景的痛点与刚需、针对目标消费群的个性化需求,进行产品组合和服务内容的调整。我们可以从营销组合策略从 4P 向 4C 的变化,来了解用户思维与传统思维有什么不同。

我们在前面已经提过,4P 是指产品、价格、渠道和促销,4C 是指消费者、成本、便利和沟通。用户思维便是建立在 4C 理论上的一种营销思维。在这里，我们有必要再详细介绍一下 4C 理论。

第一个 C（消费者）。准确说它应该是指消费者的真实需求。奉行 4P 理论的企业会考虑如何生产销售一辆尽善尽美的汽车。但从消费者角度出发，我们可以看到，他们的真实需求并不是要买一辆无可挑剔的汽车，而是想解决快速出行问题。对此，解决方案有三种：买车、租车或叫车（第三方服务）。虽然公交和单车也是出行方案的一种，但不属于此消费层次范畴，故首先剔除。

第二个 C（成本）。这是指消费者选择出行方案时的成本比较，这一成本包括消费者可能付出的货币成本、时间成本、体力成本和精神成本。当厂商在考虑汽车定价如何能赚取合理利润时，消费者思考的是如何用最低的成本满足出行需要，于是在成本比较中，他们或许会把汽车购买需求转向了租车或更廉价的第三方服务需求。在这里，成本颠覆理论又起了作用，广泛利用社会闲散资源的 Uber 和滴滴，以更低的运营成本逐渐兴起并取代传统的士便成为一种行业发展趋势。

第三个 C（便利）。任何一种商品或服务，离开了便利这一因素，它就只能停留在理论层面无法成为现实。移动互联网、GPS 和打车软件的结合让新出行模式变得简单易行，滴滴刚好赶上这一时间窗口，消费者在城市的任一地点都能方便及时地享受滴滴打车服务，这种便利性是任何其他出行方案都无法替代的。毫无疑问，只要打破行业垄断，规范行业管理，共享出行模式将获得长足的发展空间，这与某个企业的经营无关，即使滴滴倒了，还会出现第二个、第三个滴滴。

第四个 C（沟通）。沟通是对促销的一种替代，它是针对消费者心智的一种对话，让消费者认可的一种行为。在信息社会，大量的信息已经泛滥到让人无所适从，最好的沟通方式便是口碑，包括熟人的宣传、使用者的评价，这便是亚马逊实体书店如此看重消费者对书籍评分的原因。而在出行这一领域，有什么宣传比熟人自愿分享滴滴优惠券更能打动人心而迅速普及的呢？

用户思维在零售业有着同样的逻辑。物美集团创始人张文中曾说："对于零售企业，过去流量更多的是来自方便，或者说来自生鲜的吸引。今后单纯靠这两条可能不一定够了。还需要你提供有品质的服务和有品质的商品。比如说像老百姓离不开的理发、洗衣、配钥匙、修鞋，当然也包括餐饮等，这些服务如果和商业经营结合起来，会产生比较好的效果。"

用户思维的本质就是创造用户价值，只有真正为用户创造了价值，企业的价值才会显现。用户思维不是企业领导者才需要拥有的思维，它应该内化在企业每一位员工身上，每个人都应该培养用户思维，从用户的视角出发，在真实的场景中发现用户的潜在需求，并提供针对性的产品和服务，让用户满意。

二、如何做好用户经营

前面我们提到，用户思维的出现带来了市场营销模式由传统的 4P 到 4C 的转变，这种营销模式的转变包含了两层含义：一是企业关注的重点从内部业务转向了客户；二是企业关注客户是基于客户价值。同时，数字化时代打破了原有的市场均衡，原先的竞争优势将不复存在，需要建立一种新的优势，这种优势将促使企业实施基于价值的客户关系管理，即注重用户经营。

当一个顾客从目标客户转化成潜在客户，再发展到有实际购买需求且具备购买能力的客户，就成为现实市场机会，通过互动交流，顾客最终下单，便成了企业的真实用户。传统的流量思维是把下单视作交易的结束，而用户思维则是把下单看作一段新关系的开始，用户与企业之间的关系有了质的变化。新关系的经营就是用户经营，经营好用户关系将为企业带来二次、三次或更多的订单，如同前面所说的蔚来汽车的销售一样。

零售商应如何做好用户经营？这里，我们以孩子王为例进行说明。成立于 2009 年的孩子王，立足于为准妈妈及 0～14 岁儿童提供一站式成长服务，通过深入挖掘顾客关系，开创以客户关系为核心资产的运营方式，大力发展全渠道战略，致力于成为中国家庭的全渠道服务商。目前孩子王已经服务了超千万中国家庭，孩子王 App 会员能够享受孕产服务、育儿顾问在线问答、分享赚积分、免排队买单、即时配送、宝宝抓周、成长服务、儿童生日会、定制保险、0 元试用、全球购等各种好处。

孩子王的主要业务分为三类，分别是商品销售、顾客服务、互动活动。其中商品销售又分为实物性商品销售和虚拟性商品销售。实物性商品以 0～14 岁孩子的必备食品和用品为主，如奶粉、尿片、玩具等，满足孩子的基本生活需求；虚拟性商品则以服务类为主，如产后恢复辅导，0～3 岁早教，3～10 岁英语教育，才艺类（如钢琴、架子鼓等）培训，以及游乐、儿童摄影等一站式服务，满足孩子娱乐教育的需求。

孩子王与传统零售的主要区别如下。

（1）全系列服务。孩子王提供给消费者全系列服务，包括儿童游乐、婴儿早教、母婴恢复，让会员能够在任何时间、任何场景下在孩子王消费；基于客户数据的经营，对所有会员进行大数据分析，针对大数据结果进行个体化推广；强调和客户的强关系，与客户建立情感纽带，以客户为核心，提供专业化、与众不同、打动人心的服务。

（2）门店体验中心。孩子王门店采取大店模式，进驻各地购物中心，提供多场景服务。门店作为一站式体验中心，通过提供社交、互动的机会，使门店同时成为新家庭户外生活中心、孩子线下互动超级社区、商品服务体验中心。

（3）会员经营，建立强联系。通过育儿顾问和丰富的线下活动与会员建立强联系。与会员形成互动、情感依赖，构建会员与顾客、顾客与顾客、顾客与商品的三层强关系；通过上万场线下活动，建立孩子王与会员的深度关系。对会员需求进行深度挖掘，帮助会员解决痛点，并以此反向加强与会员的联系。

（4）数据驱动，精准营销。孩子王通过对会员消费需求、习惯的收集和深度挖掘，进行 C2B 反向定制，实施精准营销的整体方案。大数据还为消费者提供了全场景购物体验，通过三个 App 实现全方位的购物、社交、娱乐、早教体验。

值得一提的是，孩子王很会经营客户关系。其 98% 的销售都来自会员，这使得孩子王需要不断挖掘新会员、黏住老会员来保证销售增长。在此商业模式之下，针对会员进行的活动营销或者会员营销成为孩子王颇具特色的经营模式。孩子王把自己经营的会员关系总结为三类：会员与商品的关系、会员与育儿顾问的关系、会员与会员的关系。

会员与商品的关系是指从真正的用户需求出发来匹配商品。孩子王公司内部特别强调基于大数据的精准营销和数据关系的挖掘。它很早就成立了专门的会员关系经营部门，叫作会员中心，负责在现有数据上分析会员特征，比如某个会员买了奶粉为什么没买纸尿，为什么他来参加活动特别多却没有买东西。通过对用户端数据的收集，甚至可以清楚地知道在哪个时间哪些人需要哪些东西。

会员与育儿顾问的关系是孩子王的一个鲜明特色。育儿顾问是一支拥有专业母婴护理师资质、儿童成长培育师资质、营养师资质的专业育儿团队。他们以先进的理念为指导，以大数据云平台的实例和数据为依托，为千万新家庭提供健康、幸福、快乐的生活，为妈妈们提供私人定制的育儿服务。目前，孩子王拥有国家专业认证育儿顾问超过 5000 名，还有签约育儿专家近百人。每个顾问对应一定数量的顾客，随时解答顾客任何关于育儿的问题，还会在节假日组织活动。通过这种顾问文化的力量，孩子王把顾客变为黏度更强的"粉丝"。

会员与会员之间的关系则是通过社群（包括线上和线下）来构建的。孩子王门店变成了小朋友和妈妈们社交的地方。比如，游乐场里会不定期举办少儿活动，把小朋友分班，让他们在这里形成某种社交关系，可以相约下次一块来玩。还有插花班、烹饪班，形成妈妈之间的社交关系。而在线上，孩子王也有互动活动平台、孕妈圈、妈咪社区等可供会员沟通交流的场所。

以"顾客关系管理"为核心的商业模式促使孩子王的组织架构也与传统零售企业迥然不同。在孩子王总部，颇具创意地将职能部门划分为顾客研究部、顾客支持部和顾客经营部。而在门店，除了店长、后勤、客服、收银以及分管品类的主管之外，活跃在顾客中间的则是一群育儿顾问。

孩子王还开发了便于员工管理顾客的App。打开这款叫作"人客合一"的App，员工登录自己的账号，便可以看到客户的信息：他们最近的消费记录如何、活跃度怎么样……如果某个客户长时间不来店消费，便可借助App给他（她）赠送一个优惠券以诱导其进行消费。此外，员工在这里还可以看到自己新引进多少会员，自己的销售业绩如何，甚至可以直接显示其这个月赚了多少钱。

据悉，孩子王的每个门店每年平均要做1000场活动，算下来每天至少要做三场活动，以此来促进新会员的不断加入。孩子王的每一场活动转化率几乎都可以达到100%，也就是说，只要来参加活动的，基本上都能够被吸纳为孩子王的会员。活动即营销，营销产生利润，这便是孩子王以"顾客关系管理"为核心的盈利模式。门店店长最关心的事情是：活动完成的情况如何？转化率是多少？员工的状态和积极性如何？他们的知识专业度如何？

与此同时，内容也是孩子王正在加大投入的一个部分。孩子王开发了一个自己的 IP 叫"贝贝姐姐讲故事",为了增强深度原创内容,孩子王的育儿专家实现了 24 小时在线,并通过线上论坛不停输出关于养育的内容。此外,平台上的知识库、孕期工具、社区、会员问答都在产生内容。而这些内容所刺激的消费需求不只是商品,还包括各种服务,比如催乳、理胎发、少儿推拿、孕妈护理、月嫂等。孩子王扮演了连接会员与内容、连接会员与服务的角色。

从孩子王的案例中可以看出,传统企业靠流量思维谋求增长都是有限的,唯有转变成用户思维,靠服务,尤其是深度服务,才能形成真正的核心竞争力和差异化,才能实现用户的深度依赖,走出恶性价格战的同质化竞争。

三、追求顾客终身价值

当前移动互联网的用户增长趋势放缓,反映了流量思维正在逐渐枯竭,但从另一方面也反映出用户的深度价值开始显现。这给我们释放了一个重要的信号:要从流量思维转成服务用户思维,要从野蛮生长转向深耕细作,挖掘单个用户的深度价值和终身价值。

顾客终身价值又称顾客生涯价值,指的是每个顾客在未来可能为企业带来的收益总和。相关调研结果显示,超过一半的零售商仅仅能有效维护不到 20% 的老客户。因此,在客户留存方面,企业能做的还有很多。

如何理解顾客终身价值?可以从以下三个层次来解读。

第一层次的顾客终身价值是顾客终身在一家商店进行同类型消费所产生的价值。例如,一个顾客在一家米店买米,他始终对这家米店的购物体验很满意,因而成为商店的忠诚顾客,此后一生都可能在这家商店买米。因此,他一生能为这家商店带来的营业收入就是这位顾客的终身价值。

第二层次的顾客终身价值是指顾客一生中在这家商店购买和消费所有商品带来的营业收入。也就是说，顾客不仅仅是在这家商店买米，他可能还会买油、买调味品等，只要这家商店推出的任何商品，这位顾客都可能愿意尝试。

第三层次的顾客终身价值是指顾客一生中在这家商店购物或消费所产生的营业收入，还包括他为这家商店主动进行义务宣传吸引其他人来商店购物所产生的营业收入。

零售商对顾客终身价值的理解停留在哪一层次，就决定了它的经营决策停留在哪一层次。当然，在今天这样竞争激烈的市场环境中，要将顾客留住成为企业的忠诚顾客已经不容易了。这需要企业不断改善客户服务来驱动顾客体验的提升，把与顾客的每一次接触都视作增加其终身价值的机会。

首先，企业要学会升华顾客关系，将一次性顾客留住，这就需要提供全渠道、全过程和全方位的优质服务，让顾客有一个良好的购物体验。当他对企业产生良好印象时，很大程度上会成为回头客。同样，一个有过交易行为的顾客如果在与企业交互过程中产生了不良的感受和印象，那就极有可能停止未来的购买行为，导致关系"破裂"或"消失"。

其次，企业要努力巩固与顾客的关系。顾客满意度不等于顾客的忠诚度，顾客满意度是一种心理的满足，是顾客在消费后所表露出的态度；顾客忠诚度则表现为一种持续交易的行为，它能够促进顾客重复购买的发生。衡量顾客忠诚度的主要指标是顾客保持度，即描述企业和顾客关系维系时间长度的量，以及顾客占有率，即顾客将预算花费在该公司的比率。提升顾客保持度和占有率，都需要企业持续地加强与顾客的关系。

最后，企业还要用情感维系与顾客的关系。企业与有价值的顾客之间应建立一种牢固的联系，这种联系除了来自业务方面，还有情感的因素。包括对顾客详细资料的了解，建立顾客资料库，如顾客的品性、购物习惯、个性

第四章　模式变革之服务力

爱好、作风、重要日期记录等，以及对顾客进行关系维持的具体措施，如定期与顾客交流、建立便利的购买渠道投其所好等。

很多企业会成立俱乐部为会员顾客提供各种特制服务，如新产品推广、优先销售和优惠价格等。通过俱乐部的系列活动，加强企业和顾客的联系，培养顾客对企业的忠诚。另外，有些企业会根据顾客的不同情况，为每个顾客设计一套营销方案，即我们常说的精准营销。定制化营销也是有利于建立企业和顾客之间长期关系的一种手段，因为产品或服务的提供是一对一的。每个顾客都有不同的情况，根据其具体情况设计的产品和服务不仅更具针对性，而且能使顾客感受到他是被高度重视的，从而提升顾客忠诚度。

顾客终身价值有三个层次，成功企业能做到第一层次已经很不容易了，能把顾客牢牢地吸引住成为忠诚顾客，这一点已经能够使企业在激烈的市场竞争中脱颖而出。只有真正优秀的企业才能做到第二层次、第三层次，它们会极力挖掘忠诚顾客的更多潜在价值。例如，百果园是一家优秀的水果专业连锁企业，迈入2021年，百果园开始在大生鲜领域发力，提供更多优质的生鲜食品，包括各种蔬菜类生鲜产品，目的就在于让忠诚顾客从接受它的水果转移到接受它的蔬菜食品上。

另一家堪称卓越的企业是小米集团。小米正式成立于2010年4月，是一家专注于智能硬件和电子产品研发的全球化移动互联网企业，也是一家专注于高端智能手机、互联网电视及智能家居生态链建设的创新型科技企业。创业不到十年，小米成功进入世界500强行列。公司创始人自称自己也是一家零售公司，并提出了一套完整的小米新零售战略。

小米的新零售定义为：通过线上线下互动融合的运营方式，将电商的经验和优势发挥到实体零售中，改善购物体验，提升流通效率，将质高价优货真价实的产品卖到消费者手里，以此实现消费升级的创新零售模式。小米的新零售模式形成了线上和线下"四粒棋子"的双重布局，即线上的小米商城和小米有品、线下的小米之家和小米小店。

小米商城是小米新零售的线上基础，主打小米手机、平板等科技数码产品，逐渐延展至周边相关生活产品，如手环、箱包等，包括了生态链企业的系列产品。目标用户主要为核心"米粉"，他们热爱小米文化，热衷于购买小米旗下各类产品，积极参与小米产品发布会、"米粉"活动及新品体验，是小米商城用户的中流砥柱。

小米有品是小米集团旗下未来线上战略的高端电商平台，主打精品生活，于2017年4月6日"米粉"节上线。依托小米生态链企业，小米有品采用了多品牌合作的模式，里面除了小米和米家的产品，也有第三方高端独立品牌产品，小米始终认为高端才有无限空间与想象力，小米有品将承担起线上演进的主要战略使命。

小米之家是小米线下布局的核心终端与战略支撑点，是新零售的关键一环。小米之家是小米公司成立的直营展示与服务中心，为广大"米粉"提供小米手机及其相关产品、配件与技术支持等服务，是"米粉"线下交流的主要场所。小米之家已经在全国几十个大中型城市同时铺开，目前已有近2000家，小米之家单店坪效曾达到27万元，位列全国第一、世界第二，远超同业品牌专卖店，仅次于苹果专卖店的坪效40万元。

小米小店采用"粉丝"化的模式，店主基本上是小米忠实"粉丝"，从小米获得商品，并进行进一步零售。小米借此得以深入到更为广大的四五线城市，2019年底小米小店分布到中国2630个区县和18049个乡镇。小米小店是小米公司新增线下销售渠道的一个尝试，实现了个人卖家和小米官方的直接订货。由官网报价，统一采购，官方发货。对于小店的经营者，小米公司会按照销售业绩向他们支付酬劳。

从小米的新零售布局中可以看出，小米之所以成为一家卓越的公司，很大程度上要归功于它的忠诚顾客。小米的起步在于最初培育了一批忠诚顾客带来的口碑效应；小米的转型也在于这批忠诚顾客愿意接受小米推出的任何新产品；小米的发展更在于这批忠诚顾客愿意担任小米小店的创业人，愿意为小米产品的销售助力，从而为小米带来了最大价值。

第三节 社区服务：零售新风口

一、社区商逐渐兴起

在零售企业打造的服务力中，社区商业正越来越受到企业的重视，逐渐成为零售业一个新的风口。社区商业是一种以社区居民为服务对象，以便民利民、满足和促进居民综合消费为目标的属地型商业。它是城市商业空间的一个重要层次，基本功能是满足社区居民的购物需求、服务需求、休闲娱乐需求等。

要探讨社区服务，我们首先来了解一下什么是社区商业。表4-1是划分社区商业规模的一个国际指标，根据社区商业的体量和辐射范围，社区商业可以分为三种类型，分别是邻里型社区商业、居住型社区商业、加强型社区商业。

邻里型社区商业（标准型）：面积一般在3000平方米以下，由一组小店或集中在一起的一个大集成店组成，包括便利性零售、服务、餐饮等店铺，服务人口一般在1.5万人以下。

居住型社区商业（中型）：面积一般在3000~20000平方米，以超市为主力店，包括便利性零售、服务、餐饮等店铺，服务人口一般在3万~5

万人。

表4-1 划分社区商业规模的指标

国际分类	国际指标		
	商圈半径（千米）	服务人口（人）	商业设置规模（平方米）
邻里型社区商业（标准型）	≤0.5	1万~1.5万	≤0.3万
居住区型社区商业（中型）	≤1.5	3万~5万	≤2万
加强型社区商业（大型）	≤3	8万~10万	≤5万

加强型社区商业（大型）：面积一般在20000~50000平方米，以生活百货或大卖场为主力店，包括休闲体验、生活家居、专卖、餐饮和服务，服务人口一般在8万~10万人。

以上划分类型主要是依据国外标准。事实上，由于不同国家的城镇化程度、人们居住习惯和零售发展阶段不同，社区商业的划分标准也不同，共同的特征是该商业设施主要为长期居住生活或工作的居民提供日常所需的商业服务，满足人们便利生活所需。

我国的社区商业在过去没有引起足够的重视，政府没有统一规划和要求，许多商业设施都是沿街自发兴起，因此有些功能不齐全，给居民生活带来不便。而房地产开发公司在开发住宅小区之后，往往会附带开发一些配套的临街商铺。但这些住宅区中的商铺往往也一同出售给个人，个人拥有商铺产权后一般会以不同的租金水平出租给经营者，造成社区商业功能的欠缺，没有统一的规划和管理。尽管前几年政府引导开发社区商业，但真正落地的符合要求的社区商业少之又少。

2020年初，新冠肺炎疫情来袭，国内很多地区实行限制出入、街道封闭等措施，离居住地 3 千米之内的社区商业重要性凸显，起到了保障民生的重要作用。在疫情最为严重的时期，政府明确要求便利店、社区小超市、水果店、蔬菜门店、生鲜专卖店、杂货店、五金店、小理发店等社区商业业态尽快复工，以保障居民的基本生活需求。此时，人们开始注意到社区商业的发展大有潜力，社区商业需求蓬勃发展。

疫情期间和疫情缓解之后，政府开始推出相关政策鼓励社区商业的发展。2020 年 3 月，国家发展改革委等 23 部门推出《关于促进消费扩容提质加快形成强大国内市场的实施意见》，提出要促进社区生活服务业发展，大力发展便利店、社区菜店等社区商业，拓宽物业服务，加快社区便民商圈建设。2020 年 8 月，住建部等 13 部门推出《关于开展城市居住社区建设补短板行动的意见》，提出支持便民商业服务设施建设，鼓励小店"一店多能"提供多样化便民服务，引导连锁商业进社区提供优质服务。

在政府推动下，不少线下零售企业强势切入社区商业这一领域，一些房企和电商巨头也嗅到背后的商机，纷纷尝试这一领域，再加上各个社区团购势力的强劲崛起，充分体现出社区商业未来良好的发展潜力。根据国外发展经验，在人均 GDP 超过 3000 美元之后，社区商业所占消费零售总额的比例一般在一半左右，但国内社区商业仅占消费零售总额的 30% 以下，这表明社区商业市场还未饱和，还有较大的发展空间。

事实上，电商巨头早已在社区商业领域布局多年。例如阿里巴巴，通过建立快消 B2B 平台零售通，并以菜鸟的物流供应链、阿里云的云计算和大数据、支付宝和蚂蚁的金融服务、天猫和盒马鲜生等作为支撑，为接入零售通的超百万社区小店提供完善的供销体系，完成线下消费场景全覆盖。

与社区商业有较大重合度的本地生活概念，一直是互联网巨头重金投入的赛道，不仅阿里巴巴、京东纷纷进入，美团更是极力跟进，如今连抖音也开始涉足。2021 年初，作为已拥有超 6 亿日活跃用户的"国民级"应用，抖音正加速从娱乐内容流量平台转型成为涵盖营销、电商、搜索和本地生活等多项业务为一体的一站式服务平台。目前生活在北京、上海、杭州、成都等城市的市民，已经在同城 Tab 栏信息流发现了优惠团购、热门榜单和心动餐厅等分类。团购页面主要包含美食餐饮和酒店民宿两大板块，热门榜单则包含了游玩、休闲娱乐、住宿、美食等多个分类，这些功能也将逐步覆盖更多城市和消费场景。

可见，无论是社区商业还是本地生活，抑或是同城零售，都将会有更多的企业在这一领域中不断探索，新商业模式、新业态组合、新服务内容等都将为这一领域带来新的机遇和挑战。

二、国外社区商业与便民服务

社区商业并不是一件新鲜事情，在国外已经有很多成熟的样板和成功的经验，并成为目前国内社区商业借鉴模仿的对象。

1. 新加坡的社区商业

新加坡的社区商业发展十分成熟。政府要求在社区必须配置 12 个基本行业和业态业种，包括菜场、银行、邮政、卫生所、洗衣房、理发店、快餐店、超市、新华书店、修理铺、公共厕所和社区活动中心。同时，政府还推荐了 13 个行业和业态业种，包括服装店、鞋店、礼品店、鲜花店、摄影店、音像制品店等。当然，随着互联网的发展，这些行业和业态业种组合也在发生变化。

在新加坡发展的社区商业中，邻里中心社区商业的建设显得尤为成功。新加坡邻里中心的概念来源于新加坡政府 1965 推行并长期实施的组屋计划。1980 年前后，新加坡政府为了给居民提供更优质的居住环境，开始为邻里中心打造丰富的生活服务场景，满足居民健康、教育、出行、文化等多元化需求。在新加坡政府大力主导的组屋计划之下，邻里中心如雨后春笋般出现。新加坡原有的传统社区形态被改变，新的现代社区体系逐步建立起来。经过40多年的发展和探索，已成为新加坡城市名片的成功写照。

新加坡邻里中心的商业模式摈弃了沿街为市的粗放型商业形态，也不同于传统意义上小区内的零散商铺，而是立足于大社区理念科学设计各类社区服务，满足居民健康、教育、出行、文化、邻里关系等多样化需求。邻里中心布局的多种业态及完善的商业配套，极大地增强了社区居民黏性。

新加坡邻里中心以居住人群为中心，全部设施满足人们在家居附近寻求生活、文化交流的需要，构成了一套巨大的家庭住宅延伸体系。菜场、超市是厨房的延伸；浴室、洗衣房是卫生间的延伸；影院、茶座、歌舞厅是客厅的延伸；图书馆、阅览室是书房的延伸。人们在邻里中心进行这些活动较之在家里更增添了社区文化的氛围。同时，邻里中心把既有商业和服务设施集于其中，既缩短了这些设施与社区居民的距离，又满足了人们多样化的需求；既便民、利民，又提高了居民的生活质量和城市环境质量。

邻里中心是政府调控下的商业行为，在政府的支持下，邻里中心为社区居民提供教育、文化体育、生活福利等服务，这种不断完善的商业组合，取得了相当可观的经济效益，还提供了很多就业机会。此外，新加坡还在所有公共组屋区设有居委会，通过组织家政课程、社区联欢会、消防演练、民众对话会等活动促进邻里团结和睦，不断完善社区服务。

2.日本便利店的便民服务

日本的社区商业服务也是非常完善成熟的，但这种服务大多由便利店来承担，因此，日本便利店成为国家的一种基础设施。日本便利店是一个非常神奇的零售业态，它是以便利为主要目的而成长起来的一种多功能综合设施。除了便利外，我们很难对它下一个特别准确的定义。它是超市、百货商店、药妆店、文具店、杂货铺、银行、咖啡馆、书报亭、酒店、香烟铺、快餐店、物产店、快递网点、快印店、公共厕所的综合体。它既是一个店铺，又是一个网络，它如空气般时刻存在于人们生活中的每个角落，你可以对它视而不见，但在很多时候，你又不得不在第一时间想起它。

日本便利店起步于20世纪70年代初，至今已走过了40余年的历程。它不仅走到了日本零售业几乎所有业态的前列，也走到了全世界便利店发展的最前端。目前，日本全年24小时营业的便利店总数已近6万家，平均2000人拥有一家便利店，其总体销售规模远远超过百货商店，仅次于超市。日本名列前三的便利店分别是7-11、全家和罗森，这三家便利店的销售总额占据了日本便利店80%的市场份额。

日本便利店的高速发展，与它得天独厚的背景有关。日本是世界上唯一一个真正实施"大店法"的国家，尽管这一法律一直以来遭人诟病，但它实施的结果有力地阻碍了大型店铺的发展，间接推动了便利店的兴旺。再加上日本战后经济腾飞带来居民收入增长，使得日本人对生活品质的追求及对商品价格的不敏感，直接转化成对"小而美"便利店的热爱，从而让便利店在日本一枝独秀。然而，真正让日本便利店发展领先于世界各国而成为竞相模仿的样板，还是在于日本便利店自身不断的变革求新。经过一代又一代的迭变，今天的日本便利店早已突破了零售业的范畴，成为一种与人们生活息息相关的基础设施。

最初的日本便利店还是定位在贩卖便利品的零售店，这也是第一代便利店。这里出售的商品都是优质精品，绝不是随便凑合的商品。"桃子放在冰箱内保存三小时最为甜美"，这句话被印在日本一家7-11便利店的海报上，以提醒顾客吃桃子要这样吃才最美味。这也正说明了便利店对商品品质的极致追求。今天，人们可以在7-11买到哈根达斯冰淇淋，在全家看到无印良品专柜，而罗森旗下的甜品被授予世界精品大奖金奖，这一点也不奇怪，因为日本便利店一直在致力于向顾客传递优质生活的概念。

第二代便利店定位为上班一族的冰箱和临时厨房。20 世纪 80 年代，便利店文化在日本生根发芽，茁壮成长，越来越多的年轻人和上班族开始把邻近的 24 小时便利店视为"自家的另一个冰箱"。后来，这群人干脆将其视作自己的临时厨房，任何时间感觉饿了，便立刻想到附近的便利店，那里的美味让人留恋，更何况每一家便利店还在不断推出新品供消费者品尝。

第三代便利店定位为一站式生活服务中心，也称作消费生态圈。它关注邻近居民生活的方方面面，尽可能满足顾客需求。目前，从消费行为来看，单纯为了购物进入便利店的顾客只占 20%，高达八成的消费者在购买商品的同时还有其他目的，如打印、干洗、缴费、取钱、取快件等，这使得人们对便利店的依赖程度不断加深。

第四代便利店已经发展成为一个地区不可或缺的基础生活设施，尤其是在特殊时期，便利店的作用愈发显得重要。2011 年东日本大地震后的第二天，便利店的应急机制就已启动，几乎所有的赈灾物资均通过便利店的配送体系有条不紊地送到灾区。7-11、全家、罗森三大便利店集团 80% 的东北地区分店在两周内恢复正常营业，为灾民提供卫生间、自来水以及生活必需供给。

如今，便利店又成为日本老人的生命线。当前，日本社会老龄化严重，65 岁以上的人口占全国总人口的四分之一还多。随着老龄化社会来临，日本政府早两年就正式与 7-11、全家和罗森签订协议，允许便利店开设在公寓群里，使之成为老年人的生活服务中心，从而解决了一个重大的社会问题。

当日本便利店通过几代更迭成为一个社会的基础设施，它所带来的便利店文化便再难以从人们的生活中抹去。为此，他们整整花了 40 多年的时间，这个时间跨度足以让祖孙三代消费者形成固定的消费习惯。也就是说，日本便利店用 40 多年时间来教育消费者，将其倡导的生活方式深深地扎根于日本人的心智中，由此也带来了日本便利店本身日益繁荣的景象。

日本便利店的另一个特点是跨界经营，它最集中地体现了零售业精细化管理的精髓，这就是我们常说的工匠精神。可以这样说，日本便利店的发展迭变过程，就是其跨界融合的过程，它给我们今天的零售同行展示了一条成功的跨界路径。接下来，我们就来看看它是怎样在一个 100 平方米左右的小店玩出 72 般变化，这的确考验着企业管理人的智慧。

第一，日本便利店将经营范围延伸至其他零售业态，形成业态混搭。例如，"便利店+药店""便利店+超市""便利店+书店""便利店+美容品店""便利店+玩具店"等。这实际上还是在零售业中跨界，只是将商品经营范围不断延伸而已。随着电子商务的不断发展，日本便利店早已突破了传统商品范围，向全品类进军。他们将最畅销的便利品陈列在线下，而将其他商品放在线上，实现了线上与线下业务的有机融合。

第二，日本便利店逐步蚕食其他生活服务业。餐饮业首当其冲，其他诸如冲印业、干洗业、打印复印、各种演唱会体育赛事和游乐园滑雪索道门票等，可以说，便利店涉足的行业，几乎都对原先的经营渠道构成了巨大冲击。娱乐业也不能幸免，2014 年 4 月，全家创建的"便利店+卡拉 OK"模式在业界引起轰动，而罗森涉足的动漫产业有目共睹，7-11 便利店本身就是日本最大的票务代理公司。

第三，日本便利店将触角延伸至金融业。日本便利店都设有 ATM 机，而日本 7-11 旗下的 Seven Bank 已成为日本最大的金融机构之一。所有 7-11、罗森门店的 ATM，以及超过半数的全家便利店 ATM 都能用银联卡提取现金，这些便利店遍布日本大街小巷，让银联卡持卡人在旅途中可以非常方便地找到取款点。

第四，日本便利店将经营范围扩大到养老保健行业。2015 年，罗森与护理服务品牌 wis-net 合作，在门店为老年顾客提供保健咨询服务，让他们

第四章 模式变革之服务力

无需去医院就能解决自身的困难。店里的药剂师保证老人每天 24 小时都能买到普通药品，第二天能拿到特需药品。日本部分便利店还与地方政府签订了体检合作协议，市民可以通过便利店预约体检，或者在便利店附近配备的体检车和体检帐篷完成体检。

第五，日本便利店大力挺进第三方物流业。便利店是解决电子商务物流配送最后一千米难题的最好方案，它本身的小量多频次配送，形成了进军第三方物流的优势。目前，日本便利店已将第三方物流纳入自己新的利润增长点。

第六，日本便利店开始沿上游涉足农业生产。罗森便利店率先在这方面做出了尝试。为稳定货源提升品牌影响力，罗森便利店从 2015 年开始种植大米，并以自有品牌越光米在店内销售。另外，罗森在日本还有 23 处农场生产蔬菜和水果，最大程度地实现了商品供应链的整合。

任何一种零售业态的诞生和发展其实都是消费者对于生活追求的一种投射，反映的是其背后的生活方式。日本便利店注重打造一种生态环境，靠的是增值服务赚钱，而不是卖商品赚钱。日本便利店之所以能够成为消费者日常生活的一部分，其中很大一个原因是它整合了很多服务。未来的便利店会有更多的跨界布局，这将有助于便利店走出浅层的商品贩卖，探索更深层的便利店价值。

顾客到你这里，除了买东西，还可以喝到喜欢的咖啡，吃上美味的点心，还能让小朋友上个早教，顺便再买些自家人喜欢的菜，甚至把衣服送来让信赖的机构清洗，这都是需求，这是一种"lifestyle"（有品位品质的生活方式）的全方位服务。顾客在你这里得到更好的购物体验时，实际上就是给你跨界经营提供了多种选择。

但是，企业盲目地跨界也会带来巨大的风险，此类失败的例子数不胜数。因为跨界意味着面临不同领域的竞争，面临资源过于分散、运营费用增大的陷阱，面临专业人才缺乏、原有品牌形象受损的危机，以及时机把握不当、节奏控制不稳的风险。所以，跨界到底是损害企业价值还是创造企业价值？是带来品牌折价还是导致品牌溢价？这是每个零售商都应该好好思考的问题。

可见，不是思想有多远，跨界就能走多远。企业跨界必须遵循顾客原则，因为最终打败你的不是行业竞争对手，也不是"黑天鹅"，而是被顾客抛弃。顾客原则有两层含义，一是不断深化与顾客的关系，二是不断提高价值创造的能力。这就是德鲁克强调的两项职能，即营销与创新。

此外，企业必须选好跨界方向，一是新业务与原有业务之间的关联性，二是新业务的吸引力，具体表现为新业务的市场空间、进入壁垒、退出壁垒、经营成本、政策等因素。从日本便利店的实践经验可以看出，零售商跨界方向可以从连带消费的场景延伸，从商品功能的纵向需求延伸，以及从店铺网络增值效应延伸，这些都不失为好的选择。

目前，中国的便利店正迎来发展的黄金时期。面对市场空前巨大的"懒人经济"时代，愈演愈烈的消费升级态势，个人创业浪潮风起云涌，许多线上零售商纷纷布局O2O，以及电商物流最后一千米的配送问题，这些都将会是中国便利店新一轮发展的机遇与挑战。如果把零售业各业态组合比作一个金字塔，便利店无疑处于塔的底部，是整个零售业发展的地基。如果便利店停滞不前，则意味着我国现代零售体系的构建还远未完成。只有金字塔基础夯实之后，那塔尖上五彩缤纷的变化，才能给消费者带来最真实的幸福感。

三、重塑国内社区商业服务

前面我们介绍了国外社区商业发展成熟的样本，现在来看看国内的社区商业发展情况。这里介绍三个典型代表，一是互联网企业阿里巴巴正在探索的社区商业"盒马里"的样本;二是房地产公司万科正在尝试的"万科里"社区商业样本;三是传统零售企业步步高正在尝试的"东塘里"社区商业样本。这三个样本分别代表了不同行业巨头涉足社区商业所做出的尝试,各有其不同的特点。

1.盒马里社区商业

盒马里的全称为盒马里·岁宝,是阿里巴巴集团旗下的盒马与深圳传统百货公司岁宝合作推出的新零售业态。2019年11月30日,首家盒马里·岁宝社区购物中心在深圳罗湖正式开业,涵盖了零售、餐饮、生活服务、教育/亲子四方面的产品与服务,其中大量的产品与服务都能通过盒马App浏览和消费。

盒马里·岁宝名称中的"里"包含街坊(如邻里)和家乡(如故里、乡里)两种含义。古代五家为邻,五邻为里,将其加入名字,透露出盒马里·岁宝的定位——社区商业中心。其最大特点是全面数字化管理和运营,线上线下一体化发展。因此,线上数字化运营是其打造的重点和经营的亮点。

首家盒马里·岁宝位于深圳市罗湖区莲塘街道莲塘社区莲塘路168号,莲塘街道总面积10.8平方千米,在自然地理上是一个较为封闭和独立的街道,四周均为自然保护区、山地、湖泊。而盒马里·岁宝正好坐落于莲塘最中心的地带,能够辐射整个莲塘街道。在这个较为封闭且成熟的社区里,商业竞争十分激烈。生鲜电商有每日优鲜、叮咚买菜、苏鲜生、美团买菜等;菜市场和海鲜批发市场超过10个;超市有家乐福、华润万家、永辉超市等。其他吃喝玩乐的临街店铺数不胜数,教育机构也有很多,这些都对盒马里·岁宝构成了一定的威胁。

盒马里·岁宝一共有三层。一楼区域分为由集市与品牌专柜、店铺组成的购物区和各餐饮品牌组成的餐饮区两大区域。二楼分为四块区域:亲子活动、家庭、个人、儿童用品购物，生活服务区，盒马鲜生超市。主要品牌商家有：萌涂图儿童手工坊、婴爱儿童摄影、虫虫绘本馆、智悦谷儿童乐园、青春宝贝。亲子活动区面积占了整个二楼的三分之一空间。在二楼购物区有几家提供服务的店铺，包括理发店、钟表皮具维修店、旅行社、美容院等。三楼是一片专供休闲、亲子活动和教育的区域。

盒马作为一家线上线下一体化经营的 O2O 企业，旗下的业态都凸显了数字化经营管理特色。盒马里·岁宝与盒马旗下的其他业态一样，通过盒马 App 进行线上营销。打开盒马 App，将定位设置在盒马里·岁宝附近的小区——聚福花园（莲塘路），这时候 App 上会有一个"盒马里"的选项，点击进去就可以看到盒马里·岁宝目前经营的产品与服务。

盒马里·岁宝餐饮区的部分产品能够在盒马 App 中选择外卖服务，而且可以跨店下单，一并支付。例如买一份小贝肉夹馍、一杯奈雪的茶、几包盒马鲜生的瓜子和花生等零食，然后一起支付，选择同一时间配送。这比美团外卖与饿了么更加方便和人性化。盒马里·岁宝统一下单和外送产品，可以让消费者在同一时间享受到不同店铺的产品，还可以节省配送费与分批取外卖的时间成本。除了外卖，一些餐饮店的产品还可以接受线上下单，线下到店堂食。

同为品牌专柜/店铺分区中的优衣库、华为、阿迪达斯的产品都能够在线上 App 下单送货到家。消费者在这些店铺下单购买产品后，盒马配送人员会将这些产品配送到家。若是试用产品不合适后，还可以在盒马 App 上选择退货，并预约盒马配送人员在特定时间取回产品。这比在优衣库等官方旗舰店购买产品，快递到家，再快递退回要迅速得多。若是顾客想去线下购买产品，也可以在盒马 App 上看到该产品是否上架销售、款式、尺码以及所剩数量等。这种先了解后到店消费的模式，很大程度地方便了顾客。

"盒马管家"致力于为三千米范围内的"盒区房"提供各种生活服务。

只要在盒马 App 上搜索"盒马管家""保洁""家政""维修"等词,便会有相关服务展示。之前在线下盒马里·岁宝二楼的钟表皮具维修维护、打钥匙等服务,也被盒马里·岁宝复制到了线上。顾客在 App 上下单后,可以将产品拿到线下门店去维修、打造。更有特色的是,线下盒马里·岁宝没有展现出来的上门家政与家电维修服务,在盒马 App 中搜索服务或保洁,就会出现诸多服务。顾客只需要挑选喜欢的服务,预订好时间,就会有服务人员上门提供服务。

盒马里·岁宝作为一家社区购物中心,有一大半的空间都留给了亲子活动和儿童教育机构入驻。这些线下服务可以提前在线上进行了解、预约和下单,节省了家长们了解这些服务的时间、精力成本。盒马 App 的最底部,有一个分区"盒区生活"。页面上方有两个"群聊",第一个是盒马鲜生聚福店(即盒马里店)的"盒马深圳聚福社群",第二个是整个盒马里·岁宝的"盒马里专属福利群"。这两个群时不时有红包、优惠券发放,促销活动与新品上架的通知。盒马里·岁宝与盒马鲜生通过经营社群加强了与周边顾客的营销沟通,增强了顾客黏性。

在"盒区生活"中,盒马会推送许多博主和顾客创作的作品,类似小红书,这些作品包括美食分享、家居生活交流、穿搭介绍、喜爱的产品推荐等。当顾客打开一个作品时,App 会推送相关的产品和原材料,顾客如果感兴趣,可以加入购物车或者直接购买,而且这些产品和原材料,基本都能够在盒马里·岁宝线下门店中购买到。盒马里·岁宝是一家将互联网技术运用到线下、将百货公司搬上网络的数字化管理购物中心,它还没有定型,仍然在不断的摸索和迭代之中。

2.万科里社区商业

万科里是房地产公司万科开发的一种社区商业样本,是一个统一管理并提供自营品牌服务的社区商业物业和社区住宅物业的服务平台。万科里不仅仅是社区商业的硬件载体，更是社区商业的一大平台，即要做好各个端口的良好连接体验，因此，万科里的核心竞争力在于服务。它是以主力店为核心，打造衣食住行全方位新体验的社群小商圈，以新型社区购物及活动体验增加客户黏性，以相互影响力为依附打造各类型商户的协同生态圈，以品牌价值的共同成长增加商户黏性。

万科里设计的社区商业主力店包括以下几方面：关于生活的主力店——生鲜街市；关于杂务的主力店——便利店；关于房子的主力店——生活馆；关于教育的主力店——社区营地；关于餐饮的主力店——食阁；关于服装的主力店——买手精品店；关于健康的主力店——运动保健中心；关于形象的主力店——造型中心；关于购买的主力店——日用品超市；关于女性的主力店——主妇中心；关于汽车的主力店——社区3S中心；关于活动的主力店——共享空间。

一般的社区商业中，大多以服务性的配套商业为主，如洗衣店、药店、美发店、美容美甲店、修理店等。万科里在配置服务于居民生活消费的基础上，创新了配套商业的业种，打造了社区营地。其打造理念与提升社区商业的服务功能与解决近端消费需求紧密相连，值得借鉴。

广州江燕路万科里于2015年12月开业，经过几年时间的运营，在消费者心中已形成了良好口碑，特别是万科自营教育品牌——梅沙社区营地，通过对全家庭成员进行针对性的业态设置，完成消费黏性培育，形成家庭生态消费闭环。

武汉滨江万科里于2020年12月18日正式开业，从区位上看，滨江万科里正处于汉阳二环边的汉江南岸，紧邻建设中的汉水公园和江汉七桥，论优势，周边适宜居住，发展前景广阔；但劣势也同样明显，周边缺乏商业氛围，也没有地铁直达。滨江万科里由地面三层商业街和地下二层停车场组成，得益于出众的空间设计，在体量不大的商业街区内打造出多处可供周边居民休闲活动的公共场所，在满足人们日常生活需求的同时，营造出温馨舒适的邻里空间。

截至开业时，滨江万科里已签约品牌34家，覆盖超市、便利店、餐饮、休闲、亲子、教育、健身等多种业态。项目虽然体量较小，其引入的品牌却能完整覆盖全年龄段客群的消费需求。在下沉广场周边的LG层，主要以超市、餐饮为主，作为主力店的中百仓储绿标店能满足周边居民的日常生活需求，中百罗森、百果园等品牌可以作为补充和提升，有肯德基、老乡鸡、良品铺子等大众餐饮品牌，更有能提升项目商业品质的星巴克"啡快"店。在L1、L2层，主要以生活配套类、亲子、教育培训等为主，作为主力店的海底捞横跨两个楼层，其开业后为项目带来了十足的人气。

从整体上看，滨江万科里在规划设计上引入了现代城市和自然生态融合发展的先进理念，其具有引领性的个性生活街区也赢得了周边居民的青睐。开业前3天，滨江万科里总销售额达214万元，会员人数已超过1万人，多家品牌的销售额位居武汉、汉阳区域第一。

3.东塘里社区商业

东塘里是传统零售企业步步高推出的一种社区商业样本。这是一家真正服务于社区新兴生活方式的社区商业集合体，一家极具烟火气息、湖湘味道的邻里中心。

步步高东塘里于2021年1月30日正式开业。这是步步高集团重点打造的邻里中心，将16年历史的地标老店精心升级，赋予全新的活力。建筑面积3万平方米，集网红菜市场、超市、美食街、儿童游乐、特色餐饮、配套体验于一体，商业楼层包括地上三层购物中心和地下停车场。在这里，可以满足社区买菜、轻餐、宴请、购物、亲子、美容美体、运动健康、家庭维修等全方位需求。

东塘里以社区居民为服务对象，倡导服务于社区的新兴生活理念，在老地方、老居民中谱写新时代新故事。5000平方米的大型超市东塘里，专注于服务中高端顾客，呈现了一个年轻充满活力的店铺。打造了大型生鲜集市，以大量精品包装果蔬、单品、水产、有机商品为主。汇聚丰富的进口商品、地方特色商品，以及网红商品、银发专区、低奢简约厨具等特色商品，同时满足了社区居民的生活需求、居家需求以及健康养生需求。

为了更好地服务周边社区群众，东塘里非常重视老年人高品质的健康生活，为老年人的生活提供了多种便利。增设了老年人银发专区，有坐便椅、代步助行器、老花镜等产品，以供老年人实现更多的服务与体验。全渠道实现线上线下融为智慧一体，在店内实现会员码、自助收银，在店外可通过步步高 Better 购微信小程序，实现在线下单、3千米内90分钟配送到家的购物体验，为邻里提供更快捷方便的购物体验。

东塘里也是一个一站式社区健康服务中心，其中包括以经营广告新特药、处方药、OTC、中药饮片和个人保健护理品等品种为主要特色的楚济堂大药房；以服务美容品、儿童营养品、健康养生品等为主要领域的固本保和养生堂；以四大核心产品服务健身器械锻炼、团队健身课程、专业私教指导、多功能休闲健康项目为基准，深植于大健康产业，打造专业化的运动健身全方位体验馆——百城康祺；以可爱、韩系、时尚、健康等多元化风格搭配的摩卡贝贝。

步步高东塘里还汇聚了各大特色美食，以及街头巷尾的各色小吃，走进东塘里不像是走进商业综合体，而像是去了熟悉的街坊。特色餐饮商家有卢渔翁、锅什么干锅鸡、煲大王猪肚鸡、小诺牛腩煲等，烘焙饮品有茶颜悦色、来杯米饮、仟吉等。在东塘里，玩得也开心。奥乐奥新一代乐教园打造东塘里标杆性素质教育基地，皇家迪智尼带入美国哈佛八项儿童智能——语言智能、数字逻辑智能、空间智能、身体运动智能、音乐智能、人际智能、自我认知智能、自然认知智能，用寓教于乐式的智能玩具带来良好的亲子体验。总之，步步高东塘里把现代与传统相结合，以湖湘文化作为主题，充分展现了长沙老街、市井生活的繁荣景象，让顾客如同置身于长沙老街。

从这三家比较有代表性的国内社区商业样本可以看出，社区商业这一赛道的前景已经被诸多大型企业看到并努力尝试中。但现阶段国内社区商业依旧存在着较大的改进空间，部分传统社区商业更多的是农贸市场、街边市场、超市、便利店的组合体，缺少满足老人、年轻人消费需求的新型业态，也缺少合理规划容纳新型业态的社区商业中心。未来社区商业的改善需要从社区商业规划、业态招商、新零售、新服务等方面着手进行，这需要政府和企业的共同努力。

第五章 模式变革之沟通力

过去，零售商的经营业绩在很大程度上取决于企业本身的"内在功夫"，零售经营者只要寻找一个理想的地理位置，千方百计组织适销对路的商品，为商品制定有吸引力的价格，并将其陈列到货架上，就已足够吸引消费者了。然而，在现今竞争激烈的零售市场环境中，零售商日益认识到比选择合适的地址、商品、价格更重要的是与顾客沟通。零售商要吸引消费者，必须告诉顾客它的存在以及所经营的商品种类和提供的服务等信息，影响顾客的态度和偏好，说服顾客前来购买。于是，每个零售商都不可避免地承担起沟通者的角色，沟通力成为零售商吸引消费者的一个核心竞争力。

第一节 新时代的沟通力

一、如何打造新时代的沟通力

在 4P 和 4C 的营销策略组合理论中，沟通与促销属于同一个范畴，只是看问题的角度不同而已。但过去多年，零售商常常看到的是促销，而忽略了沟通的真正含义。在多次促销战的回合中，国内零售经营者对某些促销技巧尤其是价格促销技巧的运用越来越娴熟，但对如何综合运用各种促销手段来增大促销效果明显不足。同时，过分依赖短期的促销手段刺激销售的增长也会导致一系列的缺陷，这些缺陷也许会进一步发展成为严重的问题，阻碍零售商竞争力的提升。所以，今天的零售商应该反思一下如何从促销转变成沟通，提升沟通力来替代经常采用的价格战。在具体的实施过程中，企业必须重视信息沟通的内容、渠道和效果。

1.信息沟通内容

在零售商经常采用的促销方式中，价格促销可算得上是首屈一指。中国本土零售企业在价格促销上穷尽花样，让外资零售商着实难以招架。百思买就是这样被国美、苏宁一轮又一轮的价格战赶跑的。即使是今天的"双11""618"促销大战，依然逃不开简单粗暴的价格促销思路。

价格虽然是诱发消费者购物的有力武器，但它传递给消费者的信息内容就是"便宜"。简单粗暴的价格促销是一把双刃剑，除非企业有着真正的性价比优势，否则在刺激销售的同时，也会损害企业的定价机制和品牌形象，其带来的品牌忠诚度是极低的。

为了避免品牌自身受到伤害，在价格促销时，要尽量将传递"为消费者提供便宜货"的内容转换成"让消费者占便宜"的内容，这需要一定的定价技巧。同时，企业还需要采用一些非价格促销方式，来弥补价格促销对品牌的伤害。所以，当其他人都在关注价格促销时，我们更应该关注那些非价格促销的成功案例，关注那些能把你想传递的信息内容抵达到消费者的促销方式。即使是其他行业的成功案例，我们也要思考是否可以拿来借鉴一下。

下面这两个近年大火的成功案例打破了我们的惯常思维，值得我们深入思考。

一个是"丁真的世界"广告。丁真的爆红并不意外，数据显示，对丁真产生好奇和兴趣的多是北上广深超一线城市和杭州、南京、重庆、武汉等一线城市人群。这个广告让久居都市"樊笼"的人群透过丁真的野性与纯真，唤起了心底对"田园牧歌""诗和远方""逃离北上广"的渴望。

另一个是邮件沟通案例。罗振宇在前不久的一次演讲中说到，华为云销售人员仅用一封邮件就打动了他，轻易获得了得到App的千万订单。按理说，通过邮件进行沟通似乎已经被我们淘汰了，但这个销售人员采用这种老旧的方式仍然获得了成功。他是如何采用传统邮件方式进行沟通的？个中技巧值得我们学习与思考。可见，沟通的方式和渠道各有各的优势和缺陷，我们应该善于利用不同的沟通方式达到取长补短的效果。

因此，我们不仅要了解当前零售商常用的促销方式及其效果，更要关注促销方式背后向消费者传递的沟通内容：这个内容是不是我们想要传递的？是不是能说服消费者？是不是能提升品牌忠诚？

2.信息沟通渠道

除了要关注信息沟通内容，我们还要关注信息沟通渠道，即我们传递的信息应该从哪一个渠道去触达目标消费者。

现在人们都在说全渠道营销，但企业资源有限，而当今的渠道又越来越呈现碎片化，甚至粉尘化趋势。一家企业不可能也无必要真正做到全渠道沟通，只能选择有限渠道进行布局。那么，哪些才是最合适的渠道？这需要我们了解沟通渠道的演变情况。

20年前，顾客触达的渠道主要是电视、电台、传单、户外招牌、电梯广告、直邮和人员推广；10年前，顾客触点又增加了网页、电子邮件、搜索门户、微信、优酷土豆等；今天，触达的渠道越来越多，新增了公众号、头条号、小红书、抖音、快手、B站、视频号等；未来几年，随着5G时代来临，视频可能会成为互联网底层沟通的主要语言。

如此众多的渠道构成了一个挑战，我们需要了解所有渠道的特点和前景：哪些渠道吸引哪类人群？适合传播什么内容？我们的目标消费者偏爱哪些渠道？尽管企业不需要全渠道布局，但我们的营销人员只有在了解各渠道特点的基础上，才能有效地设计出企业的横向媒体矩阵和纵向媒体矩阵。

横向媒体矩阵是指企业选择在哪些媒体上进行布局。如今的媒体种类繁多，除了传统媒体，新媒体主要有以下几类：公众类，如微信公众号、今日头条、凤凰新闻、一点资讯、网易云阅读、UC头条、ZAKER、FT中文网、百度百家等；专业类，如专业公众号、亿欧网、艾瑞网、品途网、携程网、虎嗅网、创业帮等；视频类，如抖音、快手、B站、视频号、爱奇艺、优酷、西瓜视频、腾讯视频等；达人分享类，如小红书、大众点评、得物App、腾讯微博、新浪微博、新浪博客、LOFTER等；问答类，如知乎、百度知道、百度文库、悟空问答等；其他，如天涯论坛、百度贴吧、简书、豆瓣等。

零售模式变革
数字经济时代零售企业生存之道

纵向媒体矩阵是指企业如何实现在一个生态领域内的深度运营。比如在微信这个生态领域，企业可以在微信朋友圈、公众号、企业服务号、小程序、视频号、微信群、腾讯视频等上面深耕细作。在今日头条领域，企业可以在头条号、抖音、西瓜视频、火山小视频、悟空问答等上面深耕。

企业搭建多媒体矩阵，主要是为了在低成本的情况下，通过多种形式的内容、多种渠道的分发，实现品牌曝光度的提升。企业在构建多媒体矩阵时不需要全面出击，但营销人员需要了解所有媒体特点，从而设计出最佳的媒体矩阵。目前已有从公域流量转向私域流量布局的趋势，社群运营成为一个重要的发力点。

例如，宝岛眼镜就已经建立了7000多个大众点评账号，800多个小红书账号，200多个知乎账号，20多个抖音账号，同时运营快手、视频号，直播团队共800人。企业一次直播可触达人群达到15万。2020年1—10月，共输出约12000篇文章，总浏览量超1000万。如今的宝岛眼镜更像是一个培养达人的MCN机构。

伴随着社交平台和消费者购买习惯的的发展与进化，企业与消费者互动的方式、营销渠道以及传播方式较过去发生了巨大变化。社交时代以前，企业与消费者之间的互动较为单一，主要以企业向消费者单向宣传为主，一般由付费媒体、大众广告和销售终端等单个或几个渠道组成。而今天消费者不再被动地接收营销信息，购买过程变得异常复杂和碎片化，每个决策阶段都要经历多个触点。以激发兴趣、驱动决策、持续喜好三个阶段为例，消费者平均要接触5.2个触点，并且这些互动呈现高度社交化的趋势，其中53%为社交触点。

对企业而言，传统的单向沟通产生的效果越来越有限，它们需要全渠道布局消费者触点，特别是在购买过程之前，如何通过社交渠道"种草"，持续影响消费者的决策成为重中之重。其中社交媒介的使用在购买前有激发

"种草",在售后起到提升复购、获取反馈的重要作用,可以说是品牌消费者运营的核心。企业需要从以"货"为出发点转为以"人"为出发点,从经营"商品"转化为经营"用户价值",把潜在消费者转化为受众、"粉丝"和用户。

3.信息沟通效果

零售商以前搞线下促销活动,主要是衡量它的短期效果,促销期间销售额提升就可以了。后来有了网络促销,其促销效果一般也可以用点击率、阅读量、转化率、复购率、转化费用/获客成本等指标来衡量。广告效果则一般采用记忆率、提及率等指标来衡量。但过去是无法知道广告真正的曝光率的,不知道多少人是因为看了广告而去购买的。所以,约翰·沃纳梅克说过一句著名的话:"我花在广告上一半的钱都浪费了,但问题是我不知道是哪一半。"

传统的品牌传播是"以我为主",内容产生、寻找代言、传播渠道和整合反馈都是以品牌和产品为中心,消费者只能被动接受。数字零售时代,营销传播的路径完全"反转",单纯的企业沟通产生的效果越来越差,而消费者的声音则被无限放大,他们既是营销内容的受众,也是营销内容最好的创作者。有调查显示,消费者在购买前后主动裂变的比例高达77%。品牌越发需要为消费者发声搭建平台和渠道。

因此,当前的营销环境发生了巨大变化。过去的营销目标一切指向交易达成,引发消费者购买和下单就算成功了。今天的营销目标则越来越注重挖掘消费者潜在价值,一个好的沟通不仅要让消费者认同,还要让消费者带来二次传播。也就是说,以前的消费者价值只是购买价值,现在还有一种传播价值,这种传播价值会带来生意裂变。人是社交动物,而社交就是一场又一场信息交互活动。在数字时代,信息与社交是不可分割的两个主题。如何让消费者将企业沟通信息融入社交活动中,营销人员无不绞尽脑汁。

于是，我们看到了一个又一个网红商店的崛起。线下实体店都在想方设法增强顾客体验，鼓励顾客打卡行为，引发热搜话题。广州超级文和友之所以成为一个现象级新事物，正是因为它的场景设计几乎让所有首次体验的消费者都会积极主动地在朋友圈进行二次传播。

对于品牌，传统营销流量不但越来越贵，其"带货效果"也越来越受到质疑。如何通过丰富多样的裂变机制，例如拼购、拉票、转发或折扣、参与热门话题等，满足消费者各种内在动机，触发主动裂变，为品牌主动发声，将成为企业在社交时代的关键竞争优势。品牌可以找准各品类最倾向裂变的人群，主动激发。有调查报告称，女性的裂变比率为79%，高于男性的75%；而40岁以下裂变的概率为80%，明显高于40岁以上的68%。从品类看，奢侈品引发裂变的比率最高，为86%。总之，企业应投其所好，为目标人群设计便利的裂变机制，满足其心理诉求如信号效应、归属效应、娱乐作用等，从而形成品牌传播的良性循环。

所以，现在最好的沟通就是让顾客主动帮你沟通。促销管理的重点就是管理好顾客口碑，也包括管理好KOL、直播网红、网络评分、形象大使等所有能引发消费者再次传播的各个元素。这也是对我们营销管理工作的一大挑战。

二、初期沟通：冷启动切入市场

当一个新产品上市之初，企业应该采用什么方式和渠道快速切入市场？这是摆在营销人员面前的一个难题。过去，企业往往喜欢用大量的广告轰炸市场，只要企业能竞得中央电视台《新闻联播》节目末尾的标王，产品很快就能家喻户晓，市场大卖。这便是我们常说的市场热启动，即大量广告投入。但今天这一套已经行不通了，人们的信息来源渠道越来越广泛，越来越即时，呈现出碎片化、即时化、圈层化信息浏览趋势。尤其是年轻人，信息的来源渠道与父辈们完全不同，再用过去的方式显然很难引起他们的关注。于是，一些新品牌通过市场冷启动，也达到了过去热启动的效果。

市场冷启动就是寻找种子用户，由他们将信息向市场进行扩散，像水波纹一样一圈一圈地漾开，逐渐进入目标顾客群的注意范围中。这里最关键的是要对目标顾客群进行精准画像，从中找到那些重要的种子用户，卡准渠道。就像江小白，它的目标用户群体非常精准，懂酒的人基本上都不会去喝江小白，但它卖得那么好，原因就在于它聚焦的是一些年轻的目标顾客群体。

我们来看看三顿半咖啡这一新品牌是如何通过冷启动快速切入市场的。

三顿半咖啡是成立于 2015 年的国内咖啡品牌，成长速度惊人。2017 年营收 1500 万元。2018 年 5 月份上线天猫，当年营收达到 5000 万元。2020 年"双 11"在冲调类和咖啡类销量排名第一，并荣获当年销售增速最高的咖啡品牌。过去，人们接触信息主要靠电视、报纸、商超等传统媒体渠道，现在的年轻人则更多的是通过手机上的各种 App 和朋友圈来获取信息。因此，三顿半完全摒弃了过去传统的品牌打法，通过冷启动迅速打开市场。

三顿半咖啡在上线天猫之前，一开始是在下厨房 App 上建立起自身的第一批种子用户。下厨房 App 上聚集了一批美食爱好者，这群人与他们所影响的路人用户成为三顿半天猫店的初代粉丝，三顿半的第一批产品也是在这群 KOC（Key Opinion Consumer，即关键意见消费者）的建议下经历了数十次的改良才最终推出。三顿半找到这些精准人群——美食爱好者、喜欢晒图分享的人，给第一批试用产品的人寄送产品，不断寻求反馈及改进意见，在此基础上进行迭代、改进、优化产品，以达到锁定客源、精准圈粉的目的。然后，再进行关联用户及其他平台（微博、小红书等）的传播。

在其他品牌都争相与头部 KOL 合作时，三顿半团队却在社交平台上，从现有用户中发掘极具潜力的 KOC，并与之合作共建内容。这些 KOC 们的整体影响力虽然无法同顶级 KOL 相比，但他们在各自小圈子内有着极强的号召力。三顿半启动了"领航员计划"，从下厨房、微博等平台上的美食生活类活跃用户中选取了一部分具有典型特征的 KOC，收集他们对于品牌的意见，并让他们作为"三顿半星球的领航员"，让用户参与到打磨产品的过程中。

当几十个忠实用户对产品提出一个同样的意见时，品牌就会对产品进行提升。这是一个小规模试错的行为，同时也提升了品牌与用户的互动，增加了 KOC 的参与感。在这个过程中，消费者不再是被动的接受者，而是作为主体参与到品牌建设中，增强了对品牌的认同感，并将品牌发展视为自身职责，从而自发地为品牌进行宣传，产出优质 UGC（User Generated Content，即用户原创内容），在所处圈层内构成二次传播。

事实上，不仅领航员，其他许多用户都会在各大社交媒体 App 上主动宣传三顿半咖啡的成图。有一个词叫作"成图率"，意指用户购买了你的产品后，有多少百分比的用户会自发给产品拍照，并传播到公开的媒介渠道。三顿半就是一个成图率很高的品牌，它借鉴了小罐茶特点，摒弃传统的塑料袋包装，选用了强辨识度的"杯子装"，搭配亮黄、淡红、黑灰等多种颜色，打造品牌的超级符号，直接带给消费者强烈的视觉冲击。三顿半的用户中有一批具有表达欲和创作分享欲的人群，从而使它获得了很多"自来水"式的内容传播。一些人以为三顿半咖啡卖得火爆，背后一定砸了不少广告费用。实际上它在小红书的几千篇笔记，其中 90% 都不是三顿半自己写的，而是用户主动写的。

看到这里，大家一定会感到很熟悉，这并不是什么新鲜的沟通方法，已经被许多企业采用过，小米就是其中一个典型样本。

小米联合创始人黎万强在 2014 年出版的《参与感》一书中这样总结小

米营销的成功：一是和用户互动来做好产品；二是靠用户的口碑来做传播和营销。小米培养出了一批种子用户，又通过给予这些用户极大的尊重和认可，让他们获得一种特殊的身份，成为小米的"死忠粉""发烧友"。同时，这种身份使得他们愿意通过朋友圈这个网络来为小米做传播。在培养小米"发烧友"的过程中，小米有几个关键的策略是不容忽视的。

一是搭建社区。即给用户一个与小米的产品研发人员和工程师沟通交流的聚集地。在发布第一款手机前一年，也就是2010年8月，小米发布了第一版手机系统MIUI，并建立了社区。最初这个社群只有100名小米筛选出来的极客级别的用户，这100人到第二年发展到50万人。这群人参与了MIUI产品的整个研发过程，MIUI的许多功能设计，都是通过论坛由这些用户讨论或者投票确定的。

二是"橙色星期五"。要让用户感受到自己的意见被尊重，最好的方式就是采纳他们的意见，应用到产品设计或者研发中。基于论坛收集来的需求和用户反馈，小米推出了一个非常重要的节点——"橙色星期五"，MIUI开发版每周五下午5点发布，小米的手机系统MIUI就会升级更新迭代。这不仅深刻影响了小米产品的设计和完善，从某种意义上来说，这也是小米和用户共同打造的一个每周一期的IP活动，用户深度参与，小米能够持续对用户产生影响。

三是从情感上拉近与用户的距离。小米制作了一部宣传片《100个梦想的赞助商》，在小米手机第一版测试的时候，将最初100个参与MIUI系统反馈最多的"粉丝"姓名放在手机启动屏幕上，这对于用户来说是一种莫大的肯定。2019年，小米又在新的总部园区做了一个MIUI雕塑，上面刻满了100位最初的MIUI论坛用户的名字。这种肯定让用户完成了从普通用户到"发烧友"、超级"粉丝"的转变，成为小米的"死忠粉"。同时，这些人身上又多了一个标签：小米的梦想赞助商。随着小米迅速崛起后，它专门为小米核心用户和为小米做出贡献的网友提供了一个 F 码（源自英文单词 Friend），拥有小米 F 码的用户无需等待即可直接购买小米手机，从而让这些忠实用户自发地在朋友圈网络上进行传播。

在"粉丝"疯狂的口碑传播推动下，小米手机的销量从 2011 年的 27 万台，一路飙升到 2018 年的超过一亿台，2019 年则达到了 1.246 亿台，市场份额一度在国产智能手机中遥遥领先。可见，在初期的市场切入中，要注意把握时机尽快引爆市场。因此，一定要找对意见领袖，把握传播时机，逐层引爆市场。意见领袖是非常重要的，任何一个品牌，如果没有什么忠实的"粉丝"，那品牌就会像浮萍一样，没有任何根基。在移动互联网时代，我们以不同的符号形成了不同的社群、不同的圈层，一个品牌的引爆需要很多个圈层逐步引爆，把每一个点连起来形成一条线，最后覆盖一个面。

就如电影《蝴蝶效应》中的那句经典台词所说，"巴西丛林中的一只蝴蝶偶然扇动翅膀，可能会在美国得克萨斯州掀起一场龙卷风"，我们所面临的用户、"粉丝"、KOC、KOL，都有可能是我们的那只蝴蝶，他们从互联网的线上领域"飞"入线下出行领域，从 1 个人的接触到无数人的参与，都施展着自己的能量。数字营销的未来不仅仅是"用户主角"的时代，更是越来越关注"人的微观需求"的时代，每一个企业都要运营和服务好自己的用户，做用户的朋友，同用户联盟，不断获得"粉丝"并通过他们为品牌的未来创造更大的能量和影响力。

三、持续引爆：制造社交货币

当市场启动之后，接下来的问题是如何让用户一直保持热情，使产品成为长久的明星产品而不是流星产品，不少企业在此问题上绞尽脑汁。乔纳·伯杰在《疯传》一书中提到："如果产品和思想能使人们看起来更优秀、

第五章　模式变革之沟通力

更潇洒、更爽朗，那这些产品和思想自然会变成社交货币，被人们大肆讨论。"这一点被许多品牌证明，要持续引爆市场，必须制造传播的话题性，也就是社交货币。

我们还是以三顿半咖啡品牌为例，来看看它是如何让用户持续为之着迷，长期引爆市场的。三顿半咖啡采用可爱的小塑料罐包装，虽然五颜六色十分好看，但大量生产而不能重复利用，必然会引发环保问题。于是在可持续成为时尚潮流的当下，三顿半主动于2019年10月开启第一季"返航计划"，规避环保风险。

"返航计划"是三顿半回收咖啡空壳的长期计划，消费者可以提前预约，在指定开放日前往三顿半设置的返航点，用空包装兑换限量版主题礼品，每年开放两次。兑换礼品里面不只是咖啡相关的礼品，现场还摆满了年轻人喜欢的各种礼品，如滑板、MAD联名包、飞盘、环保杯、水藻球等。用户还可以随意参与这里的任何游戏，比如制作个人专属Freitag（瑞士环保品牌）钥匙扣，来一场考验速度与技巧的街道单车赛、制作一本个人摄影书、逛集市、看漫画展……

"返航计划"的场地（即返航点），可能是当地小有名气的咖啡空间，也可能是当下年轻人热衷的消费品牌，如泡泡玛特等，又或者是新生活方式品牌新宠，如造作、多抓鱼、Open MUJI等，也可能是图书馆、咖啡节等，如2020年10月在上海举办的陆家嘴咖啡文化节。用户在带着小罐子返航的同时，能一并打卡艺术空间，进一步实现了品牌的联合传播。

很快，这个有点环保性质的活动就火了起来。第一季17个城市，29个空罐回收点，共回收了10万多个空罐；到第二季，三顿半共回收了77万多个小杯子，全国参与人数超过1万，比首季"返航计划"提高了6倍多。2021年2月结束的第三季，已经扩展到43座城市，64个返航点，2万名参与者，共回收140多万个空罐。

特别值得一提的是，主办方会为每一季的回收计划讲述一个不同的主题故事。如第一季编了一个 IP 形象 SUIKA，在"Who Knows SUIKA"主题之下号召大家一起寻找这只异星怪兽。第二季的主题则是"星际邮局"（Space Express）。2021 年 2 月结束的第三季主题是"to the Stars"，讲的是宇航小顿和他的朋友搭车鸟，一起出发寻找神秘星球的故事。

经过一年多的实施，不同城市的年轻人在限定的时间限定的地点，送回三顿半的咖啡空罐似乎已经成为一种时尚。"返航计划"通过这些礼品把品牌与消费者连接起来，大大提高了用户黏性。同时，它把咖啡消费喝完即弃的结束变成了另一段消费旅程的开始，形成了一种独特的品牌文化。

"万物皆可溶"的三顿半咖啡，正是把自己变成了一个社交货币。在社交平台上用户们将三顿半咖啡和市面上的各种饮料搭配在一起，发明了无穷无尽的玩法，分享其中的乐趣。而持续的"返航计划"又刺激他们乐此不疲地一次又一次收集这个社交货币。

当然，让年轻人对网红产品快速产生好感不是一件难事，难的是让他们对一个产品持续产生好感，这就需要企业系统化地讲好品牌故事。产品品质好只是基础，不仅要好喝，还要好看、好玩、跨界联名，还要能够拓展到人们的社交方式、生活方式上，这就需要一个系统性的开发思路。

从三顿半咖啡的持续引爆市场过程中，我们可以发现，与年轻人做有效沟通，需要注意以下几点。

一是沟通内容新奇。这是一个信息爆炸的时代，消费者欣赏水平不断提高，口味越发挑剔，对营销内容的警惕性越来越强。每个企业都在进行内容营销，而它们的竞争对手不单单是同行友商，也需要和各种娱乐内容抢夺消费者的注意力和时间。如果企业的信息沟通内容无法在几秒钟内吸引住消费者，那么它就流失了机会。因此企业需要更多新奇内容才能从同质化的竞争中脱颖而出，抓住消费者的眼球。

第五章　模式变革之沟通力

二是注重微信公众号和小程序沟通渠道。公众号和小程序已逐渐成为企业的标配，成为它们与消费者互动沟通的主要平台，这种趋势将一直持续下去。调查显示，有28%的消费者在购买过程中会受到品牌公众号或小程序的影响。从品类分布看，奢侈品和美妆行业公众号的影响作用最大，达到了35%，遥遥领先于其他品类。究其原因，这是因为在这两个品类中，消费者对品牌权威性的要求高，"官方"口径尤为重要。现在，企业公众号已经从简单的文章推送发展到与小程序、朋友圈广告、社群等功能紧密结合的营销生态。

三是通过大数据分析实施精准营销。未来企业应打破惯性思维，敢于尝试新的玩法，通过公众号和小程序与消费者建立更紧密的联系，特别是要打破时间、功能、服务和场景等限制。例如专属人群定时朋友圈广告可以根据目标人群的微信活跃时间，定时推送广告，达到最大的曝光度，从而打破时间限制。而结合小程序提供线下活动、展览预约、VR虚拟导览等功能则打破了服务和功能的限制。有的企业更是推出了品牌/IP专有表情包，让品牌在无形中发生社交裂变，打破场景限制，深入人心。

四是重视KOL和KOC的作用。KOL当前在社交网络上的热度依旧不减，并且有日渐多元化的趋势，流量大V、带货达人、品牌收集狂、家装爱好者、吃货播主、文青背包客都可以成为品牌的KOL。此外，KOC的概念在2019年异军突起，在如今的社交时代，消费者的声量和影响范围被无限放大，KOC的价值越来越受到品牌重视。与高高在上的意见领袖不同，KOC在内容制作称不上精良，甚至比较粗糙，却贵在抒发真情实感，天生与广大消费者没有距离感，对消费者的影响更加持久深入。

根据尼尔森数据显示，新品是近些年我国快消品销售增长的主要驱动因素之一，新品对于快消品的增长贡献率达到46%。2020年的天猫"双11"，有超过100万款新品亮相，成交406亿元，相当于占到总GMV（Gross

Merchandise Volume，即一定时间段内的成交总额）的六分之一。可以想象，未来将有大量像三顿半这样的新品牌脱颖而出，而如何与用户做有效沟通，将成为品牌或企业脱颖而出的一个有力武器。

第二节　零售沟通的温度与态度

一、氛围营造：有温度的场景

用氛围创造独特的场景，一直以来是零售企业追逐的目标。人始终是氛围的中心，以氛围为独特的场景表达，它是属于每个人的独特感受，是融合体验的新参数。而氛围的构建并非只可意会不可言传，这套系统的场景表达方法我们将其提炼为"氛围力"。氛围力包含商店场景的多个要素——卖场布局、商品陈列、通道设计、灯光照明、色彩气味、背景音乐、POP广告等。为了吸引尽可能多的顾客前来，让顾客尽可能多地逗留一些时间，并产生尽可能多的冲动性购买，零售商们可谓煞费苦心，绞尽脑汁。他们需要研究顾客的购买心理，了解顾客的喜好，恰当地安排商品所处的位置和空间多少，分析不同商品的陈列方式，甚至连通道的宽窄、颜色的搭配、灯光的明暗、音乐的大小、气味的类型等方方面面都要仔细考虑到。也许一个细节的疏忽就会使零售商的所有努力前功尽弃。

氛围力的每一个要素，都是在与消费者沟通，告诉消费者你的品位、商品档次、价值观和品牌故事。我们可以来看看知名品牌蒂芙尼是如何用颜色来与消费者进行沟通的。在谈蒂芙尼的颜色营销之前，我们有必要先了解一

第五章 模式变革之沟通力

下什么是视觉锤理论。

1972年,里斯和特劳特开创了定位理论。这一理论告诉我们,真正有效的竞争,不是在市场上找空档,而是在顾客心智中找到自己的位置。随后,如何将品牌或产品定位信息植入目标顾客的心智,成为营销人员关注的焦点之一。2012年末,学者劳拉女士在北京大学做了题为"视觉锤:视觉时代的定位之道"的演讲。她首次提出了令人耳目一新的视觉锤理论,认为传统的定位理论有一个弱点,即定位战略无一不是用语言表达,但进入心智最好的方法不是依靠文字,而是依靠视觉。一个强大的品牌不仅需要语言的钉子——定位,还需要能将语言钉子锤入消费者心智的锤子——视觉锤。

蒂芙尼创建于1837年。创始人查尔斯·蒂芙尼先生肯定不知道视觉锤理论,但他敏锐地感觉到了色彩的力量,于是,专门为其品牌选择了一种标志色——蒂芙尼蓝。

关于蓝色,中文的形容颇有点贫乏,如深蓝、淡蓝、浅蓝、天蓝、海蓝、湖蓝、湛蓝、瓦蓝……顶多十几种蓝色。英文就强多了,将近有100种蓝色,这些蓝色都有自己的名字,如午夜蓝、空军蓝、公爵蓝等。在所有的蓝色中,有一种知名度最高的蓝色,叫作蒂芙尼蓝,是蒂芙尼的标志色。蒂芙尼蓝是知更鸟蛋蓝的一种,颜色比普通的知更鸟蛋蓝要稍微淡一点,看起来更清爽、更素雅。

蒂芙尼蓝有自己的RGB(显示器显示的颜色)值和CMYK(印刷用的颜色)值,也有专门的潘通色号1837,这个数字正好是蒂芙尼成立的年份。但是因为蒂芙尼申请了颜色专利,所以潘通的配色系统里查不到蒂芙尼蓝,任何人未经许可都不能使用。人们常常说蒂芙尼蓝是世界上最贵的蓝色,不仅是因为其产品品质,还因为蒂芙尼蓝只有蒂芙尼家才可以用,这是一个受保护的颜色商标。

蒂芙尼先生为什么要选择这一浅蓝色作为标志色呢?仅仅是他灵光一现

零售模式变革
数字经济时代零售企业生存之道

的神来之笔吗？原来，蓝色在欧美文化里象征着幸福和爱情，而知更鸟在西方传说中是浪漫的化身，这样的寓意和品牌本身所要传达的理念如此契合，难怪蒂芙尼先生对它情有独钟。

找到一个合适的标志色就行了吗？不，远远不够。营销人员还要想方设法让它牢牢固化在人们的头脑中，形成一种条件反射：一看到这种蓝色便自然想起蒂芙尼品牌。蒂芙尼的竞争对手卡地亚也有一种属于自己的颜色——卡地亚红，这也是一种讨喜的颜色，却由于营销不力，其颜色与品牌之间的联想度远远不如蒂芙尼，于是，在销量上也就略输一筹。

蒂芙尼的做法是：尽量将标志色延伸到所有可能的地方。它们的产品、包装盒、店内各种装饰，以及店外风格，无一不被这独一无二的蒂芙尼蓝所浸透。世界上的珠宝品牌这么多，但提到蒂芙尼，人们仍会觉得它与众不同。蒂芙尼蓝这个清新脱俗独一无二的颜色，给蒂芙尼赋予了独特的品牌内涵和品牌价值，这是一笔取之不尽的无形财富。近两个世纪以来，蒂芙尼驾着它的蓝色马车，给人们带去了无尽的惊喜。

蒂芙尼的案例告诉我们，不要小瞧了色彩的力量。人常常会感受到色彩对自己心理的影响，这些影响总是在不知不觉中发生作用，左右我们的情绪。试着想想，什么事情可以存在于你的记忆中长达几年，甚至几十年？是情感。色彩具备这种情感力量，这是书面文字所没有的，它甚至无需翻译就直接跨越国家的界限，一如蒂芙尼蓝。

视觉锤不仅仅是将语言钉子锤进消费者心智的锤子，还是一种专门的营销手法——视觉营销。视觉营销在英文中最初使用的是"Display"一词，在早期并不追求美感及展示品牌形象和商品特点，仅仅用于形容系统性地、整齐有条理地展示商品。到20世纪末，视觉营销一词从"Display"变成了"Visual Merchandising Display"，即现在意义上的视觉营销阶段，俗称VMD。此时的视觉营销被称为"无声的销售员"，开始强调通过独特的展示方式介

第五章 模式变革之沟通力

绍商品的特点之余，展示品牌形象，以达到实现销售目标的目的。

视觉营销已经在零售行业运用到一个很高的地步，现在几乎所有的新店设计都十分注重视觉效果，因而出现了大量的网红商店。这些网红商店的一个重要功能就是吸引消费者前来打卡，因为当前的企业营销环境发生了巨大变化，营销目标越来越注重挖掘消费者的潜在价值。一个好的沟通不仅要获得消费者认同，还要能诱发消费者主动进行二次传播，从而带来裂变式消费。因此，消费者打卡行为便成了众多商家追逐的效果。

打卡行为是指对美好的事物进行拍照或者录影并分享到社交媒体。打卡行为在我们的日常生活中随处可见，有旅游景区的打卡，也有在网红茶饮店打卡；有对于美食的打卡，也有对于布景的打卡等。我们在朋友圈、微博、小红书都能见到各种不同的人在分享他们的打卡。打卡成了沟通商家和消费者之间的桥梁，商家借助打卡这种无形的软广告来为企业创造更多的盈利空间，而消费者则借助打卡这种方式，来表达自己的心情与状态。双方在打卡中不约而同地保持着默契，使得两方都能从中受益。

我们曾经做过一个大型商店的消费者打卡调查问卷，调查发现，消费者在商场打卡的原因主要有四个：增加与朋友交流的机会、树立良好形象、分享自己的喜好和价值观念、获得他人关注。其中，大部分人认同分享自身喜好及价值观是打卡的主要原因。在互联网发展日新月异的当下，人们传播共享的不仅仅是信息本身，更是分享自己的价值观与崇尚的文化，并以此来寻求有共鸣的朋友。

也有不少人选择了树立良好形象这一目的。树立良好形象可溯源于自我形象管理，最早由美国社会学家提出，其目的在于控制他人对自己的印象。莱尔和科沃尔斯基（1990）认为印象管理过程包括两个方面，一是印象动机，二是印象构建。此后印象管理学派衍生出来的理论多是以标签化与自我呈现内容为主。自我呈现内容又可根据个体呈现内容的不同，分为积极自我呈现（即有选择性地呈现积极的个人信息）和真实自我呈现（即不加修饰地呈现自己真实的信息）。

印象管理的动机是为了使自己的形象更加良好，或者更加突出自我形象。通过打卡分享自己的心情与状态，在他人眼里即是标签化。比如你在大型购物商场内长期打卡，可能反映出你是一个外向、热爱生活和跟随潮流风尚的形象，当这种形象认知长期存在时就可能产生标签效应。

当然，很多年轻人的打卡行为并没有那么多的动机可循，仅仅是某个商店让他怦然心动。例如，KK集团开发的美妆集合店——THE COLORIST（调色师），通常店里有两大网红打卡点——美妆蛋墙和口红墙，设计极富创意，有强烈的视觉冲击力。美妆蛋墙是用30多种颜色的美妆蛋，从墙角到吊顶，拼出的一整面彩虹色的渐变墙。这面墙的卖点不在9.9元一个的美妆蛋，而在于美妆蛋墙这个背景，它已经成为打卡圣地。许多没来过这家店铺的年轻人，都会在某个社交平台看过这个背景。口红墙则是由16000支各色各样的口红堆砌而成，色彩斑斓，足足有20米，十分壮观，现场让人感觉非常震撼，也是拍照打卡的热门之地。这是将THE COLORIST与其他美妆店区别开来的两大标志，也是它频繁刷上社交媒体的主要原因。

当然，氛围营造不是靠一种元素就可以达成，它是多种因素共同作用的结果。有时，决定一个商店氛围的不是硬件设施的设计，而是一些软环境是不是让人感觉舒适，商品是否可靠，店员是否亲切，灯光是否柔和，音乐是否温柔，甚至试衣间、洗手间是否明亮宽敞，这些要素共同组成了消费者对一家商店的印象，也决定了他或她会在这里待上多长时间，下次是否还会光临。有时一个小小的细节没有考虑周全，也会毁掉消费者对商店的整体印象。因此，氛围力更体现在每一个细节中。

二、价值主张：有态度的零售

仅仅有一个漂亮的环境还是不够的，要吸引年轻的消费者，还需要通过价值观的契合来拉近与他们的距离，这就需要做一个有态度的商店，需要卖一些懂年轻人的商品。

江小白是大家都熟悉的酒品牌，起步较晚，却在众多的白酒中脱颖而出，靠的就是一句句走心的文案，成为最懂年轻人的酒品牌。它出过的文案一直让人津津乐道。例如："省去最熟悉的套路，往往可以得到最走心的答案""你懂我的欲言又止，更懂我的言外之意""我们拼尽全力，不是为了活成别人希望的模样""我们往往低估了自己所拥有的，却高估了别人所拥有的""我们最该善待的人，其实就在身边"。江小白可以说是最懂年轻人的白酒品牌，每一句扎心的文案都说出了当代年轻人的心声，同时也让更多年轻人借着文案，抒发内心的情感。所以说，江小白就是一个有态度的产品，它借用各种文案在与年轻人做无声的交流，成为年轻人的社交商品。

零售商店同样也需要旗帜鲜明的态度，所有的营销活动和店铺设计，也应该建立在传递自己的价值观基础上。例如，家居店 NOME 就十分注意这方面的信息传递。

这几年北欧设计风越来越受年轻人的追捧，瑞典的宜家就是一个典型代表。NOME 也宣称自己是瑞典独立设计师品牌，商品主打简约风，无论是产品的设计还是颜色都简约而低调。目前，NOME 在几百平方米的店内有女装、男装、服饰配件、数码零件、休闲食品、彩妆护理、家居用品、功用箱包、男鞋女鞋共 9 大产品种别，3000 多款产品，涵盖了日常生活的方方面面。

NOME 是一家注重环保的品牌，大多数产品是用可再生材料以及纤维基材制作，例如它的环保纸质衣架等。NOME 的主要目标市场是年轻一代群体，这一代群体已经具备很浓厚的环保意识，于是，NOME 尽量贴近年轻一代的价值取向。

NOME的店面设计无处不在进行着价值传递。NOME的品牌含义来自"Say no to my past, be me in every moment",这句话正是NOME品牌的内涵。NOME由"No"和"Me"两个单词组合而成,其中No表示不随主流,Me表示自我,传递的是一种"告别过去,探索另一种新生活方式"的价值主张。NOME另外吸引年轻人的创新点就是穿梭在整间店内的品牌理念牌。店内随处传达着品牌设计师们的设计理念:"喜欢将设计融于人性,将家庭带入悠闲自在的情境""把情感注入作品,结合不同材质和设计细节去讲述每个故事"。这些随处可见的品牌理念,让年轻人在逛店过程中感觉"我远不止是进入了NOME这家店,而是进入了NOME的世界""我在购买的不是商品,而是一种生活态度"。NOME的商品展示给你的价值远远不止是使用价值,而是更高层次的精神价值。

另外,NOME不是将价值主张停留在口号上,而是同时也落实在经营活动中。例如,它曾与国际非暴力组织基金会推出了10款联名潮品(NON-VIOLENCE x NOME),旨在让更多的国人关注到"国际非暴力日",参与传递正能量,呼唤爱与和平。这是NOME在传递品牌价值观方面的一次大胆创新。在店面门口中间陈列着的一系列设计单品,是NOME推出的非暴力联名产品,以黑色为主色调,包含保温杯、鸭舌帽、腰包、挂钟、手机壳、帽子等,这些产品的部分收入,将捐赠给国际非暴力组织基金会,用于非暴力项目的建设,传播和平理念。这种宣扬非暴力的正能量理念,吸引了年轻人的注意和共鸣。

可见,年轻人如果对一个品牌外观感兴趣,就会去追逐了解品牌的内涵,进而找到共同的兴奋点。零售管理者不要以为"95后""00后"还是一群孩子,其实他们早已接受了一系列人生价值观,有了自己鲜明的态度,而有态度的品牌才能与之做深入的沟通。

第五章　模式变革之沟通力

三、电商狂欢节：沟通娱乐化

与线下沟通越来越注重有温度的场景和有态度的环境不同的是，线上电商的促销和沟通越来越呈现出娱乐化趋势，方式越来越多，过程越来越复杂。

电子商务的发展为广大消费者提供了网上交易、在线支付等一系列不需出门快捷方便的购物体验，而平台和商家也借助各种节假日节点开展各式营销活动，开启了网络营销的新时代。一些电商巨头甚至自己造出一些购物节进行促销，最典型的是天猫推出的"双11"和京东推出的"618"狂欢节促销。接下来我们就以"双11"为例来看看天猫推出的主要促销活动。

"双11"是指每年的11月11日，也被人们称为"光棍节"。现在"双11"一般指每年11月11日举办的网络促销活动，即"双11"购物狂欢节。这个节日起源于淘宝（天猫）在2009年11月11日举办的一场网络促销活动，当时虽然参加的商家不多且促销力度有限，但成交额仍远大于预期效果，达到了5200万元的销售额。随后几年淘宝仍然延续了这个促销活动。

在2012年，淘宝商城正式更名为天猫，在这一年，"双11"的促销活动成交额也超过了百亿，越来越多的商家入驻天猫并参与到该平台的促销活动中。此外，由于消费者对天猫"双11"的促销活动极为热情，越来越多的电商平台加入到这个促销节日中，纷纷在其网站平台进行"双11"促销活动的宣传。天猫"双11"也变成了一个购物狂欢节，成了中国电子商务行业的年度促销盛事。根据天猫官方公布的数据，2020年11月1日至11月12日0:00，天猫"双11"总交易额达4982亿元，成交额突破1亿元的品牌超过450个，物流订单量达23.21亿件。

从2009年至今，天猫"双11"已经成功举办了12年，一举成为全球

· 187 ·

最大的购物节。促销策略也随着"双11"的活动规模与影响不断扩大，变得越来越多样化，从简单直接的降价促销演变成了多种娱乐化促销，比如红包雨、盖楼、养猫等兼具趣味性与复杂性的促销活动（见表5-1），用以吸引消费者的注意力，提高顾客的活跃度与参与性。通过互动游戏，天猫不仅可以获取新用户与流量，也为其平台下的其他品牌旗舰店带来了曝光。

表5-1 历年天猫"双11"促销活动特点汇总

年度	促销活动形式
2009	节日营销，以"光棍节"为契机，部分商家举行半价包邮活动
2010	更多的商家加入活动，半价包邮仍是主要的促销策略，同时平台联合营销公司制作了9款不同风格的广告创意以匹配不同形式的产品及活动，提前10天为"双11"造势。通过强烈的视觉效果，刺激购买欲望
2011	价格营销。由于多平台进行低价竞争，天猫主要采取低价策略。2011年的"双11"较为混乱，淘宝、京东、苏宁易购、当当等电商平台推出各种低价策略，而为了抢夺流量，更是争相压价，甚至进行亏本促销
2012	增加了线上线下联动和预售环节，通过网上预购线下体验的方式进行促销。除服装、电器、家居、母婴、美妆等社会消费品行业外，房产、汽车、保险、理财领域的知名商家也通过O2O的模式首次加入"双11"
2013	增加了无线玩法，其他平台联动营销。随着移动互联网的发展，2013年使用手机购物成了主流，与来往App合作，下载App可赢红包等
2014	红包营销。联合微博大V、品牌方发"双11"红包，掀起抢红包的热潮
2015	造势营销。开始在各种媒体投放"双11"广告，并首次与电视台合作，举办"双11"晚会。该年销售额中，移动端占比68.67%
2016	在保留前几年的玩法同时，利用大数据进行精准广告投放、免单、红包、红包口令、红包叠加使用、秒杀、半价等优惠活动让促销变得复杂化，消费者需要花费较多时间理解。该年销售额中，无线端占比82%，同比增长32.3%
2017	在上一年基础上，增加预售规则，促销活动又进一步复杂化，大量消费者反映看不懂规则。这一年移动端成交占比90%

续表

年度	促销活动形式
2018	话题营销。联合平台上的众多品牌举办抽奖活动，奖品囊括衣食住行各方面，抽选最幸运"锦鲤"，为"双11"造势。同时增加"双11"合伙人、天猫农场任务领能量、每天打call领红包、超级擂台、淘宝理想之城等多个娱乐性促销活动，促销复杂化
2019	种菜、养猫、盖楼瓜分红包等活动在年轻人中掀起热潮，通过这些小游戏，增加用户黏性，实现拉新，并为平台大量品牌引流，增加曝光
2020	由于疫情原因，直播成了"双11"中重要的活动。促销节也变为促销季，玩法比往年更加复杂，被称为"史上最长双11"。实际上是两波，第一波11月1日到3日，第二波11月11日，每波开始前预付款，活动时间再付尾款

其中，比较典型的盖楼游戏的玩法是，通过组织或参与到一支队伍与另一支队伍进行比拼，按照两支队伍总等级的高低判断胜负，成员可每天完成任务升级助力队伍获得胜利，最后所有获胜者都可以参与瓜分20亿红包，具体如图5-1所示。

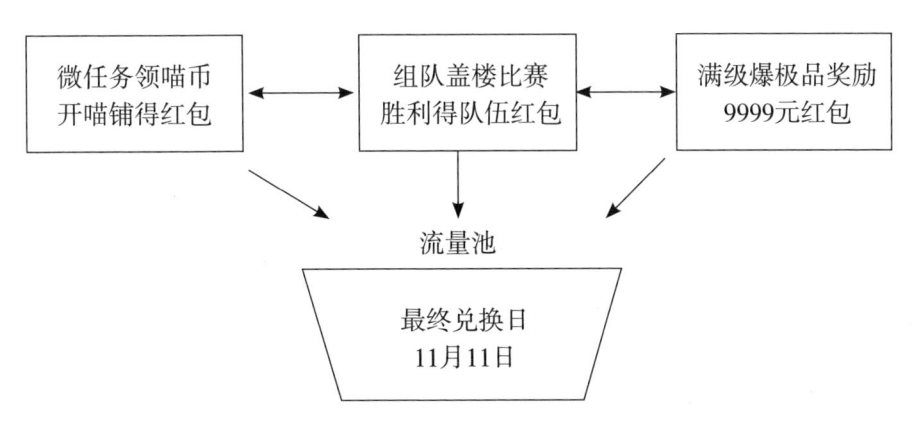

图5-1　2019年天猫盖楼玩法示意图

2020年的互动游戏玩法与前一年相比，虽然更加简单易操作，但其主要玩法仍是逛店铺获得金币，用户在逛店铺时可能会遇到心仪产品收藏加购，从而利用这个互动游戏实现用户购买转化，促进销售。

除在网上推出各种集娱乐和促销于一体的活动之外，天猫在线下也推出了一系列相应的"双11"活动，最著名的是每年的"双11"文艺晚会活动。自2015年起，每年天猫"双11"全球狂欢节零点前，天猫都会举办一个综合性文艺晚会——天猫"双11"狂欢夜，简称"猫晚"。晚会邀请中外艺人加盟，中外文化碰撞，以文化与世界共赢，为观众打造了一场场全球化时代的"新国民记忆"。晚会于每年的11月10日晚19:30在浙江卫视、东方卫视、优酷、全球海外电视台同步直播，营造节日氛围，引爆购物热情。这个晚会至今已成功举办6次，成为天猫"双11"促销节的标配娱乐活动。

由于2020年的"双11"促销分为两个时间段，为了配合促销活动氛围，线下盛典也分成两场，包括10月31日开幕盛典与11月10日"双11"狂欢夜。天猫"双11"开幕直播盛典是天猫和湖南卫视联合推出的大型直播盛典，强势助力天猫"双11"开幕，湖南卫视超强明星IP阵容、天猫超热门头部主播强强联合，通过创新的舞台设计，将舞台和直播间紧密串联，给观众带来耳目一新的视听盛宴。而11月10日晚上的天猫"双11"狂欢夜同样邀请了众多著名艺人表演，通过电视台和网络进行全球直播。

从天猫"双11"促销活动的演变发展过程，可以看到电商巨头的沟通主要是围绕两个重点展开。一是强调狂欢节的商品价格低廉。天猫举办的"双11"活动力图在消费者心里树立一种价格最低的印象，而一次又一次的"双11"活动都是在不断地强化这种印象。对于消费者而言，价格便宜不是卖点，让消费者在有限时间内占到商家便宜的心态才是触动他们消费的卖点，过了这个村就没了这个店，这才是大多数消费者无法抗拒的诱惑。二是强调全民狂欢。如天猫自己所说，举办"双11"不是为了挣钱，而是为了带给大家欢乐，这正是年轻消费者无法抵抗的诱惑，他们也许对低价的敏感度在降低，而对欢乐的追求却前所未有地在增加，这也是近年来天猫"双

11"活动越来越娱乐化的动因。抓住了年轻消费者，便影响了他们的购买习惯，增强了他们对平台的黏性，从而使天猫进一步稳固了自己的市场地位。

第三节 概念店、快闪店与沉浸式体验

一、概念店：传递品牌新故事

近些年，首店经济十分红火，国内许多地方政府纷纷把引进首店作为政府的一项重要目标。上海市政府早在2018年在城市宣传中就提出了首店经济概念，将首店经济视为打响"上海购物品牌"的一张靓丽名片。随后的2019年，首店经济迅速进入爆发期，除了上海市政府宣布对首店发展持续支持外，北京、南京、成都、哈尔滨等城市也相继出台首店补贴政策，积极主动招募国际化品牌等首店资源的入驻。

首店一词最初是在国际化品牌进驻中国市场的报道中常被提及，随着实践的发展，首店概念也在不断地延伸进化。目前，首店不仅指连锁企业或品牌商在一个区域首开新店，通常也指企业采取创新性经营模式而发展形成的新型商店，如永辉超市开出的第一家超级物种、盒马鲜生开出的第一家盒马里、KK集团开出的第一家X11潮玩店等。一些新物种店、新概念店、新体验店等也被纳入首店范畴。

首店效应远非一个品牌在某个区域开出一家首店这样简单。当一个知名品牌在一个区域开首店或者旗舰店、新概念店时，往往会带来最新的商业模式，采用最流行的店铺设计和最前沿的店铺运营科技，是集新产品、新科

技、新文化、新潮流、新体验于一体的首店模型。通过首店创新经营模式、服务方式和独特的设计等,将创造出超越消费者目前认知的商品和服务,激发出消费欲望,从而引领社会消费潮流。因此,首店效应不仅仅是满足当地需求,更多的是创造需求。

首店经济是一座发达城市服务业繁荣的标志之一。首店本身是引领新消费的集合体,是时代潮流下的一个时尚标志物。同时,它还会成为当地服务企业竞相模仿学习的对象。例如,当KK集团旗下的美妆集合店——调色师在广州开业时,瞬间刮起一阵旋风,不仅深受广州年轻人欢迎,就连传统的屈臣氏、万宁等老店也迅速模仿学习,开出了同样时尚前卫的实验店,由此推动了广州整个美妆市场的消费升级。

对一家企业而言,它的首店或者新概念店,实际上就是向消费者传递一种新价值观、新商品种类或新经营模式。由于这种新概念或新模式刚刚被开发出来,还没有经受市场的检验,因此需要在一个地方率先经过市场的认可才可以推广开来。每一次新概念店的推出,都是企业与消费者进行沟通,进行一次新的传播,希望消费者能重新认识自己。

我们来看看2020年广州新开的几家有代表性的新概念店或首店。首先是美妆类品牌概念店,近些年频频出现。2020年,广州开设的较有影响力的美妆概念店是H.E.A.T喜燃店。这家面向"95后"的新兴美妆潮店集合了超过200个超人气品牌、3000多个潮流美妆商品,被誉为"超大美妆宝藏店",各种打卡日记频繁出现在小红书上。除了引入多个美妆品牌外,H.E.A.T喜燃还有许多创新小心思,如首次在国内美妆集合店配置洗手台;首次在店内设置长穿衣镜,让消费者挑选美妆时还能兼顾妆发、穿搭协调;同时还配备了既专业又潮范十足的BA(Business Analyst,即业务分析师)团队,为消费者提供360度沉浸式体验潮牌美妆服务。

另一家美妆店是雅诗兰黛旗下品牌TOM FORD在广州天环广场开设的

全球最大美妆精品店。店内规划了护肤、彩妆、香水、精品体验区,品类齐全而丰富,包括了 TOM FORD 全国首发的各种新品。店铺设计延续品牌既有的奢侈品定位和风格,营造了精致摩登的奢华氛围,数字化创新元素无处不在。在香氛专区,消费者可以通过电子互动装置探索 TOM FORD 神秘馥郁的香氛世界,亦可以通过微信小程序在店内特设的 VIP 护肤及彩妆服务区域预约个性化的体验服务。

除了颜值经济,健康概念也是当前比较火热的话题。在运动用品店方面,广州在 2020 年开设的比较有影响力的新概念店分别是 Nike Rise 全球首店、NBA 全球最大旗舰店、Sports Monster 运动萌兽和 MAIA ACTIVE 华南首店。新进驻的运动品类首店,主题愈加鲜明化,如 MAIA ACTIVE 是专为亚洲女性打造的设计师运动服品牌、NBA 旗舰店则是篮球爱好者的一站式采购目的地。

2020 年 7 月 9 日,全球首家 Nike Rise 零售概念店落户广州正佳广场,这是继洛杉矶 Nike Live、上海 House of Innovation 之后,耐克最新的全球概念店。店内共设三层空间,提供女子、男子及儿童相关产品、Jordan 品牌空间。品牌引进了包括"耐克快速获取试穿""耐克为你找尺码"等诸多数字化体验,将整间店变为一个大型的多场景立体式"耐克 App"。该店还推出耐克同城会员体验平台,属于全球首创。可见,首店往往是一家品牌所有创新的汇聚体。

全球最大的 NBA 旗舰店是由滔搏运动、NBA 和耐克联合打造,该店面积达 2680 平方米,比北美最大的 NBA 旗舰店(2322 平方米)还要大,主要提供 NBA 球员及球迷版球衣、球队服装、球鞋以及品牌限量版产品、背包、NBA 球员签名篮球鞋等。对于选址广州,NBA 管理层表示,希望将这 2000 多平方米空间,打造成为篮球迷们一站式选购最新最全 NBA 商品的目的地、感受高规格定制化服务的专业平台,以及交流体验原汁原味 NBA 文化的社交中心。

值得一提的还有Sports Monster（中文名为"运动萌兽"），这是韩国最具代表性的一家以体育运动为主的室内娱乐主题乐园，自2019年在北京开设全国首店后，第二家店于2020年8月在广州居然之家体验MALL亮相。Sports Monster创新性地将体育、娱乐与乐园等业态加以整合，并进行主题功能分区，开创出一种体育游乐文化新空间。它设有四大区，Basic（基础区）各类运动器材齐备，如篮球、棒球、射箭等；Exciting（活力区）拥有高难度的高空蹦床、国际飞镖、飞碟射击等；Adventure（挑战区）包括玻璃滑梯、空中滑索等，惊险刺激；Digital（数码区）的数码体验项目则充满着科技感。

在2020年的广州新概念店中，还有一大亮点是娱乐业态和儿童体验业态概念店迅速增加，包括全球首家快手K-Station欢唱店、华南首个晴空进击社、广州首个星星索儿童家居等。这些店注重场景化与体验感的塑造，希望通过"值得打卡的互动场景"来吸引消费者。例如，腾讯与电竞职业选手小马合作的小马电竞馆，是集端游、手游、桌游、直播、赛事、电竞教育及吃喝玩乐住于一体的线下综合娱乐中心；B站纪录片《但是还有书籍》变身线下门店"但是还有书籍"，融合了B站、纪录片和文创等元素，还提供茶饮。

其中特别值得一提的是快手K-Station欢唱店，这是快手公司开设的首个线下门店，于2020年7月10日落户在广州时尚天河。整个空间包含了开放式舞台机、K歌房、观众休闲区三大区域，采用"互联网+KTV"的新玩法，全程自助式消费。在公共舞台区，舞台机面向所有顾客开放，手机扫码支付即可登台演唱，而现场"观众"也可通过扫码打赏台上的演唱者。消费者演唱后，可以选择把录下来的视频同步上传至快手App，或同城分发，以触达更多同城用户，从线上向线下导流。这种新颖的玩法打破了传统KTV

的封闭空间，增加了用户交流。

新概念店之所以频频出现，被各大品牌和商家热衷，主要在于三个方面。

第一，消费升级推动了新生活方式的诞生。随着中国经济不断发展，消费升级已经成为一个总的趋势。升级中的消费者已经不再满足于过去吃饱穿暖的简单需要，他们开始注重生活品位，享受生活中的美好。消费的罗盘悄然转换，"我要选择谁"变成了"谁更适合我"。消费者对生活更好的定义，开始从品质好朝着有没有更适合我、有没有属于我的风格、有没有一个很好的体验的方向转变。这就推动了商家和各品牌为追逐消费者的升级需求，必须不断试验开发出更新更好的商店模式，新概念店因此层出不穷。

第二，实体商店迫切需要转型。在电商的挤压下，实体商店感受到了巨大的危机，急需转型寻找出路。于是，各种新点子新模式不断被探索，为了求证自己的转型是否可行，需要一个实验店或概念店被消费者认可。例如，诚品书店过去是一家纯粹的书店，现在变成表面上是卖书的，其实更像一家咖啡店或者一个生活馆。盒马鲜生究竟是海鲜超市、餐饮店或是菜市场，这些描述似乎都不准确，而且盒马本身还在做更细的探索，演化出7种新的亚业态。很多品牌，我们很难界定它们是在卖什么东西，属于什么零售业态，但其背后瞄准的用户群体、对用户的关怀以及生活方式特征，是非常清楚的。

第三，行业之间联合与跨界之风蔚然兴起。当今跨界盛行，所有的跨界都是在探索经营另一种可能性，是真正意义上的新概念店。无论是异业合作，还是品牌联合，抑或是跨界营销，其内核都是找到和自己契合或是互补或是能激发潜能的动力，其目的是对生活方式的共同开发，与消费者进行生活方式的沟通与交流，让自己看起来不再只是单一的品类，而是趋向于生活方式的传递者，让消费者在与其接触中思考生命的意义。

总之，新概念店是实体商业转型之路，是追求新的生活方式的一种表现。新概念店的存在价值在于，在消费者的生活中是否会提供新的世界观或新的生活方式，通过洞察消费者的生活细节，以及对于自己精神世界的坚持，让商家和品牌成为一种品质生活的象征和无可替代的情感归属地。在那里逛上一圈，消费者可以享受到一站式生活服务，得到完全不一样的购物体验。所以，概念店不只是在卖货，更是在兜售一种生活方式，并与喜欢这种生活方式的目标群体做深入的沟通，引起共鸣。

二、快闪店：触电式沟通

另一种将品牌新概念和新模式快速与消费者进行沟通的有效方式是快闪店（Pop-up shop），目前这种方式也被许多商家和品牌采纳。所谓快闪店，即指短期经营的商业店铺或摊位，它们突然出现在人流量大的街头或购物中心，在人们尚未厌倦时又迅速消失，以新鲜感和限时理念吸引顾客。广义的快闪店涵盖从庙会、花市到时尚快闪店等多种形式。近几年重新成为话题焦点的快闪店主要指时尚类快闪店。

相比传统店铺和新概念店，快闪店除了出现时间短、地点自由的特征之外，还有以下三个特点：展示的商品可能是首次亮相市场，甚至是最新设计出来尚未规模化生产；通常不以销售为目的，宣传品牌、设计和测试消费者偏好才是重点；店铺往往被精心设计，极富创意性，在视觉上具有震撼效果，能瞬间吸引消费者注意。总之，快闪店注重个性化、场景化、互动体验，通过创新性的设计和互动话题，激发消费者自发传播，加上KOL的带领，放大营销的影响力，提升品牌传播声量。英国时尚老顽童Paul Smith有一句口头禅——"我喜欢给人惊喜"，道出了快闪店的精髓。

国外第一家真正意义上的快闪店诞生于2003年，由Vacant公司在纽约

SOHO 区为鞋履品牌 Dr.Martens 销售限量马丁靴。2004 年，川久保玲的快闪店直接带动了品牌当年 30% 以上的销售增长，此后快闪店成为艺术、时尚等创意设计领域非常喜欢的营销方式，尤其是时尚一线品牌几乎都开过快闪店，甚至有些品牌的快闪店每年必开，成为其最有效的营销手段之一。2012 年，欧洲、北美等地开始出现专业的快闪店服务平台，快闪店业态开始形成成熟的商业模式。目前在美国，快闪店每年带来的收入将近 500 亿美元，已成为品牌测试市场、推出新品、塑造形象、强化影响力的常用手段。

例如，2020 年 9 月至 2021 年 1 月，Burberry 以 "Animal Kingdom"（动物王国）为主题在全球 39 个地区开展快闪活动，包括亚太的台北、东京、首尔、悉尼、新加坡，北美的洛杉矶、休斯顿、芝加哥，以及伦敦、迪拜、伊斯坦布尔等地。在动物王国里，Burberry 与美国多媒体信息应用程序 Snapchat 合作，店内扫描 "Snapcode" 就可以在手机镜头中与虚拟的野生动物们互动，与巨嘴鸟做游戏还可以获得专属奖励。另外它们还合作推出了一款镜像滤镜，为 AR 体验增添了趣味性，顾客可以拍照并分享至社交平台。

中国的快闪店起步较晚，2012 萌芽，2014 年起步，2015 年才真正进入发展快车道。国内的快闪店主要分为销售型、品牌推广型、引流型、市场试水型四种类型，目前的快闪店以销售型和品牌推广型为主，占比分别可达 44% 和 34%。根据 RET 睿意德《中国快闪店研究报告》数据显示，在中国，快闪店自 2015 年以来平均每年复合增长率超过 100%。在快闪店模式下，品牌商不用长期开店，而是通过短期租赁进行商品销售，极大程度地降低了品牌商的运营成本。并且，快闪店的选址一般都是在客流量较大的地方，也在极大程度上满足了消费者的感官体验，从而提高了消费者的购物转化率。

在消费者争夺白热化、流量越来越贵的当今，快闪店成为品牌采用越来越多的一种营销方式，特别是在节假日等购物旺季。知乎 "不知道诊所"、QQ 音乐 "不断电能量站"、天猫 "回忆超市"、饿了么联合网易新闻开的"丧茶"、YSL"游轮派对"等,都是曾经名噪一时的快闪店。在奢侈品牌进入中国市场的过程中,需要与本土消费者建立更多的联系,一些品牌在快闪活动中也体现出了本土化的考虑。例如,芬迪、迪奥等奢侈品牌都选择在"七夕"这一传统的中国情人节开设快闪店。2020年的七夕节,芬迪在北京和成都开设了Doodle联名快闪店;迪奥在北京、成都和深圳开设了"Dioramour"七夕限定快闪店。

国内许多品牌都曾推出过令人难忘的快闪店活动。海尔曾于2019年9月21—26日在西安搭建了为期6天的欢聚日快闪店。据品牌方透露,此次快闪店活动线下进店总人数13099名,各大平台总曝光数7295.6万,与用户产生互动4.5万次;线下直播观看人数达73.97万,点赞数达823.5万。海尔快闪店又是如何做的呢?首先,快闪店的入口设计是大脑的形状,走进入口,映入眼帘的是打卡背景墙,明亮的色调搭配奇妙的卡通图案和欢快的音乐,还有为参观者准备的打卡道具,使得不少参观者都表示对快闪店的颜值印象深刻。

除了高颜值外表,海尔快闪店在很多细节设计上也下了功夫。基于时下年轻人的流行"病症"——手机依赖症、社交恐惧症、单身成瘾综合征等,快闪店按照家居的日常生活场景划分,分为客厅、厨房、卫浴、阳台、卧室五大智慧场景,分别对应年轻人在各场景中面临的"疑难杂症",例如客厅对应社交,厨房对应胃口,卧室对应睡眠,海尔希望通过智慧家电让生活和情绪获得治愈。为了带给消费者对海尔智能家电的沉浸式体验,快闪店在每个场景都开设了"社交窗口",如厨房的甜品售卖处、阳台的绿植和鲜花观赏区、随处可见的拍照打卡处、客厅的VR游戏互动等,还有不定期开放的歌舞表演、烘焙、花式调酒、甜品发放等活动。

除了新奇有趣,海尔快闪店也着重凸显了智慧和科技元素。五大场景中均放有iPad,参观者可以随时随地进行U+互联体验。在客厅互动区,消费者通过骑单车点亮"慧聚一屋,点亮 DOWN 期"几个大字,旁边是海尔智家"5+7+N"全屋智能、全屋家电互联的图解,客厅区还有智能电视、VR 游戏等。在阳台,小优和洗衣机互联,参观者可以通过旁边的 iPad 进行操作体验;在卧室,消费者可以遥控调节空调温度,显示器将根据不同温度更改四季画面。就连一面不起眼的浴室镜也"暗藏心机",类似种种惊艳的设计,让消费者一边参观,一边尖叫,生活的小情绪被瞬间治愈。

当今的零售行业已经进入智慧零售新时代,作为互联网原住民的"90后""00后"年轻消费者则成为消费的主力军,他们在追求智能方面表现得更加积极、敏感。与此同时,他们的消费逻辑和行为也发生了变化,不再去偌大的传统市场如建材市场瞎逛,也不再被"大减价"的促销活动吸引。可见,消费主体更新换代,企业也需跳出传统的经营思维,以互动、体验、共鸣的方式,无疑更能赢得年轻人的心。

三、沉浸式体验:全方位沟通

1998 年,美国的一篇文章《欢迎进入体验经济》指出,体验是一种超越商品和服务的独特经济产品,它通过创造令人难忘的经济将服务转变为更有价值和竞争的体验。美国哲学家约翰·杜威在《艺术即经验》一书中对体验的实际应用做出了解释,他认为体验式消费就是消费者通过体验产品服务过程的愉悦程度,来决定自身是否消费此类产品。

全球经济形态历经从以产品为中心,到以服务为中心,再到如今以体验为中心的转变。今天的新零售将场景体验推崇到至高无上的地步,甚至有人这样认为,线下商店的唯一功能就在于体验。其实,体验就是一种无声的沟通,一种说服消费者购物的促销活动,体验在消费者购物过程中的决定性作用已经无人质疑,而随着科学技术的发展,商家借助 AR、VR、全息投影、

5G等新技术在体验设计上更是如虎添翼，将体验经济的核心内容上升到全沉浸式体验，以致引发了一种沉浸式体验的热潮。

在《设计的法则》中对"沉浸"一词的解释是，让人专注在当前的目标情境（由设计者营造）下，感到愉悦和满足，而忘记了真实世界的情境。所谓沉浸式，类似于心理学术语"心流"，沉浸式设计离不开对人感官知觉的调动，以及整体氛围的营造，是通过全方位的视、听、触、嗅觉交互体验，来使观者达到身临其境之感，并享受当前状态的一种氛围。商业上的沉浸式体验实际上是通过商业文化的挖掘，加上VR等科技的应用，再加上虚实结合的空间营造，共同打造出沉浸式的叙事环境，让用户体验到感官的震撼和思维的认同。

沉浸式体验虽然是近几年才兴起的概念，却已经渗透于各个领域。目前在文旅领域运用繁多，如沉浸式博物馆、沉浸式演艺、沉浸式展览等，充分体现了科技渗透进文化的魅力；沉浸式主题公园、沉浸式体验馆和密室、沉浸式灯光秀等，完美放大了科技的娱乐效果，因其强烈的画面感和代入感，极具身临其境般互动和娱乐体验，深得人们喜爱。

当前的实体零售业面临着顾客流失的窘境，影响人们选择消费场所的不再是单一的目标物品，更多是对情境的偏好、对代入感和互动性的追求。而沉浸式体验所带来的新消费体验，能让消费者成为参与者、互动者，为实体零售业获取年轻用户，让消费者愿意在某一商业空间多停留一会儿，从而与品牌和商品建立一种深层连接，在一定程度上保持用户黏性。同时，有趣的场景体验也能勾起消费者内心的分享欲，形成主动的口碑传播，触及更多的潜在用户。

零售业的沉浸式体验是利用了人丰富的感官体验和思维因素，营造一种沉浸性氛围，聚合受众的注意力，强化情感与体验，最终引导消费行为的一种商业新模式。其发展阶段可分为三个层次。

第一个层次是信息沉浸。在这一阶段，商业信息的不断重复输出和大面积覆盖，营造了一种沉浸感假象。单一重复的文字或场景营造出的信息侵占，只能是单纯依靠攫取注意力来激发更多的购买行为，成为沉浸式商业发展的开端。

第二个层次是观感沉浸。在这一阶段，商家会围绕一个主题而打造一种氛围，在这个氛围中，一系列以该主题为中心的各种场景不断交替涌现，带给消费者一种强烈的沉浸感。这些契合主题又富于文化内涵的氛围营造与场景设计呈现出独特的空间体验，让消费者在有限的空间里既体验到互动性和体验感的优质营销内容，又给予他们购物体验之乐。

第三个层次是身心沉浸。在这一阶段，商业与文化艺术的边界越趋模糊。依托VR、5G、AI（人工智能）……无论是纯粹的美学空间、多元的主题空间还是延展的叙事空间，都创造出了一种人与环境、主观与客观鲜活灵动的关系，带给消费者的不仅仅是视听和美感的享受，更能通过全身心的融入而产生一种全然不同的体验。

现在，沉浸式体验的营造已经引入了越来越多的技术。例如，AR就在逐渐改变我们观察周围世界并与之交互的方式，通过将现实世界与虚拟事物相融合，从而打造逼真、智能且个性化的体验。预计未来AR眼镜的使用范围甚至将超越智能手机，因为AR眼镜能够始终处于开启状态、随时可用且无需手持。

近些年，不少公司开始涉足沉浸式娱乐。利用360度全景画面、生动逼真的3D立体声、高清视频，VR能够提供极致的沉浸式体验。统计数据显示，接近50%的"90后""00后"每周都要参加一次线下娱乐活动，比如电玩城、真人CS等，明显高于"70后""80后"的比例。像近些年大热的密室逃脱、剧本杀等线下活动都是年轻一代的周末必备。作为新消费的主力群体，他们渴望更新、更潮、更独特的感官体验。而沉浸式娱乐搭载高科技，恰好可以击中这个消费痛点，为这个行业创造无限商机。

未来，VR 和 AR 还将变革人们观看现场演出和体育赛事的方式，例如通过虚拟的前排座位和多摄像头视角，打造个性化的观看体验，让用户获得身临其境的体验。此外，这些技术还将对教育行业以及人们的学习方式产生重要影响，例如学生将能够进行虚拟游学，或在虚拟的多维空间体验新概念和新课题，进而将学习体验提升至全新水平。

在零售领域，过去一直有企业在探索沉浸式体验，虽然没有用到现在这些模拟现实技术，但也能给消费者创造出一种全身心沉浸于商场的体验。例如，大家比较熟悉的家居体验品牌宜家，销售包括桌椅、沙发、办公用品、卧室家居、厨房用品、照明、纺织品、炊具、房屋收纳、儿童产品等上万个产品。进入宜家，沉浸式的购物体验会经常性地让消费者在此耗上几个小时，把宜家当作自己的家一样，累了就躺在沙发上、床上休息，饿了就去内设餐厅就餐，体验自由舒适的购物环境。宜家可以说是最早采用沉浸式体验服务的零售企业。

今天，各大购物中心和各类实体商店也在纷纷探索沉浸式体验设计，并形成了各自鲜明的特点。例如，韩国首尔的一家商场里，一块尺寸为 3.5m×6m×1.5m 的立方体 LED 屏倒挂在大堂天花板上，变换展示着韩国传统服饰、倒挂的建筑群，甚至是红色高跟鞋，逼真到让人觉得会掉下来。在成都 RENHE 购物中心，也有一块可以实时互动的 LED 大屏，虚拟的动物与现实中的人一起出现在屏幕上，给人一种走进了动物园的错觉，对于孩子们来说这简直就是娱乐的天堂。在商场的另一边还有个贯穿了三层楼的大屏幕，持续不断的动画，每一帧都是创意，让人购物的同时沉浸在艺术的氛围中。

在新加坡滨海湾金沙购物中心，为游客提供了一个"灯光秀装置"。它将 4D 视觉灯光雕塑与 LED 地板相结合，除了节日会有特别光效以外，消费者也可以通过支付服务费展示个性化信息,例如"周年快乐""生日快乐"或"你愿意嫁给我吗"等。在上海瑞虹天地月亮湾,几乎把所有的通道和空间装饰全部互动化了,楼梯做成了键盘,用脚在楼梯上弹钢琴,分分钟成为打卡景点;花园草丛里的"萤火虫"也可随着人的动作发生变化,兼具美感与互动性。

国内还有一家全新沉浸式文化感官餐厅——良设夜宴,以"汉化版UV(Ultraviolet的简称,全世界第一个感官餐厅)"的标签在圈内引起热议。它重新解构中国传统文化的主题,从菜品、影像、音乐、餐具、舞蹈、戏剧等维度,每半年变更一次唐文化感官"意境"体验,其跳跃在餐桌上的中国美学想象力非常之独特。

商业,需要有趣的灵魂来指引。对于消费者而言,内容决定时间,时间决定消费。实体商业的沉浸度,从某些层面而言成为商业中心线上线下流量争夺战的关键竞争力。在体验为王的商业时代,商业中心争相以更多新奇的商业元素博得消费者眼球,融入新科技艺术的沉浸式商业形式受到广大顾客的欢迎,为商业综合体带来新的生机与活力。然而,在感官震撼之外,沉浸式体验如何与观众产生情感共鸣,并保有持续的冲击力?它会为商业品牌带来哪些收益?如何实现艺术和商业层面的共赢?相关产业趋势将如何变迁?这些都需要学术界和企业界人士共同努力,不断去寻找答案。

第六章

模式变革之渠道力

市场营销被某些学者定义为选择目标市场，发现价值，并通过价值创造、价值传播、价值传递交付以获取、维持、增加顾客的科学与艺术。这一定义涵盖了市场营销的三大核心职能：价值创造、价值传播、价值传递交付。对应到企业的营销实践，就是企业必须拥有的三种核心能力，即商品力、沟通力和渠道力。渠道力是指商品的分发路径，即商品通过何种路径触达消费者。一个企业的渠道力不仅在于它能以最高效的方式将商品交付给消费者，还在于它对产品分发渠道的掌控力，对渠道的强力掌控将成为它的竞争优势。

第一节　全渠道零售正向我们走来

一、顾客有趣的全渠道购物旅程

在办公室度过了漫长的一天，回家后要做晚餐，需要购买食材或半成品，现在的消费者与10年前已经有了更多的选择。他们可以上大卖场去选购，可以在楼下小区里的钱大妈生鲜店买上简单几样，也可以在手机上选择盒马、叮咚买菜或某个社区团购App平台下单，或者在连锁企业的小程序下单。一个小时赶到家，食材也准时送上门，或者在回家路上的定点小店提货。今天，在中国的大城市，完备的电子商务基础设施、移动支付技术和创新的物流链，可以让消费者在任何时间买到想要的生鲜等常见产品，并在任何时间送货上门。

购物正成为一种越来越便利的行为。麦肯锡全球研究院不久前发布一份调查报告指出，数字化浪潮正在重新定义零售行业的客户体验。在消费与零售行业，高达85%的中国消费者已成为全渠道购物者，对购物体验的期望水涨船高。品牌商和零售企业应注重打造全渠道体验。

仅仅20年时间，消费者的购物方式和购物习惯就发生了天翻地覆的变化，消费场景日益多元和分散。对消费者来说，实体店不再是唯一的购物场景，数字化浪潮使得消费者变成了数字化经济的冲浪者，越来越习惯于在数字场景中游曳。于是，越来越多的购物终端，如电脑、手机、平板、智能音箱、智能电视、智能手表、虚拟现实设备、智能电器等，都可能成为购物界面。就连当前被许多企业纷纷看好的智能汽车，也将成为消费者另一个畅游数字经济的载体，消费者正拥有无数多的屏、场景和购物入口。

中国连锁经营协会于2021年3月18日发布了《连锁经营零售企业全渠道经营关键指标》(T/CCFAGS021-2021)，该标准明确定义了全渠道零售，即利用线上线下多种渠道，实现一体化经营的零售形式。该标准的推出背景在于当今的中国零售业已经全面进入全渠道时代，亟需制定权威性标准供行业企业参考。

的确如此，全渠道零售已经不是一种发展趋势，而是一种发展现状。随着购物场景日益丰富和分散，企业和消费者的触点不再局限于单一商场、网站等高流量入口，移动性和数字化为消费者提供了越来越多沟通和交互的接触点。于是，布局全渠道零售、提升消费者购物体验成为行业突围方向。

根据一项调查表明，当今的消费者购物呈现出如下几个特点：第一，越来越多的消费者既在线下购物，也在线上购物。对于大多数消费者而言，线上和线下购物之间的界线正变得模糊，他们希望得到不同渠道的无缝体验。第二，现在的人们已离不开手机，由于各种场景而触发了其购买欲望，消费者希望能随时随地得到满足，这为企业提供了一种刺激消费者在恰当时刻购买的方式，如何在移动设备上呈现和沟通是企业不应低估的接触点。第三，新技术可以使购物过程变得越来越令人兴奋。虚拟现实技术的运用，为零售商带来了无限机会的同时也为客户提供了新的购物体验。一些新技术也能引起消费者的共鸣，如聊天机器人、语言助手、触摸屏、信息橱窗互动等，都可能成为顾客的兴趣所在，零售商应该有效利用这部分消费者的强烈好奇心。

数字时代下，消费者的购物行为和习惯发生了巨大变化，可以随时随地进行实体店购物、网络购物、移动购物。互联网商业的本质就是场景，企业需要连接碎片化、多元化、多边化的场景。这对零售企业而言是一个挑战，对消费者而言则是一个全新的体验。

2020年突发的新冠肺炎疫情，使得零售数字化经营趋势越来越明显，极大地推动了众多线下企业纷纷转型并加码线上销售渠道，以生鲜为代表的原本电商渗透率较低的品类取得突破性发展。据一份调查资料统计，在美妆消费全旅程中，有约60%的Z世代和千禧一代（指出生于20世纪时，在跨入21世纪后达到成年年龄的一代人）消费者会使用7个以上渠道。这一代年轻消费者获取信息的渠道呈现出碎片化、多渠道的特点，消费者倾向于通过更多渠道知晓、深入了解产品，在参考各类信息后，根据自己的判断选择最终的购买渠道。

不同年龄阶段的人群对不同零售渠道有着不同的偏好。50岁以上的中老年人对线下零售渠道仍然有较高的忠诚度，但经过疫情之后，已逐渐开始接受线上渠道的购买体验；35~50岁的中年和初老人群在传统电商平台的消费习惯依旧显著，超过80%的"80后"消费者表示主要通过传统电商平台购买鞋服产品；而Z世代消费者更偏好内容电商，如热衷于在小红书上分享交流OOTD（Outfit of the Day，即今日穿搭），以及了解品牌故事和品牌价值观。内容电商社区的评论、点赞功能极大地提升了年轻人的满足感，超过30%的Z世代消费者把小红书、抖音等列为购买鞋服的主要渠道。

对于零售企业而言，尽管全渠道化很重要，但关注顾客在全渠道中的旅程体验更是当务之急。换言之，如果顾客通过任何渠道获得的体验都同样糟糕，那么一切就是白费力气。所以，对零售商来说，更重要的还是专注于增强顾客体验以及端到端的顾客旅程，即从顾客产生需求、收集评估信息、产生购买意向到下单、支付、送货、安装、维修等整个流程。

顾客购物旅程中的体验感觉如何，不仅和接触点涉及的一线店铺员工有关，可能还和亲友、社交网络好友及"粉丝"、竞争对手、替代产品、社交媒体意见领袖和博主等诸多因素有关。即顾客全渠道购物旅程的体验，是零售商接触消费者的所有接触点之和，它包括了成本、质量、时间等数不清的隐藏商业流程特性，并包含互动、需求、限制条件等现实和认知。这些环节中有很多问题并不为零售商所知，有时也很难控制，但会影响顾客体验。任何一个环节的疏漏，都可能导致顾客选择其他企业渠道，渠道的转换已经变得更加轻而易举。因此，如何识别出覆盖多个渠道的接触点，并在能控制的点上增强顾客全渠道购物旅程的体验感知，对零售商而言是至关重要的。

要识别全渠道上顾客可能接触的每个触点，零售企业必须进行彻底的数字化转型。首先要做的是顾客购物过程的数字化，要将顾客所进行的购物旅程的各个足迹都记录下来；其次是企业全经营管理过程的数字化，需要无缝实时整合客户、订单和产品信息，也需要支持系统、流程、产品，包括库存、定价、促销、跟踪服务等全过程环节。零售商在理解并完全支持消费者旅程的情况下，会更懂得从何处入手。

零售全渠道化和顾客购物旅程化都与一个国家的数字经济发展相辅相成。中国互联网产业高度发达且竞争激烈，中国消费者对技术创新有较高的期待和接受度。供给双方作用之下，商业模式和技术的创新应用在中国迭代和渗透速度远远高于其他市场。新的购买渠道和客户触点在中国层出不穷、日新月异，这让中国消费者的购买方式和渠道等日渐复杂和多样化，从购买激发到最后转化，可能会经历几十个不同的触点，从传统的搜索引擎到社交网络以及近两年涌现的直播等都是这一变化的例证。中国消费互联网已经在全球遥遥领先，消费者已经全面在线，倒逼企业转型。如果零售商还死守在线下传统渠道用传统办法做生意，很快就会被时代所淘汰。

今天，消费者要获取产品资料、价格资料、用户评价已经非常容易。消费者可以在任何场景通过电子商务平台选购、付款、分享用户体验，产品可以通过物流公司直接送到消费者指定的地点，传统的消费旅程已经不复存在。零售业新的关键词是"任何地点""任何时间""任何渠道"。面对千头万绪的复杂环境，面对当前的消费者诉求和购物方式的急剧变化，零售商必须借助数字化工具对企业的商业模式进行变革，整合触达消费者的全方位零售渠道，加快全渠道数字化转型升级，从而更好地调整自己的商业模式，在这个变化的时代找准自己的定位，赢得自己的生存空间。

二、传统渠道与新兴渠道

如果我们把线下零售渠道称作传统渠道、线上零售渠道称作新兴渠道，可以发现，近五年来，随着新零售变革的不断深入，传统渠道和新兴渠道都在发生一系列深刻的变化。

1.线下传统零售渠道正在转型升级

我们发现，一些传统线下渠道的经营越来越困难。在新冠肺炎疫情的影响下，消费者越来越懒得出门购物，直接在网上购买各种生活用品，连中老年人也都开始纷纷转向线上，因而一些实体商店如大卖场的销售额不断下滑，就连行业领头企业永辉、沃尔玛也不能幸免，纷纷关闭旗下门店。事实上，线下渠道正在尝试各种转型升级的创新，一些新型实体商店悄然兴起。

其一，引入高科技改造传统店铺，给顾客提供购物惊喜和乐趣。

为什么消费者喜欢逛街购物？明明在网店可以看到更多的产品，还要去实体店，是因为在逛和买的过程里，消费者会有一种"寻宝"的感觉，一种发现的愉悦感。为了给消费者营造这种购物的惊喜感，实体商店纷纷引入高新科技，成为黑科技的应用场所。

2018年9月，全国首家OPPO天猫新零售智慧门店在广州天河区的百脑汇开业，这是OPPO与天猫商业合作的标志。门店以智能化场景为营销刺激

零售模式变革
数字经济时代零售企业生存之道

点，以智能云货架、AR 说明书、智能标价牌、声纹邮局、刷脸扭蛋机、互动体感游戏屏为人工智能应用技术载体，形成智能化消费场景，从而提升消费者的购物体验和购买意愿。

·智能云货架。智能云货架其实就是一个基于云后台的 ERP。在这个云货架上，消费者可以浏览全部商品的商品信息，其中的商品图片、商品价格、商品详情等都与电商数据同步，屏幕管理端自动建立产品数据库。智能云货架是一种虚拟云货架技术，属于智能导购板块。

·AR 说明书。消费者打开手机淘宝，使用"AR BUY+ 扫一扫"功能扫描商品，就可以看到该商品的具体信息，例如价格、型号、性能等。AR 说明书是"AI+AR"技术，属于智能导购板块。

·智能标价牌。标价牌上面的价格可以随着官网的价格自行改变。智能标价牌是一种电子标价牌技术，属于智能导购板块。

·声纹邮局。在一间指定房间里，消费者可以录下自己想对他/她说的话，形成二维码，然后将二维码打印在明信片上，通过邮寄，对方在手机淘宝上扫一扫就可以收听，从而刷新人们对邮局和二维码应用的认识。声纹邮局是一种语音技术，属于互动营销板块。

·刷脸扭蛋机。刷脸扭蛋机是应用了刷脸功能的抽奖机，是一种刷脸技术，属于互动营销板块。

·互动体感游戏屏。是一种游戏屏幕，体验者痛过手势、体感隔空操作，个人或组队进行在线游戏。这是一种互动游戏屏幕技术，属于互动营销板块。

不仅是 OPPO 天猫新零售智慧门店在尝试各种新技术吸引消费者，其他传统门店也在积极尝试智能技术，如智能试衣镜、全息投影技术等。这些高科技给消费者带来了前所未有的购物乐趣，是消费者走进线下实体店的一个重要因素。

其二，将商业与艺术有机结合，迎合消费者的品位需求。

根据《麦肯锡 2020 年中国消费者调查报告》显示，近十年来，中国消费市场整体呈现增长趋势，同时消费者开始出现消费分级，由过去各消费群"普涨"的态势转变为不同消费群体"个性化"和"差异化"的消费行为。与此同时，"品位"一词也上升为消费热点，以艺术"出圈"的实体零售正契合当下消费者的这种心理趋势。尤其是购物中心更为明显，越来越多的购物中心选择把艺术元素融入其中，艺术与商业的嫁接已经是一种颇受欢迎、趋向成熟的商业模式。

艺术与商业二者之间并非借势，而是共生关系。艺术可以解决消费者对于购物中心的审美疲劳，又能突破艺术"被仰望"的距离感，提升格局的同时又让消费者在购物休闲时不觉得乏味。随着消费者需求的进一步升级，也带来了生活方式的改变，他们希望在商场里能够获得更高层次的体验，希望在丰富的品牌业态之余，还拥有一定的艺术文化性与精神内涵的商业空间。于是，"艺术+商业"模式独特定位，形象鲜明，形成了一个打通线上线下，全方位渗透都市潮流、个性消费者群体的商业空间，不仅可以回避购物中心同质化问题，还对消费者造就了强有力的吸引力。

K11 是一个率先把艺术、人文、自然三大核心元素融合的购物中心，每一座 K11 都为消费者带来了与众不同的感官体验。目前 K11 已经在香港、上海、广州、武汉、沈阳等城市开业，每座 K11 的艺术公共空间都占据了较大的比重，不同的是每座 K11 根植于当地文化的主题差异化的定位，对空间的设计也是各有千秋。在每座 K11 购物中心里，艺术品展览以及各种艺术演出成为主要元素，传统商场"贩卖商品"的刻板形象被弱化。上海 K11 在 2014 年举办的"印象派大师·莫奈特展"异常火爆，甚至出现一票难求的盛况，3 个月内观展总数超过 34 万人次，商场营业额增长约 30%。武汉 K11 设立了一个艺术村，目前已有超过 30 名艺术家入驻进行创作。2021 年 5

月,沈阳K11的空中雕塑公园正式对外开放,集结11件国内外顶级艺术家的雕塑作品供大家欣赏,如国际知名艺术家尹秀珍的《黑洞》,"70后"艺术家郑路的《潮骚》等,这些作品都呈现出对自然和自我的追求,给一座城市增添了一种商业和艺术的完美和谐之感。

2020年6月24日,深圳红山6979商业中心在疫情防控背景下逆势开业,开业即赢得高客流量和好评口碑。红山6979地处龙华商业文化中心,包含32座风格各异的商业独栋和"文化四馆"——龙华首家演艺馆、现代化展览馆、深圳美术馆新馆、深圳第二图书馆,在开放式街区连接下形成了充满艺术想象的文化聚落,呈现给消费者一步一景的艺术体验,是深圳别具一格的商业与文化相结合的生活综合体,刷新了城市商住新风尚。演艺馆、美术馆、图书馆、展览馆零距离,多维空间相互组合,成就了一座公园式的艺术、文化和商业相融合的综合体,为城市人群打造出了另一种生活体验。

其三,将社交元素融入商业空间,为消费者提供更有趣的社交场所。

人是社交的群体性动物。无论社会发生什么变化,无论消费者的消费结构、消费需求、消费渠道和消费观念发生什么变化,都永远无法改变人与人之间的交往,人们会为了寻求情感互动、体验有温度有质感的生活方式而走进线下渠道。传统零售渠道作为一个社交场所一直在吸引着消费者,今天,这种社交元素被零售经营者进一步放大,成为线下渠道的不可取代的一大优势。

南宁市长虹路万科里位于青秀区凤岭北区域,项目周边3千米内覆盖约50万客群。2020年12月25日至27日,万科里围绕亲子时光、C位街拍、潮玩好戏三大主题,推出巨型松鼠欢乐城、双悬15米大滑梯、九曲萤火虫花街等网红美陈(美术陈列),以及爆场好评的《魔登时代?魔术秀》《冰雪奇缘》儿童剧、街舞大赛等活动,形成了一个亲子家庭欢聚中心,为家庭客群构建起气氛融洽的亲子互动场景,在当地造成了一定的轰动。

如今，越来越多的实体零售场所通过打造"潮""趣""玩"的复合空间，将商业体验与休闲娱乐融为一体，形成"商业＋文化""商业＋科技""商业＋教育""商业＋健康"等多元化社交购物场景，以满足当下消费群体的社交需要，打造极具个性化的新体验。所以，我们今天看到的线下零售渠道，早已与过去的传统渠道有了很大改变，尽管与线上新兴零售渠道相比，线下的渠道零售功能正在弱化，但线下门店渠道凭借产品的真实体验、销售人员面对面交流产生的信任感，以及多元化社交场景，其地位依然不容小觑。因此，实体店不会因为电商的冲击而被淘汰，它提供给消费者最需要的两个东西——发现的惊喜和社交的温度，都是线上渠道没有办法取代的。

2.线上新兴零售渠道正在分化

线下传统渠道正在不断创新谋变，线上新兴渠道也同样在不断演化。随着消费者圈层化特征越来越明显，他们对渠道的偏好也使得线上渠道的小众化和大众化并存。一边是淘宝、天猫、京东、唯品会等这些传统电商继续引领风骚，一边是以小红书、抖音等为代表的新兴线上渠道在 Z 世代中表现亮眼，近一半的 Z 世代消费者会通过小红书、抖音等 KOL 平台研究商品信息，这是其他年代人群的 2～5 倍。所以，线上渠道正在分化，相比传统电商渠道，发展更快的是近些年不断兴起的社交媒体渠道，即所谓社交电商。

人们常常把京东、天猫之类的电商统称为"货架电商"，即商家上架商品，用户依据品牌、品类、价格、型号，搜寻并购买合适的产品，满足自己的"确定性需求"。与货架电商相比，社交电商的逻辑和体验截然不同，它的一切购买行为发生得非常自然，似乎毫无察觉，在轻松娱乐的同时，你的非确定性需求也得到了满足。

我们以快手为例，来看看其电商业务发展的速度。

快手是普通人记录与分享生活片段的短视频 App，高度互动与高黏性用户关系、独特的内容和社区生态，是促使其快速成长为一款国民级 App 的主要原因。快手电商的起步很晚，直到 2019 年 6 月才正式成立电商部门，其初衷只是为了补足生态内用户需求的功能。此前的 2018 年，快手平台上每天有近 200 万人会直接在评论中询问分享视频的人"怎么买""多少钱"。用户的需求让快手看到了电商的巨大可能和自己得天独厚的优势。在快手平台，商家首先是内容创作者，而买家首先是内容消费者。买卖双方基于长期互动构建起深厚的信任基础，并由此转换为高价值的私域流量，让越来越多的人实现从记录生活到拥抱生意及更多可能的转变。

2018 年 6 月，快手推出购物车功能开始试水电商业务，主要是通过与淘宝、有赞、魔筷等第三方电商平台合作，收取佣金或者订单抽成，当年的 GMV（交易总额）达到 9660 万元。2019 年 6 月，快手电商部门正式成立，除了链接第三方电商平台之外，快手还建立了电商业务。年轻的电商部门走出一条陡峭的增长曲线，GMV 由 2019 年的 596 亿元大幅增至 2020 年的 3812 亿元，平均重复购买率则由 2019 年的 45% 增加 20 个百分点至 65%。

《2020 快手电商生态报告》显示，快手上的万粉以下商家占到 66%。从万粉到十万粉、百万粉乃至更多"粉丝"的商家，在这里都有生意可做。比如目前"粉丝"不到 50 万的快手用户"橙七七"，从传统电商跨到短视频和直播电商，从服饰行业跨到美妆行业，在快手实现了月成交额破百万元的带货成绩。纵观报告可以发现，与人们的刻板印象不同，快手上带货能力强的并不只是头部大 V，而变得日益多元：各种各样的中小主播、专业主持人、CEO……快手的主播矩阵正不断丰富、升级，带货成绩斐然。根据快手官方数据，快手电商的买家平均月复购率高达 65%，有超过 80% 的复购来自商家的私域流量。

快手财报显示，2020 年快手电商 GMV 与 2018 年相比，三年时间增长了 4000 倍。而快手包含电商在内的其他服务全年收入 37 亿元，同比涨幅超 1300%。可以说，电商业务为快手注入了新的活力与更大的商业潜力。而快手电商业务高速增长的原因，一是直播电商市场正值风口期，快手电商乘风而起；二是快手用户对平台有超高的忠诚度和信任度，快手电商复购率很高。从短视频直播赛道切入，快手"无心插柳"坐上了电商的牌桌，而且迅速成长为一股不可忽视的力量。

社交媒体是一种"混合型"媒介形态，它既像电话一样是人际沟通的工具，又像电视一样是大众传播的平台。不仅如此，它还将人际传播和大众传播的过程更紧密地混合了起来，使得我们在与朋友的私聊中可以频繁插入大众传媒的内容，也使得大众传媒的内容必须依赖每一个个体的分享才能实现"病毒式传播"。这种混合形态再加上巨大的用户量，使得社交媒体展现出巨大的连接力。在社交媒体平台上，人和人、人和信息的互动都具备了前所未有的可能性。

2017年创立的国产美妆品牌完美日记，以小红书为重点投放渠道，通过微信公众号和社群运营，建立了百万级的私域流量池。8个月销量暴涨50倍，短短两年时间就实现了逆风翻盘。阿里巴巴旗下的办公软件钉钉在B站上的成功营销成了流量助推器，"钉钉本钉，在线求饶"播放量在没花一分钱的情况下，B站与之相关的视频曝光上亿量级。还有抖音、快手为代表的短视频平台，为花西子、泡泡面膜、丝芙兰粉底刷等品牌提供了新的销售通路与宣传渠道，成了产品与用户连接的最短路径。通过新社交媒体平台激活品牌私域流量、运营用户资产、实现销售转化，几乎成为所有新兴品牌的共同选择。

一方面，社交的信息内容对人们的消费决策造成了影响，KOL、KOC、熟人圈子对消费者知晓、产生兴趣、购买等决策流程的影响力都在提升，甚至激发冲动式消费。另一方面，社交的商品和服务也对人们的消费触点、消费场景和体验产生了影响，社交电商、社群经济、微商、电商直播等新兴业态蓬勃发展，内容营销、口碑营销、红人带货、品牌IP化等营销手段也被广泛应用。学者玛丽娜·戈尔比斯在其著作《社交经济：新商业的本质》中断言："我们正在告别一个由机构产品主导的非个人性的世界，走向一个围绕社会关系和社交回报运行的新经济和新型社会，社交对经济的运行机制、社会的建构模式都带来了重大的影响。"

三、数字化与渠道掌控

对渠道的掌控也是企业渠道力的一种体现，而这种掌控，今天已经越来越离不开数字化工具。提升企业的渠道力，实际上就是提升企业的数字化水平。

1.不同渠道迎合不同消费场景

在全渠道零售经营中，线下渠道和线上渠道都有着自己不可替代的优势，并都能找到自己的应用场景。我们可以看到，传统线下零售商正在积极地拓展线上渠道和建立社交媒体的多触点沟通；而另一方面，淘宝、京东、唯品会和网易严选等领先的网上零售商也在向线下部署业务，如建立线下提货点、开设体验门店等。无论是线上还是线下零售商，都意识到单一渠道获客的有限性，整体全渠道战略逐步成为企业转型战略的重要一环。零售企业要实现对渠道的掌控，首先必须弄清楚不同的渠道适合什么样的消费场景。

不同的消费场景需要不同的零售渠道与之相对应。对于即时性消费，顾客一般追求的是"快"，相对牺牲了"省"，因此用户会去周边便利店购物；有了基于LBS（Location Based Services，基于位置的服务）的O2O到家服务平台之后，用户可在30分钟到2小时内收到货物，但整体履约成本相对更高。对于一站式/囤货型购物，消费者追求的是"货全"和"价廉"，天猫、京东等传统电商平台的出现很好地满足了这两项核心诉求，颠覆了原先线下卖场的商业模式，同时培养起了全国发货、无地域性差异、非即时达的购物心智。

一站式/囤货型购物和即时性消费这两种差异性极大的消费场景，其中任何一种场景的平台，都无法简单地通过在原有场景中加入新场景来进行高效用户导流和心智培养。以淘鲜达为例，虽然其占据手机淘宝首页频道入口位置多年，但到2020年GMV才达到300多亿元。其发展瓶颈之一在于，淘宝是一个全国发货、无地域性差异、非即时达的购物平台，首页能提供的只是流量曝光，无法有效引导用户在手机淘宝下单，形成"生鲜到家服务"的心智。再看京东到家平台上，在生鲜买菜板块，逾70%流量集中在强生鲜心智、高品质保障的头部商家，如永辉、沃尔玛、华润万家等，这些商超在一二线城市门店密度高，既能满足用户对于服务即时性、便捷性的需求，同时也能保障生鲜商品的品质安全。

此外，不同产品由于消费者的购买习惯不一样，其渠道选择的偏好也会不一样。对消费者而言，需要比较大量"逛"的时间来购物的，一般会倾向于选择实体店。在那些实体店，消费者可以好好消磨时间。相反，让消费者可以节省时间精力去"逛"的产品，就最适合网购了。所以，实体店的第一个作用在于，它是提供消费者体验的场所。实体店需要提供更多的有娱乐性的互动元素，让消费者可以参与进来。比如售卖食品的，可以开设烹饪班、烘培班；售卖球鞋的，可以让消费者尝试穿上球鞋在店内运动；售卖水晶首饰的，可以参加店内的冥想班。苹果店就在店内定期开办免费的学习班，让消费者学习如何运用苹果的手机、平板电脑甚至是App。实体店的第二个作用在于展示品牌形象，让消费者深入理解品牌的内涵，带给消费者情感利益。品牌应该在实体店提供营销的"内容"，包括品牌的个性、意义、故事、体验等。实体店的第三个作用是充当品牌营销的媒体。星巴克从来不投放付费广告，原因是它认为实体店已经是一个有效的媒体，每天都有上千万名顾客进店，这就是最好的宣传，完全没有投放广告的必要。对于星巴克而言，实体店就是一个社交场合，让店里的咖啡师跟消费者做最亲善的互动，可以增加温度感。

可见，零售企业要增强自身的渠道力，必须先解决企业的自我认知，即：什么样的渠道适合企业发展？怎样的渠道模式能够凸显品牌的最大价值？企业应该重点布局哪些渠道？这些都是企业应该提前考虑的，只有对自身需求充分了解的前提下，企业在决胜渠道力过程中才能做出最行之有效的决策。

2.构建快速响应的全渠道零售模式

中国几十年的营销史，从某种程度上来说就是一场渠道变革史。最初的渠道变革趋势是渠道下沉与渠道专业化。渠道下沉从省到市，到区县，伴随着通路精耕、深度分销，从单纯的经销模式演变成了辅销模式，甚至重点市场厂家直接设立公司或营业所开展直营模式。针对不同的渠道终端类型，从综合性操作发展到分渠道单列专业化操作，如商超渠道、餐饮渠道、校园渠道、特通渠道等。随着数字化技术的推广与应用，互联网新兴渠道崛起，搜索电商、社交电商、内容电商等不断地冲击着传统实体渠道。疫情更是加速了这一趋势，渠道又面临一次新的变革，此次变革是数字驱动的全渠道运营模式。

无论顾客在哪种渠道挑选商品，零售企业都必须保持无处不在而且便于访问，以便顾客可以从一个渠道便利地切换到另一个渠道，例如从移动渠道切换到实体店，或者从社交媒体切换到在线商店，而不需要重新开始整个购物流程。这种渠道变革就是数字驱动的全渠道运营模式，它需要零售商打破各环节之间的沟通壁垒，整合供应链资源配置以提高运营服务能力，连接跨渠道顾客购买全历程，提供一致性和无缝的全渠道体验，甚至可以利用实时分析工具根据社交媒体活动、顾客偏好和购物历史记录向顾客推荐新产品和服务。

第六章 模式变革之渠道力

对有些企业而言，线上渠道的重要性更大，所有线下的引流都会导入线上，例如盒马鲜生。对另一些企业而言，线下渠道依然是主力，例如海澜之家。

受新冠肺炎疫情影响，2020年中国服装市场收入粗略估计至少蒸发4000亿元，被称为"国民服装品牌"的海澜之家也未能幸免。与众多服饰品牌一样，海澜之家在一季度遭遇重创，但二季度则快速回暖，同比2019年第二季度恢复了将近80%的销售。就在很多品牌大量关店的时候，海澜之家坚守住了线下的盘子，全国6000家店几乎零关闭。

海澜之家的线下实体店采用少部分直营加大部分类直营的模式。类直营模式下，公司与加盟商结为利益共同体，公司与加盟商之间的销售结算采用委托代销模式，公司拥有商品的所有权，加盟商不承担存货滞销风险，商品实现最终销售后，加盟商与公司根据协议约定进行分成。相比经销加盟而言，类直营是用管理合约取代经销合约，好处是直接管理，可以管得更细微。

虽然海澜之家坚持以线下实体店渠道为主，但并没有放弃线上渠道，而是抓紧建设。2020年第二季度，海澜之家线上业务增长40%。"618"期间，海澜之家在天猫平台的销售增长超过140%，在京东位列类目第一。8月份，海澜之家推出了"云店计划"，通过全员营销的方式获取新流量。8月19日晚，海澜之家线上奥特莱斯小程序活动开场2小时成交额即突破了1亿元，单场活动GMV超2亿元，创下了服饰品牌小程序单场活动的最高交易额纪录。

总结"云店计划"的经验时，他们发现很多品牌商的线上销售业绩实际上只是在透支品牌其他渠道的销售，总盘子并没有扩大。意识到这一点后，海澜之家从货品和激励机制上对社群与线下做了严格区分。比如，禁止导购把门店的客流拉到线上去成交，只允许他们在自己的朋友圈去扩散、宣传，做自然分流。海澜之家也看到了私域流量的巨大潜力，先在社群基础上建立销售通路，然后为这个通路准备合适的货品。而奥特莱斯小程序与社群的打通也成为其探索新渠道、消化库存的一个好的方式。总之，坚守住自己的主渠道，并且积极开拓新渠道，这是许多零售商正在尝试的渠道策略。

3.全渠道零售的数据分析

数字化时代，零售经营者需要认识到，消费者的购物旅程不再处于"黑箱"之中，而是一个透明可见的过程。零售经营管理策略也必须与时俱进，不再是主观的个人经验式管理为主，而是要根据各种消费行为呈现出来的大数据进行分析，从而不断优化自己的渠道策略。

例如，一家企业实施全渠道零售战略，它目前线上渠道对接的第三方电商平台包括天猫旗舰店、天猫超市、易果生鲜、京东自营超市、京东生鲜、苏宁易购、中粮我买网、自营全员营销、唯品会、社交媒体等；线下渠道有商超、各级代理商、便利店以及购物中心等。由于各平台数据分散且数据量较大，该企业面临四个方面的数据分析挑战：一是各种渠道有效数据的收集、整理和聚合管理，包括第三方数据和网络平台数据；二是从时间维度、地域维度、渠道维度以及业务形态等多种角度分析获得各种报表和可视化分析结果；三是在基础数据指标和报表逐步完善的前提下，增加各种复杂模型用于用户活跃、供应链优化、营销组合优化、渠道优化等；四是运用综合决策模型从整体到细节进行多级分析，同时从各种应用场景出发进行决策优化。

上述各种挑战中，企业必须抓住几个重点来进行数据分析和渠道优化。

第一，重点分析各个渠道的销售情况。通过渠道数据化分析，有效监控各种渠道每天新增、活跃、成交用户数，转化率分析，渠道核心数据指标。监测商品销售的品牌、类别和地区分布，并跟踪其销售金额和销售量的情况，得到不同品类商品的销售特征。

第二，库存和供应链情况分析。利用数据分析来解决库存布局不合理、品类管理不科学、销售预测和信息流通不及时等问题，还要进行畅滞销商品分析、价格区间销量分析、各类商品销售情况及所占比例是否合理分析等。通过不同维度的库存分析，如库存变化率、库存周转率、库存周转天数、交付及时率、呆滞库存比率等分析，对整个库存体系进行优化，提升企业盈利能力。

第三，各个店铺运营情况分析。零售商的渠道分为终端门店、线上渠道等，终端门店作为消费者的直接触点，对零售交易转化和用户经营至关重要。店铺运营的核心指标包括坪效、人效、销售额、毛利率、存销比、客单价等，还有节假日的特定数据分析，以提升节假日客户转化和引流。通过高效的数据化管理，提升门店整体效率。

第四，营销推广分析。根据市场需求、节假日、新产品上市、季节性等因素，零售商会推出一系列的各种主题促销活动。对于促销选品、促销过程监控、促销前中后期的效果评估，应制定相应的营销分析组合，如销售目标达成情况、新增会员数、重点商品销售情况等，实时监控市场反应和消费者动态，逐步从粗放式引量发展到精准吸客。

第五，顾客分析。一是顾客属性分析和行为画像，包括标签体系、行为时间数据、关键功能数据、消费场景数据、描述功能数据等，呈现清晰的顾客画像。二是顾客结构分析，通过时间维度分析、会员结构分析、消费结构分析以及会员价值分析等，可为零售企业深度挖掘客户价值。三是单个顾客生命周期管理。提升顾客总价值的方向有两个，即提升单体顾客价值和延长顾客生命周期。顾客生命周期一般分为导入期、成长期、成熟期、休眠期和流失期。通过对不同阶段的顾客实施不同的运营策略，可以有效提升用户的生命周期和价值。

除了以上各种分析，零售商还要经常进行其他方面的数据分析，如人力资源分析、财务分析、行业竞品分析、价格和价格敏感度分析，等等。

随着数字时代的不断发展，数字化技术的应用最终将催生智慧零售的到来。在智慧零售时代，实体零售企业纷纷以人工智能应用为技术载体，构造智能化消费场景，成为新零售的新契机。目前，人工智能在零售行业的应用场景分为三大类。第一类是机器学习在零售中的应用。这方面应用比较成熟，包括会员体系数据管理系统、商品推荐、顾客购买行为预测和智慧供应链等。第二类是计算机视觉在零售中的应用。相关技术还未大规模商用，包括智能摄像头人群检测、商品识别支付、商品漏扫检测、虚拟试衣镜等。第三类是机器人在零售中的应用，包括人际交互型机器人、导购机器人、货架巡逻机器人和仓库机器人等。

总之，全渠道零售已经不是未来，而是现在。全渠道零售需要全方位触达、拥抱和尊重消费者的逛和买全过程，而不是通过什么新科技、人工智能企图去掌控、监视消费者，或者为其打上各种标签。不论是哪一种产品、哪一种渠道，消费者需要的其实都是购买的乐趣，这乐趣包括了购物的便捷利益、产品的功能利益、品牌的情感利益、发现的惊喜和社交的温度，这些都是零售商在安排自己的营销渠道时需要深入了解并不断强化的重点。

第二节 渠道下沉与下沉市场

一、渠道下沉：争夺最后一千米

零售渠道变革的一大难点，是如何解决消费末端的最后一千米问题。以前，线下的零售企业主要是采取大卖场的形式，基本上能解决周边社区消费者的一般生活需要。自从网络零售发展成熟之后，电商把许多生活用品的消费拉到了线上，大卖场的销售逐渐下滑。但因其主力商品——生鲜食品的特殊性，这一部分商品仍然掌握在线下超市之手。对生鲜商品市场的争夺，成了线上线下零售商的生死之战，以至于有人这样说：得生鲜者得天下。

阿里巴巴集团解决最后一千米问题主要是依赖盒马的多渠道设计。自从发现生鲜战争是一场绕不开的大战，且不能完全依赖线上的入口后，阿里巴巴便把希望寄托在盒马身上。盒马作为阿里巴巴新零售变革的排头兵，早在2019年，便围绕周边不同客群的消费容量、消费水平、年龄层次，进行业态的创新和差异化调整。盒马目前推出了包括盒马鲜生、盒马菜市、盒马mini、盒马F2、盒马小站、Pick'n Go、盒马里和盒马X会员店等八个业态，以便能深入不同商圈和不同级别的城市进行布局，不同业态各司其职。

盒马鲜生主要完成对一、二线城市核心商圈的覆盖，由于其门店面积较大，选址以购物中心为主，使其门店扩张的灵活性不足。而盒马后来开发的不同业态均以盒马大店为支撑，并以开发小型业态为主，便于深入城市毛细血管进行布局和渗透。

盒马mini店是一种小型门店，主要深入社区，布局低线市场。盒马mini首店位于上海，2019年6月开业，由原来的盒小马改造而来，面积约为500平方米左右，单店投资约200万元。与盒马常规店相比，盒马mini的定位做了如下调整：一是相较于盒马大店以包装蔬菜为主的销售模式，盒马mini以散装为主，70%的订单来自散装生鲜，这主要是因为盒马mini以服务社区为主，而社区内老年消费者偏多，消费习惯上更加喜爱散装购买；二是餐饮面积减少，主要原因是向三、四线城市辐射的过程中，消费者对于即时性餐饮的需求偏少。

盒马F2是一种即食餐饮服务业态，布局一线城市办公商圈，推出即食餐饮门店。盒马F2主打办公时段，切入办公场景，主要满足上班人群早、中、晚餐的餐饮需求，首店在2017年开业，位于上海市虹口区，面积约800平方米，90%左右的面积为餐饮，用品品类偏少，其余空间有限陈列食品和生鲜水果，由于定位人群是办公室白领且提供商品以堂食餐饮为主，因此盒马F2不提供到家配送服务，仅支持线上下单、到店自提服务。

盒马菜市的定位是接地气的菜市场，深入社区发展。盒马菜市首店开业于2019年3月底，位于上海五月花生活广场，面积约1000平方米，品类上涵盖了水果、蔬菜、调味品、日用、水产肉禽、乳制品等高频生活消费品。与盒马大店类似，盒马菜市店内也拥有悬挂链系统来进行分拣和到家配送服务。它与大店的区别之处在于：一是高比例的散称蔬菜，配合社区消费习惯。盒马菜市除了销售传统的盒马自有的日日鲜、盒马工坊等包装蔬菜以外，也引入了散称蔬菜系列，供消费者现场挑选称重；二是更多地与品牌商联营商品，如禽类、豆制品、海鲜等，引入了部分品牌商专柜。

总体来看，盒马着力推进业态重塑和门店面积的小型化，采用更小面积的业态、更灵活的组织形式触达一千米以内的社区服务生态，从线下往线上引流，进一步提升了生鲜消费的频次和消费者的黏性，其本质是渠道下沉，以更极致的服务换取用户黏性提升的新尝试。

盒马这种以线上交易为主、线下交易为辅的运营模式，与同样特征的多点和每日优鲜有什么不同呢？

在业务模式上，盒马鲜生和多点聚焦于"线上+线下"的双渠道模式，盒马线上采用盒马 App 来引流，线下已经扩展到超过 250 家门店。多点的线上运营主要通过多点 App，线下通过与各大商超合作，由超市门店提供多点订单自提。而每日优鲜则聚焦于线上经营模式，终端采用每日优鲜 App。在重要合作投资方上，盒马鲜生主要是与阿里巴巴等投资方合作。多点的合作方以商超居多，包括物美超市、美廉美超市、新华百货等。每日优鲜则主要是与腾讯等投资方合作。

在 SKU 和配送范围上，盒马鲜生 SKU 超过 5000 个，配送范围限定为门店半径 3 千米内，30 分钟内即时送达，以盒马门店作为前置仓。多点的配送范围限定为 5 千米内，两个小时内即时送达，并且在合作卖场后仓设置有 30～50 平方米的专属前置仓。每日优鲜贯彻"全品类精选"策略，在满足用户生鲜消费全需求的同时将 SKU 精简至 1000 个，以避免长尾效应，控制品类运营成本。配送范围全程配送，2 小时内送达，自建前置仓。

盒马鲜生的覆盖区域主要包括上海、北京、深圳、武汉等地；多点主要分布在北京、天津、河北、上海以及浙江等地；每日优鲜的覆盖区域主要在北京、上海、广州等地。盒马鲜生支付只能用支付宝，不收取现金等；多点的支付方式多样，支持美通卡、货到付款、微信支付、支付宝、银行卡等；每日优鲜采取微信、支付宝以及储值支付的支付方式。

盒马鲜生、多点和每日优鲜各有自己的商业模式，因此在运营上各有自己的优势与劣势。盒马鲜生的优势主要如下：一是场景化门店运营，用户深度参与，黏性强；二是门店既是消费环境又是仓库，线上线下同价，30分钟高效配送，用户体验较好；三是这种重资产、重成本的业务模式很难被完全复制，因此形成了盒马强有力的竞争壁垒。同时，盒马也存在着以下劣势：一是重模式的运营需要高盈利的支撑，随着成本损耗增加，成本压力会转嫁到消费者身上；二是定位中高端消费群体，并且配送半径小，用户群体比较局限。

多点因其轻运营模式，易快速迭代复制占领市场，依托线下超市供应链，生鲜产品品质有保障。但其过度依赖超市，与超市共享供应链，造成利润不高。每日优鲜的优势在于精选SKU降低运营成本，节约仓储占压成本，以此降低损耗；前置冷链模式，缩短运输时间，提升用户体验；生鲜产品采用自采模式，保证渠道上的优势。但是前期自建冷链物流体系花费较高，营销推广方式也比较单一，主要靠促销补贴，用户黏性较弱。

二、小而美业态：聚沙成塔效应

许多商家都在想方设法争夺最后一千米的消费需求，这其中，小而美的零售mini店业态突然流行起来。以苏宁为例，近几年来正在进行自己的智慧零售变革，重金押注在苏宁小店上，希望通过布局苏宁小店项目完成O2O最后一千米的连接。比如在一些白领聚集的企业园区，增加轻食、鲜食、水果供应；在社区，着重布局生鲜、果蔬类SKU；在校园店，会布点文具、QQ币卡等精准商品。其实，苏宁小店的本质是围绕最后一千米和平台本身的流量入口，依托线下实体门店和线上App，得以推广整个苏宁易购主站上的商品，有限的苏宁小店背后连接的是无限场景，如苏宁的物流、金融、帮客等多样化业务，都可以通过最后一千米连接使其他业务资源得以承载和落地。苏宁小店通过"开放空间+个性化服务+特殊业态"的模式，除了零售业本身，实际上是想拓展原有便利店的业务边界。当然，现在看来，这种设想很美，但真正落地并不容易，苏宁小店的发展目前也是困难重重。

除苏宁之外，盒马、永辉、小润发都在发力mini店，零售巨头沃尔玛也在推社区店，还有宜家也开进市中心，推出迷你版的city店。这些小店不是采用传统店模式，而是基于此前大店模式的缩小版进行布局的模式。除了前面提到的盒马mini店之外，我们再来看看其他的mini店。

2020年7月，大润发mini全国首店在江苏南通正式开业。大润发mini店取名"小润发RT-mini"，定位为新零售社区生鲜超市，是大润发的小业态新产物，经营面积在600平方米左右，主要经营果蔬、鱼肉、面点、冷冻食品、休闲食品、酒水饮料等，以生鲜为主，占比60%以上，靠近社区，但不做活海鲜。小润发RT-mini除沿袭了大润发的生鲜优势外，又在经营模式上有所创新，它同步上线了社区团购业务，采取"预售+自提"模型，登录飞牛拼团小程序即可下单，由大润发配货到小润发mini门店，消费者次日到店提货。小润发从定位和品类上来看，并不是大润发的缩小版，从模式上也不像盒马mini，它与钱大妈这类社区生鲜店相似，重点还是比拼供应链和盈利能力，未来将以地级市为单位，一个城市一个城市地推进。

2020年7月，宜家在上海黄金位置静安寺开设了它在中国的第一家小业态店——IKEA city。这家位于市中心的宜家迷你店，面积仅有上海徐家汇宜家商场的1/11。店内共陈列3500件商品，1200余件可直接提走，大部分都是此前商场和电商的"爆款"，其余商品以及9500件宜家全品类商品则可以通过官方小程序下单。这是战略转型的重要一步，表明宜家门店正在逐步剥离仓储性质，从郊区向市中心行进，也越来越"小而美"，形成"大店+小店+电商+快配"的新商业模型。

沃尔玛也在中国加速布局社区店。从2018年开始，沃尔玛就一直在迭代社区店。以沃尔玛在深圳新开的社区店为例，这家沃尔玛社区店不断地优化商品结构，商品品项数在新开门店进一步精简到3000多种，其中2000多种商品上线电商平台，并提供最快1小时送达的"沃尔玛到家"服务。据沃尔玛中国负责人称，未来5~7年，计划在中国新开设500家门店和云仓，主要为小业态，包括沃尔玛社区店和用于配送的云仓（前置仓），可以看出沃尔玛对小业态社区店的重视。

永辉超市也在大力发展永辉mini店。2018年底，永辉在它的大本营福州开设首家永辉mini店，当时的定位是"大店带小店"，配合永辉的整体策略来发展，填补大店不能很好覆盖的区域。由于低温冷藏品类的强化是当下超市的一大趋势，这个品类是电商还没有办法突破的品类市场，它是实体门店的优势品类，因此，各大实体零售商都在强化这一块的发展。经过一年的试点，永辉开出mini二代店，但尚未完全成型。相比永辉mini第一代店，二代店突出的变化是在陈列及经营形态上，增加了更多预包装生鲜，强化了线上到家业务。

从近两年的经营情况来看，永辉mini店并没有跑通模式。2019年新开mini店573家，闭店44家。而在2020年一季度，mini店新开7家，闭店74家；2020年上半年mini店新开门店16家，闭店88家。在生鲜电商和社区团购热火朝天抢市场的同时，永辉的mini店业务则在持续收缩，门店规模已经从截至2020年上半年的458家，持续下降至截至2021年一季度末的70家。要想服务城市里的每个社区，永辉未来还需要一个小店业态出现在社区场景里，靠大店不能解决同城渗透的问题。但它目前似乎并未找到一个合适的切入方式，还在探索之中。

在生鲜领域，尽管有些企业在不断收缩mini店规模，但我们也可以看到，小而美的mini店仍然具有其他业态无法比拟的优势，大店模式必须与mini店这些"神经元"协同作战，才能做到覆盖更多的消费者。因此，当前仍然有许多零售商家在奔向小业态，再加上百果园、钱大妈生鲜便利店的成功，让人们看到了小而美业态的魅力，未来一个mini店的业绩极有可能会超过一个大店，同时在扩张速度上会更快。

三、下沉市场：争夺小镇青年

除了争夺最后一千米消费者的渠道下沉，近几年，另一个近似的词——下沉市场也成为一个热词。许多文章将下沉市场定义为三线以下城市、县镇与农村地区的市场。下面，我们从几个方面来勾勒一下下沉市场的大致轮廓。

目前，我国共有一线城市4个（北京、上海、广州、深圳），新一线城市15个（成都、杭州、南京等），二线城市30个（无锡、佛山、合肥、大连等），合计49个城市，总计约4亿人口，约占我国总人口的28%。下沉市场包括三线城市70个，四线城市90个，五线城市128个，合计288个城市、3000个县城和40000个乡镇，总计约10亿人口，约占我国总人口的72%，比美国总人口的三倍还要多。所以，三线以下的市场表现为人口数量多、市场空间巨大。

下沉市场最显著的一个特征就是熟人社会，这是一个基于亲戚好友与邻里关系而形成的复杂庞大的社会关系网络，人们讲求关系，且时间充裕社交丰富，与一、二线城市的生活完全不同，甚至有人把它们视作两个社会。在县城、乡镇或者农村，亲戚之间你来我往，左邻右里其乐融融，处处洋溢着和谐温暖的"人情味儿"。不仅如此，这里的人际关系甚至还要高过规则，"有关系好办事"的观念根深蒂固。尽管大城市也讲人脉，但那里的人们大多还是将规则和能力放在首位，与县域地区相比，一、二线城市多了些冰冷，少了些热情。

相比于一、二线城市，下沉市场优质商品与服务的供给还是有着不小的差距，同时，下沉市场对商品价格敏感度高，缺乏优质产品。虽然我国近些年城市化进程较快，各地区经济发展已经有了长足的进步，但总体看来，一、二线城市的经济发展要快于三、四线城市，一、二、三、四线城市居民的收入也大体呈现逐级递减的态势。到了县域的层级，尽管居民的收入水平已有了明显改善，但仍然算不上可观。统计资料表明，2019年，成千上万个市、县、乡镇与农村的居民，每个月可消费的钱大概只有一两千甚至几百元，因此对商品价格高度敏感。庞大的下沉市场，为拼多多的快速发展提供了有力的支撑。

越来越多的企业已经认识到下沉市场的潜力，开始了一轮又一轮的开拓高潮。2020年京东取得不俗的业绩，得益于京东平台上的品牌、商家、产业带等合作伙伴等多方面因素，而更重要的是京东的下沉战略获得了巨大成功。在2020年的"618"大促期间，京东70%的新用户都来自下沉市场，渠道下沉带动了京东再次起飞。

京喜是京东渠道下沉的一大功臣。2019年9月17日，京东拼购App宣布更名为"京喜"并正式开业。11月1日，京喜直接接入微信一级入口，进入12亿微信用户的手机。从此以后，京喜开始高歌猛进。2020年"618"期间，京喜日均订单量超过700万单，其中18日当天突破1000万单，新用户猛增5倍，七成都是来自三线到六线城市。利用社交网络和拼购方式，京喜下沉到乡镇县城，把以前缺乏互联网平台的用户挖掘了出来，让京东的用户量与业绩重新进入快速增长通道。

由于京喜所针对的下沉渠道市场消费能力较弱，对性价比要求较高，要满足这些消费者的需求，京东就不能局限于以前的供应链与大品牌货源，而是要挖掘性价比更高的产品，扶持产业带。于是，京东广泛布局产品带和货源地，利用产业集群的优势，扶持生产厂商直接接入京东，降低了渠道成本。目前，京喜在全国已经布局超过了150个产业带和原产地。而京喜所扶持的产业带和货源地,也不仅仅服务于京喜,它们同样给了京东老用户更多的选择。结果京喜不仅自己快速发展,还给京东带来了新的活力,让京东收获了用户增长、营收大增的巨大"惊喜"。

随着拼多多、京喜、快手、趣头条等平台异军突起并取得傲人成绩,下沉市场越来越受到企业的重视。而在下沉市场中,一个新概念也在崛起,这就是"小镇青年"。小镇青年作为一批生活在三、四线的年轻群体代表,将会是未来市场增长的主力,这也是每个企业都不容错过的市场机遇。

小镇青年是指那些年龄在18~30岁、生活在三、四线城市的人群。他们由于工作相对轻松、生活和经济压力小,所以购物消费的意愿及能力更大,已经成为不可小觑的重要群体。小镇青年的人群构成多是正在成长起来的"95后"群体,他们在消费的时候会更加关注他人的意见,在消费方式上,他们多以线上消费为主,类似小红书等测评软件已经成为他们消费前的主流选择。可以说,小镇青年身上都表现出极为明显的"SoLoMoPe"新特征,即集Social(社交)、Local(本地)、Mobile(移动)和Personalized(个性)四种属性于一身。

企业该如何抓住小镇青年这一市场机遇呢?

其一,品牌化的产品选择,物美与价廉兼具。随着消费升级趋势越来越明显,人们越来越注重品牌化消费。对于小镇青年来说,他们虽然生活在三、四线城市,其消费上还是趋向于一、二线城市,追求品牌化的消费,但受收入水平影响,价格仍是他们关注的重点。因此,企业必须将品牌化的商品以高性价比来吸引下沉市场的小镇青年。

其二,渠道和内容双管齐下。要吸引下沉市场的小镇青年,需要把握下沉市场的用户入口,爆火的快手、抖音等打通下沉市场的平台,以及小红书、网易考拉等社交电商平台,更能满足他们的产品功能需求和社交分享需求,利用这些平台助力裂变和传播,有助于企业把握小镇青年的消费流向,切入下沉市场。

其三，培育核心消费群体。小镇青年在消费时易受"圈子"消费的影响，他们更加关注别人的意见。直播也正在影响他们做出消费决策，在满足消遣的同时，也减少了为选择商品而花费的信息搜寻成本和时间成本。因此，企业在培育市场时要注意对核心消费群体尤其是KOL的培育，从而形成一定的圈层效应。

小镇青年是一个正在崛起的圈层，反映出来的是市场普及化发展后的渠道下沉，洞察并开发这个市场是每个企业不容错过的机遇。

第三节　渠道变迁：私域生态繁荣

一、消费新趋势下的私域渠道

如果要问2021年零售渠道发生的最大变化是什么，那答案一定是私域渠道的崛起。这一崛起速度可谓迅猛，以至于业内人士达成一个共识：私域运营不再是"锦上添花"，而是企业标配，一种常态化运营。私域渠道已经逐渐从"锦上添花的新渠道"转变为关乎企业未来生存的"关键能力"。

互联网上的流量分为公域流量和私域流量。公域流量指的是今日头条、抖音、百家号、微博、美团、拼多多、淘宝等，内容热度不稳定，粉丝转化率低，变现方式单一。如果想在这些平台获得流量，就需要投入一些金钱，如淘宝的直通车、今日头条的信息流推广、拼多多的付费推广。私域流量是指企业或者个人能自主运营、可以反复利用、无需付费又能随时直接触达的流量资源，它属于流量的私有资产。重视私域流量的人，会想尽一切办法把这些公域平台的流量吸引到私人流量池上来。

私域渠道正是建立在私域流量上的属于企业或个人所有的渠道。它就像建一个属于自己的鱼塘，把鱼给囤起来，可以反复触达，还不花广告费。而将公域流量截留到自己的私域流量池并通过运营而变现的过程，就是私域运营。

过去，关于企业是否要做私域运营还存在意愿强弱之分。如今，在公域流量达到瓶颈，没有增量，或者无法承受高费用的公域流量时，发展私域流量，开启精细化用户管理，降低营销成本，实现精准营销，已逐渐成为企业的共识。更多企业将把私域经营变成必选动作，而不是少数企业的营销增量。当然，这并不是说公域流量不重要，而是需要企业打通公域和私域，不断优化全链路的衔接点，进而促进企业销售增长。

我们来看看宝岛眼镜是如何做私域流量运营的。

2019年，私域流量的概念开始在企业界流行，不少企业纷纷进行尝试。在众多企业中，宝岛眼镜不仅宣布实施私域流量运营，还提出了自己的方法论。宝岛眼镜对自己的组织架构进行了颠覆性调整，彻底改变以门店运营为中心的传统模式，构建起以会员运营为核心的零售模式。作为一个传统眼镜零售连锁品牌，宝岛眼镜的这一系列动作可谓是革命性的，现如今已成为私域流量运营的标杆。

宝岛眼镜私域流量运营的成功，离不开2015年启动的两大战略：专业化和数字化。宝岛眼镜的专业化战略体现在四个方面：专业的设备、专业的验光师、专业的服务、专业的商品。企业希望树立专业形象，用专业服务和商品来赢得用户信任。宝岛眼镜的数字化战略，体现在线上线下的数字化融合，打通了门店与各线上平台的支付、会员、商品等环节。电商部门不再只是在平台上卖券，而是开始做务实的B2C销售，从消费者的视角认真思考到家、到店的消费场景。从2015年开始，宝岛眼镜还鼓励门店导购通过扫码关注，把进店的用户引导至微信公众号，开展微信商城营销活动。到2018年初，宝岛眼镜又激活了企业微信，开始积累和运营会员。

2018年，宝岛眼镜的专业化和数字化建设差不多已经完成，为与用户建立连接、做会员运营铺平了道路。2019年，宝岛眼镜决定启动私域流量运营，将公司的管理经营模式从以门店运营为核心转向以会员运营为核心。在不断的实践中，宝岛眼镜总结出了自己私域流量运营的方法论：两大动作，五大路径。第一个动作是公域转私域，将宝岛眼镜在公域获取的用户引导到私域，建立自己的会员流量池，第二个动作是会员运营，在自己的流量池内维护、运营好会员。五个路径分别是寻找公域流量池、扩大声量、创造触点/设计场景、公域转私域、会员运营。

宝岛眼镜宣布私域流量运营后，同步启动了组织变革。宝岛眼镜的主体架构切分为两大块。一块还是做原来的线下门店零售；另一块负责会员运营，由MCN（网红孵化中心）和MOC（会员运营中心）两大部门组成，分别负责公域流量运营和私域流量运营。但MCN和MOC这两大部门并不是相互独立的，它们需要共同完成一个工作——创造触点和设计场景。具体来说就是，MCN设计各种用户场景，然后MOC开发各种数字工具，以数字化方式实现这些场景，从而构成商业闭环。无论是MCN还是MOC，它们面向的都是宝岛眼镜全部7000多名员工，通过服务好员工，让员工服务好用户。当然，宝岛眼镜的组织变革不只是发生在总部层面，全国七大区也各自设立了MCN和MOC团队，对接总部的同时，给各自大区内的所有员工提供赋能。

宝岛眼镜把自己的用户划分为多个族群，包括功能科技、品质科技、完美主义、入门品质、淡定族、国际奢华、时尚浪族、白富美等。相应地，MCN确定了大众点评、视频号、小红书、知乎、抖音、豆瓣、B站、微博、微信等平台，并对它们做了精细化分类。然后是把宝岛眼镜的7000多名员工都培养成网络达人，让他们到不同流量平台开设个人账户，传递宝岛眼镜的声量，对平台上的用户进行"种草"、拉新，吸引用户加入企业微信，成为宝岛眼镜的私域流量。

总部 MOC 承担会员策划、渠道运营、互动运营、赋能运营、产品研发、数据挖掘等职能。他们策划出各种运营方案、挖掘可运营的数据结果、制作各种内容、基于企业微信平台开发各种数字工具后，会移交给大区 MOC 团队，由后者给自己大区内的导购和验光师进行赋能，使他们能够更好地与会员交互沟通，持续提供到店或到家服务。

2020 年初，受疫情影响，宝岛眼镜的线下门店陷于停滞，整个公司被迫转战线上，将私域流量运营迅速推到了最前线。经过 3 个月的"紧急上岗"，宝岛眼镜全员迅速掌握了很多私域流量运营的基本技能，并且无论是各平台的员工账号数量，还是会员数量，都增长很快。截至目前，宝岛眼镜全员已经设立了 7000 多个大众点评账号、800 多个小红书账号、200 多个知乎账号，以及约 20 个抖音账号。同时，宝岛眼镜微信公众号会员已有近 600 万，企业微信会员也达到 400 多万，会员社群超过 1000 个。至此，宝岛眼镜已经初步具备了私域流量运营的能力。

除了宝岛眼镜，在私域流量经营方面做得比较成功的企业还有完美日记。完美日记安排无数真人号每天发朋友圈，包括生活、旅游、美食等各种内容，巧妙地在动态中"种草"，这一切都有销售团队策划安排。当用户从网络上购买完美日记产品后，他们会刺激用户加微信领取红包，加微信参加一元抢 300 元福利活动，加微信领取 300 元钱节日优惠券，赠送预约活动等。完美日记玩转私域流量、精于打造爆款和 KOL 投放，这个 2016 年才成立的品牌，这几年"618"大促的销售额都超过了兰蔻、雅诗兰黛等国际大牌，登上天猫彩妆第一的宝座。当无数商家在抱怨流量稀缺、获客成本越来越贵的时候，完美日记品牌下的真人微信号，带着她们的自拍、福利和口红,在朋友圈和各种社交媒体上"种草",迅速蹿红。

目前,企业越来越重视私域运营。私域运营的核心不在于如何将流量从公域引入私域,而在于"蓄能沉淀用户价值",即聚焦用户体验,循序渐进地盘活具有强复购和裂变能力的用户终身价值。在这个过程中,企业应当围绕用户购买旅程,环环相扣,层层推进,实现可持续地沉淀用户资产,提高忠诚度及培养好感,储蓄用户终身价值。

二、社区团购:网格仓要颠覆前置仓

在生鲜市场最后一千米的渠道争夺上,过去一直是生鲜超市 mini 店与前置仓两大势力在争斗。2020 年疫情严峻期间,每日优鲜、叮咚买菜、盒马等企业成为明星,为消费者的正常生活提供了极大支持。于是,前置仓一方认为:前置仓是支撑生鲜电商的基础。而盒马一方则表示:前置仓是伪命题,盒马 mini 将成为生鲜电商的终极模式。

尽管争论还在继续,但前置仓的领头羊每日优鲜表现非常突出。自成立以来,每日优鲜至少完成了 11 轮融资,2020 年 12 月获得了 20 亿元人民币的战略投资,资方当中既有腾讯这类互联网巨头,也有青岛国信这样的国资股东。

每日优鲜的前置仓模式运转如下:公司在全国范围内建立城市分选中心和前置仓,通过大数据分析消费者的需求,选择在热门地点和人口集中的小区附近建立前置仓,形成一个半径 3 千米的圆形配送范围,这样能够在顾客下单后把产品极速送达他们手中,达到"2 小时送货上门"的目标。公司通过专门的买手团队,在全球产地直接采购精选产品后,通过冷链运输到各大城市分选中心,进行二次筛选,并对产品进行制作加工等操作。分选中心加工的商品有 3000 个 SKU,除了冷藏、冷冻、常温区外,还增加了咖啡、鲜活等功能区，可以为消费者提供现磨咖啡、活鱼活虾等产品。在产品运送到仓库后，经过当前城市分选中心的生产加工，运用每日优鲜自身的 AI 补货系统监测每个前置仓的配送情况，同时对各个产品的需求量进行预测，及时通过大仓向前置仓补货。用户下单后，距离最近的前置仓会对下单产品进行挑选和打包，每日优鲜的骑手一拿到相关的订单信息，即通过极速达的方式将产品配送到消费者手中。

另一家前置仓代表朴朴超市也在 2020 年成为市场黑马，脱颖而出。这家于 2016 年 6 月成立的电商平台，采用"纯线上 + 前置仓"的商业模式，主打生鲜产品的 30 分钟即时配送。品类包含水果蔬菜、肉禽蛋奶、粮油调味、酒水饮料、休闲食品、个人护理、化妆品、清洁用品、日用百货等，SKU 达 5000 余个。用户通过 App 选购商品，足不出户，就可在手机上随时随地搞定日常生活所需。此外，叮咚买菜于 2020 年将前置仓从 600 多家增长到了 1100 家（截止到 2020 年 6 月份），发展也非常迅速。

一方面是前置仓在突飞猛进地发展，另一方面对前置仓和 mini 店的质疑也始终不断。有人认为，前置仓配送模式虽然很好地满足了互联网时代下现代人对于购买产品的需求，节约了时间成本，也有效地减少了生鲜冷链配送过程中各种问题的出现，例如设备损耗大、冷链成本高等，确保产品极速送达消费者手中，且前置仓投资低，对物业要求不高，可在短期内低成本快速复制，但因流量缺口以及生鲜的高损耗、低毛利问题长期无解，导致前置仓难以兼顾成本和效率，盈利困难。mini 店也是如此，尽管接近消费者，但租金、人员费用难以承受，最终可能无功而返。

2020 年下半年，形势突然发生变化。受到新冠肺炎疫情的影响，生鲜行业迎来了新一轮爆发期，出现了一种新的商业模式——社区团购，这种模式对前置仓和生鲜超市 mini 店形成了巨大冲击。2020 年 6 月起，滴滴、美团、拼多多等巨头先后入局社区团购，截至目前，新三家已经进入全国近千座城市。而且，在充分渗透下沉市场之后，社区团购正在进入北京、上海、广州等一线城市。

社区团购是一种基于微信群、小程序或平台 App 等流量渠道，围绕社区生活场景开展生鲜/日用品零售的商业模式。平台利用团长的社区熟人资源进行获客和服务，并采取"线上预订+门店自提"的销售模式，实现生鲜等品类的线上预售和集中配送，如图 6-1 所示。

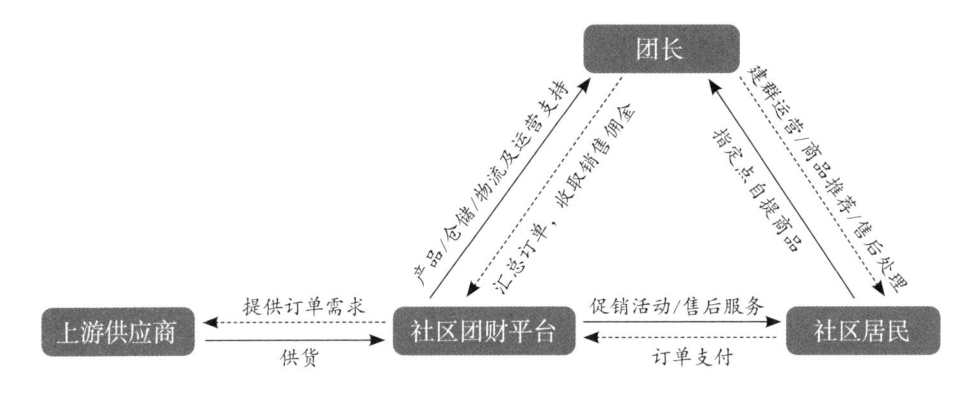

图6-1 社区团购的运营模式

实际上，生鲜社区团购模式早在 2015 年便已出现，随着移动支付、微商渠道的发展，彼时拼多多（拼团）和农特微商（"互联网+农业"创业孵化平台）已具备社区团购零售特征。此后随着社区团购平台增加，资金的加码和"百团大战"的疯狂促销，社区团购越战越火，但大量的烧钱、供应链体系的脆弱也使得行业在 2019 年逐渐步入"洗牌期"。2020 年在疫情催化下，社区团购再获市场关注，其盈利的可能性逐步被市场挖掘，并引得互联网巨头纷纷布局分羹。

随着社区团购的发展，网格仓模式逐渐成型。社区团购的主流平台纷纷采用"供应商—共享仓—中心仓—网格仓—团长"四级仓配模式。其中，供应商负责中心仓之前阶段，社区团长/商店负责之后的阶段。具体来说就是，供应商将货品放入平台的共享仓，平台根据货物预订情况，分别分配到中心仓、网格仓，而后，由网格仓负责将消费者提前预订的产品分发到门店，最终交到用户手上。除个别社区团购平台依靠补贴、打价格战外，多数社区团购的玩法，主要依靠的是流程的改善，降低成本：用户提前预约拼团，供应商交货，平台分发，团长接受货物、对接消费者。在这个模式中，供应商简单的 SKU 设置，减少了库存和囤货的风险；因提前预约，平台共享仓和中心仓快速的库存周转率，减少了库存成本；分散的网格仓覆盖多家门店，可以共同分担成本。显然，这一模式与每日优鲜的前置仓模式和盒马 mini 店的前置店仓模式截然不同。

社区团购"线上预售+次日自提"的商业模式，给生鲜电商企业提供了盈利的可能性。

（1）从上游采购来看，社区团购采取预售模式以销定产，同时现金流理论上较传统零售更为充沛，以较短的结算周期向上游压低采购成本。

（2）从库存及损耗来看，预售模式下利于降低库存压力，在居民提货自主性强的情况下，能够有效提升库存周转以及降低损耗成本。

（3）从交付成本来看，不同于配送到家模式，消费者自提显著降低了终端的交付成本。

所以，社区团购相较前置仓等生鲜到家模式而言，订单式采购利于降低库存损耗，"集中配送+门店自提"利于降低交付成本，从而助力实现盈利突围。

于是，一时之间，各路人马纷纷加入社区团购混战（见表6-1）。而与此同时，也出现了一些不正当竞争现象，扰乱了正常的市场秩序，无论是对菜市场、实体零售门店还是经销商都造成强烈打击，引起各大市场监管部门的密切关注。2020年底，为了严格规范社区团购的经营行为，市场监管总局联合商务部出台了"九不得"新规。法规颁布以后，各家平台迅速做出了反应，虽然 0.01 元价格的产品变少了，大多变成了 1 元左右，但还是低于市场价格，由原本的现金补贴转变成了红包、卡券等方式进行价格战。

表6-1 主要社区团购平台对比

	美团优选	兴盛优选	多多买菜	橙心优选
产品形式	美团App+微信小程序	App+微信小程序	App+微信小程序	App+微信小程序
上线时间	2020年9月	2017年3月	2020年8月	2020年6月
覆盖省份	28个	15个	10个	20个
配仓模式	中心仓—网格仓—团长	中心仓—网格仓—团长	中心仓—网格仓—团长	中心仓—网格仓—团长
2021年GMV目标	2000亿元	800亿元	1500亿元	800亿元

数据来源：根据各社区团购平台公众号以及 App 自行整理（数据截止到 2020 年 12 月）。

社区团购的猛烈冲击，给线下传统超市带来了很大的运营压力，一些企业也纷纷试水社区团购。沃尔玛于 2020 年底在全国开展社区团购业务，将内部员工变成了团长，同时继续对外招募，招募对象包括宝妈、上班族以及社区门店的店主。截止到 2020 年 12 月底，沃尔玛成功发展出 10000 多名团长。2020 年底，京东以 7 亿美元独家投资兴盛优选，同时将京喜正式升级为独立事业群，把社区团购业务并入其中。随后，京东社区团购业务以统一的"京喜拼拼"为名，12 月 28 日小程序上线，2021 年第一天全面上线 13 城，2021 年 3 月，京喜拼拼进入上海开城。几乎是同一时间，2021 年 3 月 9 日，申通对外表示，与盒马开始就社区团购网格仓业务进行合作，申通作为代运营方，提供网格仓资源和配送服务。

目前看来，社区团购的运营还存在很大问题，依然在不断迭代中探索，其真正的竞争才刚刚开始，未来能存活下来的社区团购品牌比较有限。但无论哪一种零售模式，要经得起时间的考验，都必须回归零售本质，打造核心供应链能力，为渠道提升效率，为消费者提供好商品、好服务，才是承载全渠道零售业务发展的基石。

三、万物皆可直播

近两年，直播带货成了一种新兴的零售渠道，成为电商行业的新增长点。电商直播是指商家通过直播的形式，给观众推荐商品，激发其潜在的购买欲望，最终实现交易的电商渠道。在直播过程中，主播如同线下销售中的导购，其个人的销售能力对商品销售效果将产生极为重要的影响。

中国电商直播的发展经历了三个阶段。

第一阶段是2016—2017年的萌芽期。那一年国内接连涌现出了300多家网络直播平台，直播用户数也快速增长。当绝大多数玩家都专注于游戏直播、娱乐直播的时候，蘑菇街第一个吃螃蟹，把直播引入了电商带货。2016年3月，蘑菇街直播购物功能上线。由此，蘑菇街逐渐成为一个"直播+内容+电商"平台。随着电商直播的概念落地，2016年被认为是电商直播的元年。在蘑菇街开通直播功能两个月后，淘宝、京东等直播功能上线。随着各大电商平台先后入局，电商直播开始越来越受到商家的重视。

第二阶段是2018—2019年的飞速发展期。此时短视频平台纷纷加入直播带货行列，MCN（Multi-Channel Network，即多频道网络）等专业化服务商出现，电商直播行业开始专业化，大量明星开始参与直播，政府机构、电视台也加入了直播带货大军，李佳琦、薇娅等主播成为家喻户晓的明星，电商直播成为全民热议话题。2019年直播电商迎来爆发式增长，根据艾媒数据显示，直播电商的市场规模在2019年为4338亿元，较上一年增长226%。

第三阶段是2020年之后的成熟期。在2020年疫情对传统行业的冲击下，电商直播凭借线上平台优势持续蓬勃发展，"直播带货"成为当年最受关注的热点词。电商直播成为许多商家转型自救、开启营销新模式的突破口，也成为推动经济复苏的重要手段。例如央视主持人朱广权和李佳琦组成的"小猪配琦"公益行为，首场直播售出价值4014万元的湖北商品。除此之外，还出现了地方官员助力电商直播的新现象，县长当"网红"主播，平台经济搭台，成为疫情期间农产品上市的新通道。显然，电商直播这一数字趋势正全面赋能营销环境的转型与升级。此时的电商直播成为风口进入爆发阶段，各类直播形式不断涌现，泥沙俱下，行业规范化政策法规相继出台实施，使得直播行业进入规范发展的成熟期。

阿里巴巴发布的截至2020年12月季度财报显示，2020年全年，淘宝直播带货GMV同比爆涨300%，达到4300亿元。直播用户平均观看时长超过30分钟，进店转化率超65%。每日数十万条直播播放，已经形成另一新零售模式。2020年以来，以淘宝为代表的电商平台，以抖音、快手为代表的短视频平台，以微信为代表的社交平台，都在力推直播电商相关的激励政策，吸引实体商家开启线上直播。电商直播可以看作是在技术变革和需求变革共同驱动下，零售商家触达消费者的一种最新的渠道和内容形式，它实现了对零售活动要素的变革。

从需求端看，直播带货改变了传统零售的人、货、场三要素。首先是人的要素，直播电商与其他电商不同之处在于主播与受众之间是带有社交属性的，消费者对主播建立了一定的信任，会对主播的分享和推荐瞬间产生购买冲动。其次是货的要素，直播能很好地展现货物的细节，又能凭借在销售成本控制方面的优势做到"价廉"，同时配合各种"限量""秒杀"等营销手法，很容易激起消费者的购买欲望。其三是场的要素。直播可以放在一些真实的环境里进行，例如在果园里边摘苹果边直播售卖，在厨房里边烧菜边直播卖菜等，这种全场景体验对过去线下的导购员推荐和线上传统电商的无场景销售是一个极大的颠覆,容易让消费者产生亲近感和好奇心,自然也就产生了购买欲望。

从供给端来看,首先,直播电商能够突破渠道的层层限制,让源头企业直接与终端客户打交道,使得流通的效率大大提高。其次,直播电商能优化电商生态,大幅降低小商户进入市场的成本。过去,商户间的竞争核心从产品与服务的比拼转移到对流量的争夺上,一方面,没有流量就没有客户,再好的产品也卖不出去,另一方面,消费者看到的是满屏的推送,却找不到好产品,购买欲望也被抑制。而直播电商让大量原先买不起流量的小商户加入了市场竞争,用好产品高性价比获客,以口碑传播社交分享带动私域流量的裂变增长。尽管直播电商的私域流量现在还不足以挑战平台公域流量的霸主地位,但"鲶鱼效应"有助于改变整个电商生态。

当前,越来越多的商家和品牌采用直播方式进行销售,电商直播成为一个重要的零售渠道。在淘宝直播平台上,直播商家以有线下连锁店的品牌为主,直播账号占比超过70%,如拥有遍布全国线下门店的红蜻蜓、九阳等。百货、商超、集合店等线下零售业态也纷纷入场,如银泰百货、红星美凯龙等。主播是电商直播中的"品牌代言人",在"人人皆主播,万物皆可播"的时代,达人早已不是直播间里唯一的主播。除了导购主播崛起,电商主播中还涌现出一批"新人类",他们是企业家、美发师、作家等各类零售行业的参与者,如大家熟知的董明珠、罗永浩等。

银泰百货是较早涉足直播带货的零售企业。银泰的电商直播发源于2019年,在2020年疫情期间大爆发,疫情期间的导购"云复工"活动,就有超过5000名导购参与,日均开播逾200场。暑期也成为新零售直播观看高峰期,据银泰不完全统计,数百万"00后"通过淘宝直播实现"云逛银泰"。以杭州武林银泰店为例,2020年近半年直播"云逛街"人数是线下客流的3倍。"618"期间,300名新人主播走进银泰百货门店,累计直播了

零售模式变革
数字经济时代零售企业生存之道

288小时，吸引50万线上客流、超700万点赞。

在银泰的直播间里，护肤美体产品最受欢迎，其成交额占银泰直播总成交额的近40%，成交量也占到银泰总量的逾15%。其他如婴童用品、女装、运动鞋等品类，也比较受欢迎。珠宝黄金虽然销量仅排第十，但高单价令其销售额占银泰直播成交额的5.5%，仅次于美体护肤产品，直播潜力较高。银泰直播用户最多的20座城市中，浙江省占7个，这与银泰在当地建立的品牌知名度紧密相关，原本是商家的顾客也更易在线上转化为商家的直播间"粉丝"。银泰于1998年在杭州成立，杭州既是其门店数最多（9家）的城市，也吸引了最多的直播用户（6.7%）。但在上海、广州、重庆、深圳、成都等未进驻银泰百货的城市，也吸引了相当一部分的直播用户。可见，直播带货能让零售企业突破实体门店的地理限制，获取新客，挖掘潜客，这是一个新的渠道增长点。

门店自播和导购直播，正在逐步成为一部分零售企业的日常化运营模式之一。它的最大价值在于通过直播这种形式，真正突破线上线下零售业的一些固有壁垒，一些商家在直播间发放体验券给线下门店引流，一些商家则在其线下渠道添加了直播间入口，进一步打通线上与线下的消费链路，实现"线上+线下"联动协同。未来，基于地理位置的本地直播，如达人探店、云逛门店、商圈活动等各种丰富的直播形式，加上更加快速便捷的同城配送和售后服务，将给零售直播注入新活力，也会给消费者带来探索本地吃喝玩乐的购物新体验。

第七章 模式变革之组织力

当今商业环境正变得越来越动荡不安、危机四伏，我们正面对着一个充满易变性（Volatility）、不确定性（Uncertainty）、复杂性（Complexity）和模糊性（Ambiguity）的VUCA时代。一方面是新技术的发展速度远远超过了社会人文的发展速度，导致人们的观念、价值观和行为方式在新技术的革命浪潮中无所适从，很多被证明行之有效的范式和秩序正在被颠覆；另一方面是频频发生的"黑天鹅"事件导致过去的经营管理模式越来越难以适应，促使企业进行业务变革与创新。这一切都对企业的组织变革提出了新的要求，传统的组织模式很难再适应当下的挑战，只有兼具稳定性和灵活性的组织才能适应当前的商业环境。于是，学习型、敏捷型组织脱颖而出，成为企业保持核心竞争力和高效率的制胜法宝。

第一节　什么是组织力

一、组织力：企业目标达成力

在残酷的商业竞争中，我们时不时会听到一些企业的倒闭消息，而为之唏嘘不已。哪怕是曾经赫赫有名的企业，像多年名列世界零售第一的西尔斯百货，也会在某一天轰然倒下。那么，那些在时代风云变幻中仍然屹立不倒的企业，它们究竟有什么秘诀，可以在政治、经济、社会、技术等领域不断变革的过程中，始终保持自己的核心竞争力？答案其实很简单，那就是它们具备其他企业所没有的强大组织力。

真正能够在激烈的商业竞争中取胜，走过一个又一个经济周期的企业，无不是构建了一个优秀的组织，设计了激励人心的企业使命、愿景，以及符合人性内在的价值理念，使得整个组织能够在外部环境变化的同时，提前变化或及时调整自己的应对策略，适应环境取得成长。这种能力，就叫作组织能力。

组织是指由诸多要素按照一定方式相互联系起来的系统。而组织力，则是一个系统的目标达成力。为了在复杂多变的环境中不断地达成目标，企业必须不断地调整自己的组织系统，使团队整体行动能发挥出最大效应。真正的组织力深植于组织内部而非个人，它是一个企业的整体能力，而不是个体或者局部的战斗力，这个整体能力表现出来就是如何为顾客创造价值的服务能力，它具有一定的不可复制性和可持续性，当它在某一方面明显超越对手，就形成了企业的核心竞争力。所以，组织力具有核心竞争力的四个属性：Valuable（有价值的）、Rare（稀缺的）、Inimitable（复制成本高的）、Non-substitutable（难以取代的）。

由于组织力是一个系统的整体能力，而不是个体能力，因而也有人把它看作是一个平台能力。这种平台可以将所有资源要素整合起来，达到个体能力叠加所不能达到的"1+1>2"的效果。这个平台的形状可能是金字塔形状，平台的组织力更多地取决于金字塔底层的那块奠基石，如果把最底下的那块奠基石抽掉了，那么这个平台就垮掉了。就如腾讯，其所有的业务都是建立在社交基础之上的，如果社交不行了，它的游戏业务就很难维持，其他产品也很难存在下去。

而有些平台的形状类似一个环形，像一个螺旋一样，相互依靠、相互推动，互为闭环、互为备份。阿里巴巴、亚马逊、华为都是典型的环形平台。阿里巴巴只要它的交易市场足够强大，它的支付、金融就会很强大；支付、金融强大，就会推动物流更加强大；物流强大之后，又会进一步推动交易变得更强大。环形平台是一个不断正反馈的闭环，任何一个板块的发展，都会促进其他几个板块的发展。

企业的组织力是根据企业自身业务发展的特定阶段而相应调整的。随着经营环境的变化，企业组织结构也必须进行相应的变革与调整，面向未来的组织既需要一定的稳定性，同时也需要保持灵活，从而抓住创新的机会。当一个企业的业务出现爆发式增长，此时企业需要将组织建设放在重要位置。而组织力不能相应提升，则会导致企业经营潜在风险的积蓄，一旦这些风险累积到一定程度，对企业来说可能就是致命的。一个成功的业务可以让企业实现一时的成功，但持续的成功需要组织能力的沉淀。尤其是在数字化时代，每一个企业都将面临着数字化转型，而这一转型的最基本保障是企业组织力的创新和提升。

创立于 1999 年的阿里巴巴集团，在短短 20 多年里，完成了 3 次不可思议的组织进化。第一次组织进化，从销售驱动到运营驱动转变，阿里巴巴在 B2B 的基础上推出淘宝、天猫。时值 ebay 进军中国，为了防止 ebay 向 B2B 转型和自己竞争，阿里巴巴决定先下手为强，于是便有了淘宝以及天猫的诞生。第二次组织进化，是伴随着支付宝和菜鸟的诞生，阿里巴巴开始从运营驱动到产品技术驱动转变。2003 年，淘宝刚刚上线，但淘宝的早期交易方式不过是两种：在同一个城市见面或者远程转账，而远程交易双方都缺乏信任。为了解决这一信任问题，阿里巴巴勇敢地推出第三方支付平台——支付宝。第三次组织进化，从产品技术驱动到使命驱动转变。从最初的淘宝，逐步扩展到天猫、速卖通，并通过收购 Lazada 等一系列的海外收购，阿里巴巴在国内和国外的电子商务领域占据了很大的市场份额，形成了全球一张网，构建了自己的电商生态。

除了电商，阿里巴巴以支付宝为依托，把蚂蚁金服独立出来，在国内线下线上支付市场独占鳌头，并在国外市场、国际支付等领域也攻城掠地。在物流领域，阿里巴巴虽然没有建立自己的物流网络，但是通过菜鸟网络，国内投资"四通一达"，牢牢地掌握着国内快递网络，依靠自身科技优势，实现了国内 24 小时全覆盖；国际上则战略投资递四方、新加坡邮政，努力朝着全球 72 小时的目标迈进。经过几十年的苦心经营，阿里巴巴已经成功编织成了商流、资金流、物流上的全生态体系。

商业史上有无数家公司死于没有及时开启第二曲线，有的即使开辟了第二曲线却不能进行相应的组织进化。而阿里巴巴是一个传奇，它可以不断地从一个组织形态切换到下一个组织形态，人们甚至无法想象 10 年后像阿里巴巴这样的企业到底会是什么样子。这就是企业拥有强大的组织力所带来的竞争优势。

二、组织韧性：危机中成长的能力

2020年伊始，人类就遭遇了一个"多事之春"，而另一方面，数字技术正在突飞猛进，信息网络连通万物，颠覆式创新此起彼伏，新场景、新物种、新生态不断重塑商业版图……一幕幕"黑天鹅"事件，把我们带入变幻莫测的VUCA时代。在万物互联的一体化世界中，任何一次突发的"黑天鹅"事件都可能产生蝴蝶效应，给企业带来灭顶之灾。因此，组织力的一大表现就在于其是否具有韧性。

韧性的概念源自物理学，自卡尔？维克（1993）关于美国蒙大拿州曼恩峡谷火灾的著名研究以来，组织韧性逐渐受到管理学者的关注。学者们从前提条件、能力、过程、后果等角度刻画、描述和界定组织韧性的内涵，并提出不同的要素、路径和测量模型。有人将组织韧性视为动态地重建战略和业务模式以应对不可避免之变化的能力，有人将组织韧性看作是组织从威胁和干扰中得以恢复的能力，有人将组织韧性定义为组织在危急时刻仍然能够保持生存和发展的潜在能力。国内一些学者将组织韧性与东方文化中"水"的意象相契合，水的灵活变通、刚柔并济、以柔克刚等特性正是组织韧性的绝妙刻画。

总之，多数人把组织韧性视作抵御危机的一种组织能力。组织韧性被定义为企业在危机中重构组织资源、流程和关系，从危机中快速复原，并利用危机实现逆势增长的能力。"韧性"是与"脆性"相对而言的。当一个企业拥有的组织韧性越强，越有助于企业快速从危机中复原并获得持续增长。反之，一个企业的组织能力越脆弱，就会导致其在危机中越陷越深，最终被危机吞噬。

2000年，诺基亚和爱立信在面对共同的无线电射频芯片生产供应商飞利浦新墨西哥州阿尔伯克基工厂大火时的反应就是一个典型案例。大火发生之后，两家移动手机巨头丧失了供应链的一个关键环节。诺基亚的反应是迅速组织由高管领导的突击小组向飞利浦施压，要求其把其他工厂的产能全部投入诺基亚所需的芯片制造，同时诺基亚的工程师迅速对无线电射频芯片进行了重新设计，使得其他供应商也能生产该芯片。此举非常见效，诺基亚的供应链迅速恢复，当年的市场份额从27%提升到30%。而爱立信在大火发生几周之后才意识到供应链的问题，而且由于发生大火的飞利浦工厂是爱立信唯一的无线电射频芯片供应商，爱立信无法及时获得关键的手机芯片，导致爱立信当年的市场份额从17%跌到了9%，2001年则直接宣布外包手机生产业务。从这个案例中可以看出两家企业面对同一事件时所呈现出来的响应能力，导致结果天壤之别的因素不在于个体，而在于组织的环境敏感度、变革能力、学习能力和重构资源的能力。

关于企业如何进行有效的风险管理，我们可以参考史蒂夫·奥斯尔顿等研究者构建的组织运营风险韧性模型。此模型将以韧性为核心的组织风险管理分解为四个要素：基于风险识别评估的风险认知能力；应对风险发生的准备工作（检查、预防、规划、实施、训练）；风险发生之后的应对恢复；组织学习和调整变化。概括来说，企业在面对突发危机事件时，组织韧性主要由两个方面来决定：准备度和适应力。我们可以从这两个方面来评估组织韧性水平，也可以从这两个维度发力来塑造企业的组织韧性。

准备度是指组织在建设管理风险系统路径方面的表现水平，它可以分为主动和被动两类。采取被动方式的组织，对于危机事件的反应是分配资源和即兴发挥。采取主动方式的组织，其重心在于提前制订危机管理计划，旨在尽可能多地为灾害事件做好组织准备。

未雨绸缪，防患于未然。具体的危机和灾难，抑或机会与利好，我们通常无法准确地预测预知。但提前谋划和准备,则至少会在某种程度上让我们在预判和应对实际事件时更加机敏与从容。

首先,要具备对突发性事件的监控、捕捉以及相对强于竞争对手的预判能力。任何与既往常态或常识不同的趋势和变化,都可能昭示着千载难逢的机遇抑或万劫不复的灾难,当然也可能是不痛不痒的一时环境噪声。如何正确地理解和把握这些外在的变化,并预判其未来的走势,是考验企业组织韧性的关键。这一阶段主要依靠提前检查与信息的广泛收集与处理,尽量争取在逆境事件出现早期有所察觉认知,如同"春江水暖鸭先知",从而及时启动防范预案。这与动态能力中的感知力与洞察力高度相关,包括对于威胁与机会两方面的认知能力。

其次,企业要预先构建防火墙。应对危机最可靠的办法就是做好预备方案,一般可以通过事先预备各种防范预案与模拟演习等手段完成,而备用冗余资源也有帮助。微软在若干年前就声称:我们离破产永远只有18个月。这意味着微软账上趴着的上千亿美元现金,既是资源上的某种浪费,也是组织韧性的必然代价,它能够让企业在这18个月里有足够的机会调整和改进,从而保证生存与提升。

最后,组织韧性强大的企业通常具有对于外在逆境的敏感性,它们可以迅速地感知和捕捉外在的威胁,提前启动预警和应对方案,从而减少损失和伤害。这就像火灾或者地震演习一样,对于发生概率较大和危害性较大的风险,一个组织要有选择地进行模拟性应对,这样才能提高实战时的应急处置能力。

适应力是指组织在应对灾难时灵活分配资源的表现水平,可以分为刻板和灵活两类。采取刻板方式的组织,其资源配置往往缺乏柔性,没有可用的资源或政策,流程高度正式化限制了企业重新配置资源的能力。采取灵活方式的企业能够为突发灾难灵活配置资源,并且能够支撑临时资源的供应。

第七章　模式变革之组织力

当危机到来之时，企业的决策者既要基于自己的实力和预警方案去按部就班地应对，也要应用自己的决策智慧和专业能力进行临机处置和即兴发挥。组织对风险的及时反应与迅速调整，其核心是时间维度的及时性与快速性，而这两者均高度依赖第一阶段的准备程度。换言之，第一阶段的准备程度越高，第二个阶段的反应调整程度也就越高。具体而言，及时反应主要依靠防范预案的可行性，而迅速调整则主要依靠模拟演习项目的执行质量。因此，这与动态能力中的行动力与把控力高度相关，包括对于威胁与机会两方面的行动力与把控力。

企业可以具体从三个方面来应对风险。首先，规避与隔离，这是应对危机的一种选择，旨在与逆境事件本身绝缘。此类应对措施既取决于企业事前的战略定位，也取决于它在逆境中可以瞬时调整的可能性和灵活性。企业要及时地剥离与即将受到冲击的业务相关的资产，转入相对安全的业务或者地理区域，从而避开某种特定的威胁。其次，抵制与反击，就是依靠自身的实力和运作技巧去抗拒和抵御来自外部的威胁和打击。这也是相对主动的一种应对措施，希望拒敌于门外，从而保证自己的核心活动不受逆境的影响。最后，化解与吸收，即尽量地减弱危机带来的威胁和伤害，将其分化瓦解，并且在不得已的情况下尽量消化吸收，争取把危害减小到最低限度。例如，疫情发生中期，阿里巴巴采用"共享员工"模式与餐饮业企业合作重组用工布局，一举解决了"闲得慌"与"用工荒"两大难题。有时，应对措施是相对被动而又无奈的，企业需要在自己能力允许的范围内统筹考虑到底暂时牺牲哪个部门和群体，从而通过一定的损失保全整体的生存和未来的复苏。

组织韧性还表现为：一是承受挑战打击，组织反弹恢复至原有状态或功能的能力；二是超越承受打击，不但反弹恢复，而且反思改进原有状态或功能，即越挫越强的逆脆弱能力。所以有人说，不要浪费任何一次危机。对强者而言，危机中蕴藏着巨大的机会，危机过后即成长。阿里巴巴在2003年

"非典"危机期间的经历就是一个很好的案例,在这场疫情期间,阿里巴巴在业务上进行重大转型创新,从 B2B 转向 B2C,打造了淘宝网。由此可见,逆境难以避免,但也能变成学习与创新的良机。

"既稳定且灵活",这是新时代对组织结构变革的要求。在"黑天鹅"满天飞的不确定时代,组织既要能够预见危机,也要有能力度过危机。今天,企业比任何时候都需要加倍重视培养组织韧性,无论是创业企业、中小企业,还是大型企业,概莫能外。危机给企业管理者提供了一个机会思考以下问题:未来高度动荡的时代,企业应该如何修炼内功,提高自身抵御危机的能力,从而穿越危机持续增长?

三、数字化驱动组织力提升

传统零售企业之所以被称为传统,不仅是由于其经营模式采用传统的线下模式,而且其组织形式也通常采用科层制,设定相对独立的众多职能部门,把部门职能分解为不同任务或专业岗位。在内外部环境相对持续稳定的前提下,这种机制带来了效率的极大提升和成本的大幅降低。但这种组织的规模一旦扩大,容易出现机构臃肿和工作麻木现象,部门之间推诿扯皮,各自为战,效率逐渐被侵蚀。

在数字经济时代,数字技术正在不断重塑组织的业务生态与价值创造方式。尤其是在新冠肺炎疫情期间,为了赢得存活机会并摆脱经营困局,许多企业将数字化视为危机情境下的"救生圈",数字化转型所带来的效率提升、社会协同以及资源分配的优化,推进了组织在不利事件冲击下恢复和反弹的速度。

林清轩就是一个在危机下通过数字化转型成功带来效率提升的典型案例。2020 年初一到初七,受疫情影响,林清轩线下门店业绩崩塌式下浮

90%。从最初 7 天的绝望，到 2 月 1 日起的绝地反击，林清轩的逆袭成为特殊时期零售业备受瞩目的自救样本，而提前布局数字化转型的决策，在拯救这家岌岌可危的企业中发挥了关键作用。早在几年前，林清轩全体高层团队就达成"all in 数智化"的一致决策，推进"全链路数智化"建设。林清轩投入了大量资金进行数字化建设，而正是这一套数字化的系统，让林清轩得以把握先人一步的优势，完成了业绩不降反飙升的自救奇迹。2018 年，林清轩基本完成了云上破局的系统升级和运营升级，林清轩调动全员拥抱数字化，实现组织在线、沟通在线、业务在线，提升了企业的全方位协同能力。正是这种组织的数字化升级，使得林清轩在疫情中能够快速适应市场变化和线上业务调整，同时也很好地调解了线下员工的焦虑情绪，重建了企业的信心和战斗力，创造出了疫情期间比上年同期销售额大幅增长的奇迹。

今天的企业比以往任何时候都更忙于数字化。事实上，许多企业多年来都在奋力追赶技术的创新，数字化的努力一直在扩大，但疫情的到来更加速了这一步伐，它把我们的很多活动都转移到了网上。这就逼迫企业不得不重构组织架构，以实现新的价值创造模式，而不是要求员工在旧有组织模式的范围内以新的方式工作。数字时代的赢家会打破旧的组织体系，创建更高效率的团队，更顺畅地在整个企业内进行协作，并与它们的生态系统合作伙伴合作，提供它们成功所需的差异化能力。

微软也是一个数字化转型成功的例子。在过去的五年里，该公司一直致力于让自己从世界上最大的软件供应商转型为提供技术支持的解决方案（硬件、软件、服务和云计算），以帮助客户改善其运营和日常生活体验。该公司彻底改造了其传统组织架构，改变了过去专注于将产品推向大众市场的做法，转而打造面向客户解决方案的团队，这些团队肩负起集多种跨职能技能于一身的职责，以满足为特定客户需求提供量身定制服务之需。微软在疫情来袭时成为"率先对全球第一批反应者做出数字化反应的企业"，它将其整个业务转移到网上,实现了历史性的云收入增长。

企业数字化转型组织,一般分为集中式、联邦式和分散式三种形态。集中式数字化组织模式是指企业在现有组织架构基础上,成立一个数字化转型特别项目组(虚体或实体),用于探索项目局部战略的可行性或发现新的数字化机会,或者在组织内成立单独的共享创新服务团队来运作,这些团队通常被称为数字化事业部、数字化转型中心、数字化运营中心等。联邦式数字化组织模式是指由几个不同业务、职能或任务的数字化团队共同构成一个数字化转型中心,在统一的数字化战略、架构下协同工作。企业各部门可以选择构建自己的数字化团队来负责那些和其业务联系最紧密的数字化任务,目标是加速推进,实施覆盖企业整体范围的数字化转型。而那些较为功能化且难以确定具体部门归属的数字化职能,则可以集中到一个服务共享部门的集中式数字化团队中去。分散式数字化组织模式,即将数字化能力完全分散或完全融入组织中的方式。这些企业的整个业务都是数字化的,也就没有必要维持一个集中式的数字化团队,数字化自然也就是分散的。

无论哪一种数字化组织,均不再是庞大的组织机器和官僚机构,而是由一大堆灵活并有机整合起来的小团队所形成的敏捷组织。在这些敏捷的小团队之后,是支撑它们的一个结构合理的数字平台。该数字平台是企业实现数字化转型的基础,它承载着推动公司业务流程运转的技术、应用程序和数据。如果没有这样一个平台,其他任何数字化转型要素都无法充分实现其承诺的功能。

数字平台有三个相互关联却又截然不同的要素,它们协同作用,为公司运转提供动力。第一项要素是核心平台。该平台支撑着为公司关键流程提供动力的运营和交易系统(后台系统、记录系统等),是这一切的坚实基础。第二个要素是面向外部的敏捷平台,它为连接到客户和生态系统合作伙伴的网站、应用程序和其他流程提供支持。这个平台作为一个具有吸引力和敏捷性的平台，开展面向客户的实验，为客户提供个性化体验。第三个要素是数据平台，它可以在不扰乱公司运营系统的前提下，提供强力分析、构建及测试算法等能力。

企业组织上的数字化转型，必然会带来业务转型，这和传统业务转型有很多不一样的地方。数字化转型往往对原有的行业进行了新的数字化赋能，使赋能后的产业具有一定碾压优势的核心竞争力，有可能会对传统的产业产生颠覆性的影响。例如，现在传统出租车市场的司机们也必须依赖滴滴出行的服务，否则业务也不饱满；餐饮行业也需要依赖美团和饿了么等平台，否则举步维艰。所以，企业组织上的数字化转型，从根本上提升了企业的组织力。这种提升的组织力让企业很容易进入一个全新的行业，或者创新一个全新的经营模式，往往会颠覆原先的传统行业，打破原来的行业生态，再重构有利于自己的行业生态，这就是数字化转型厉害之处。当一个行业的大部分组织完成了数字化转型之后，就再也回不到传统的竞争时代，而那些还没有来得及数字化转型的企业，则会被时代毫不留情地淘汰。

第二节 打造学习型组织文化

一、组织力就是员工执行力

组织是一个社会化概念，没有组织孤立于社会环境而存在。从社会系统角度来看，组织由个人集合而成，组织的集合又形成社区社会。所以，组织的表现既依赖于内部成员的集体表现，又来自外部社区社会的关系模式。组织目标需要团队成员去达成，而团队员工的执行力，就是一个企业组织力大小的表现。彼得·德鲁克说："管理是一种实践，其本质不在于知，而在于行。"一个企业如果没有执行力，那么它就像是海市蜃楼，永远不可能增强企业的竞争力，更不可能实现企业的成功与辉煌。强有力的执行才是企业成功的关键。

那么，什么是组织的执行力呢？执行力的定义很简单，就是按质按量、不折不扣地完成工作任务。这是执行力最简单也是最精辟的解释。那么，如何提高组织的执行力呢？必须做到执行有目标、执行有规划、执行有步骤、执行有方法、执行有力度、执行有跟踪、执行有考核。下面，我们来看看胖东来是如何管理员工的。

当顾客走入胖东来商场，许多人的第一感觉就是一尘不染。每一个货柜、每一块地板、每一件商品都没有一点灰尘，即使是商场中最容易脏乱差的大时代美食城的垃圾桶，每一个都亮闪闪的，而且垃圾从未满过，不到一半就会被清走，呈现给消费者的永远是一个如同全新的垃圾桶。据说胖东来一个商场的清洁工多达500名，包干到片，员工守则里最重要的一条就是清洁。从这一点上可以看出胖东来员工强大的执行力。

在胖东来，各个岗位的职责与管理制度都是员工自己讨论制定出来，并达成一致以此管理自己。胖东来认为只有员工自己制定的规则才是合理的，才是他们心甘情愿遵循的。所以在这样的管理制度下，每一个人都能够自觉自发地做好自己的工作。在员工通道上贴着密密麻麻的"星级店员"评定绩效表，每一位员工都能实时找到自己离星级目标的差距并及时补足。在网上公示各类岗位的星级评定成绩，公开透明化评选活动。将"星级"融入员工人生规范总表，不同岗位不同评定方式，但最终的目标都是成为"星级经营人员"。所以外界看到的高薪高收入，其实是用"星级"这一个标准化管理流程在控制和激励员工。

员工过道上贴的到处都是"榜样"的照片、事迹、评定成绩等，在网站上还为"榜样"们单独拍了微电影视频。所以成为"星级店员"不仅在收入上有大幅增长，而且在名誉上也能有所提升，满足了员工在物质与精神方面的双重需求。正因如此，追"星"成为每一位胖东来员工的目标与梦想。

胖东来没有秘密，所有的员工管理制度流程均可在其官网上查到。他们不怕被复制而且期望被抄袭，希望所有的创业者都能把员工放在第一位，都能用流程、制度与爱管理好自己的商业王国，从而为消费者创造更多的利益。在如此细致的工作标准之外，胖东来还为员工制定了各种生活标准，如居家、安全、心态、健康等，胖东来认为只有达到真正的生活平衡，员工才能安心在工作时间内把能动性发挥到极致，才能达到制度管人、人服从制度的最高境界，才能达到所谓"公平、自由、快乐、博爱"。

从胖东来的管理中可以发现，提高组织执行力必须在五个方面发力，即目标明确、方法可行、流程合理、激励到位、考核有效。

第一，目标明确。企业管理是为了达成目标，企业目标应该和员工目标合二为一，和谐一致。《孙子兵法》里所讲的"上下同欲者胜"，就是一种目标激励法，管理人员要激励引导员工上下心往一处想、劲往一处使，为实现特定的目标而不懈努力。目标明确要讲究指标落实，指标定得准确、能落实，是做预算、定政策、激励考核的基础，是管理中最重要的事。胖东来的目标与存在的价值是提供丰富的商品、合理的价格、温馨的环境及完善的服务，正是这样的目标驱动着每一个部门做好优秀的细节管理，打造出乐观、健康、专业的团队。

第二，方法可行。执行层的任务既然是执行，管理者就应该为其提供具体的操作方法。制定一个可行的方法需要决策、支持、反馈三个环节的有效配合。决策不能是根据领导的意愿拍脑门决定，而是要结合市场情况充分论证；支持可以是高级员工给下属的业务指导，也可以是专业的内部或外部培训，但励志培训不会带来多少业务增长，解决问题更多的是靠方法而非热情；任何一个方法总有不足之处，执行中的反馈则有助于使其进一步完善。

第三，流程合理。我们可以简单地把流程理解为，为了实现企业的目标，多个人员、多个部门、多个活动的有序组合。现在的企业是以部门为基础的，每个部门各有各的职责，也只关心自己的职责，如果缺少妥善的管理，极易出现部门利益大于公司利益的现象。为了破除部门主义，让流程得以顺利运转，不同的工作，必须有与工作相关的专业人员扮演积极的流程管控角色，为整个流程的顺利运转负起全责，并积极推广流程的重要性，凝聚团队，以争取相关部门的支持与配合，进而使工作安排得到顺利执行。

第四，激励到位。所谓激励到位，包括三层含义，即力度到位、描述到位和兑现到位。激励的力度要做到市场上有竞争力、员工中有吸引力、公司里有承受力；激励的描述要简洁易懂，最好能够形象化；兑现到位就是公司说的话一定要算数，因为公司原因造成的中途政策变化不能影响业务人员的年度奖金。

第五，考核有效。没有明确的考核制度，员工做好做坏一个样，做多做少一个样，久而久之定然会趋于松散。有句话是这么说的，"员工只会做你衡量的事情，不会做你想要的事情"。让员工看到他们努力后一定会有成果，那么他们一定会努力去做。考核有效要做到三点：一是考核要真正发挥导向作用；二是避免人为因素干扰；三是处罚措施要严格执行不能姑息。

二、员工执行力与组织文化

很多管理者发现，自己的企业已经做到了目标明确、方法可行、流程合理、激励到位、考核有效，但团队员工的执行力仍然不够强。同样的两家企业，即使一家企业在制度设计上远胜过另一家，但它的制度再完善、考核指标再准确、管理流程再合理，仍然不如另外一家企业的执行力强。

第七章 模式变革之组织力

海底捞是餐饮服务业的典范，它设计的服务项目和服务流程并不复杂，每个企业都可以模仿学习，但为什么没有企业能真正做出第二个海底捞呢？就是因为制度和流程可以模仿，而背后的组织文化无法习得。因此，要真正提升员工的执行力，必须从企业内部的组织文化上找原因，从组织的价值观、归属感、成就感去深入分析，因为再强大的制度，都比不过人心。

组织文化是指一系列指导组织员工行为的价值观念、传统习惯、理解能力和思维方式。像部落文化中拥有支配每个成员对待部落人及外来人的图腾和戒律一样，组织也拥有支配其成员的文化。在每个组织中，都存在着随时间演变的价值观、信条、仪式、神话及对周围世界的反应。当遇到问题时，组织文化会通过提供正确的途径来约束员工行为，并对问题进行概念化、定义、分析和解决。

组织文化代表了组织中不成文的、可感知的部分，通过经验丰富的雇员一批又一批地传授给年轻雇员，这些指导代替了一些书面的政策和程序。每个组织成员都涉入组织文化中，但通常不会感觉到它的存在。只有当组织试图推行一些违背组织基本文化准则和价值观的新战略或经营策略时，组织成员才会感受到文化的力量。

许多零售商创立了自己强有力的组织文化，并用它来指导员工，使其感觉到他们应当在工作中做些什么，以及应该怎样做才能与公司的战略相一致。正如每一个人都具有某些心理学家所说的"个性"。一个人的个性是由一套相对持久和稳定的特征组成的，当我们说一个人热情、富有创新精神、轻松活泼或保守时，我们正是在描述他的性格特征。一个组织也同样有自己的个性，这种个性是由文化所带来的差异。

组织文化在组织中发挥着两个关键的作用：一是整合组织成员，以使他们知道该如何相处；二是帮助组织适应外部环境。内部整合意味着组织成员发展出一种集体认同感并知道该如何相互合作以有效地工作；外部适应是指文化能帮助组织迅速地对顾客需求或竞争对手的行动做出反应。

组织文化有强文化和弱文化之分，组织文化作用的发挥有赖于该文化的强弱。文化的力量是指组织成员间关于特定价值观重要性的意见一致程度。如果对某些价值观的重要性存在普遍的一致性意见，那么该文化就是具有内聚力的且是强势的；如果很少存在一致意见，那么这种文化就是弱势的。当组织文化处于强势时，它会对组织施加强有力的影响，但并不一定总是正面的影响。

在强文化中，几乎所有的员工都能够清楚地理解组织的宗旨，这使得管理层很容易把组织的与众不同的能力传达给新员工。因此，比起那些只有弱文化的竞争对手来，能够在更短的时间里将公司文化的价值观灌输给新员工。在强文化中，即使没有一些约定俗成的规章制度，在意外情况发生时，员工也能非常清楚地知道什么行为是组织鼓励的，自我判断并采取正确的行为。当然，强文化的消极面较之弱文化更难于改变，一种强文化可能会成为组织转型的重大障碍。除非文化能促使公司对外部环境健康地适应，否则不能适应公司外部环境的强文化较之弱文化更容易对组织的成功造成伤害。

阿里巴巴是一个大家公认的具有强组织文化的企业，其价值观管理常常被人称道。阿里巴巴对员工的价值观十分重视，价值观是阿里人群体的价值取向，是阿里人的共识，是整个组织的DNA，是阿里人一直坚守的内核。阿里巴巴的"六脉神剑"，即客户第一、团队合作、拥抱变化、诚信、激情、敬业，其实就是对其价值观的一个综合阐述。当其他互联网公司把"速度"和"创新"作为企业生存基础的时候，阿里巴巴却把"六脉神剑"作为自己的天条，这或许正是阿里巴巴组织文化的独特之处。在每个季度的员工考核中，对价值观行为标准的打分都占到了总分的50%，这就意味着员工"是不是阿里人"对其在薪酬、晋升等方面起着至关重要的作用。而在大多数企业，价值观只是作为一个参考因素。

第七章 模式变革之组织力

由于价值观的"软性",评价起来势必会增加绩效考核的成本。阿里巴巴将 6 个核心价值观具体演化成 30 种行为方式,使之可操作化,从而对每一位员工起到重要的导向作用。阿里巴巴"六脉神剑"的价值观要求员工要守住"高压线",坚守"客户第一、团队合作、拥抱变化",个人要保持"激情、诚信、敬业"。后来很多公司都对这 6 条法则有所借鉴。实际上,这有点像互联网公司的普世价值观,已经生态化了。另外,阿里巴巴倡导的管理文化"透明的天、踏实的地、流动的海、氧气充足的森林"也是非常有想象力的。

阿里巴巴组织文化的成功塑造,是与其早年建立的政委制度分不开的。2005 年,阿里巴巴开始实行政委制度。当年,阿里巴巴正面临着非常重要的业务场景的挑战。当时最大盈利来源——"中供铁军"的业务发展速度远远超过了组织发展的速度,这时,出现了两个特别的情况,一是干部不够用,二是员工不快乐,离职率很高。于是阿里巴巴做出了重要选择——建立政委制度。阿里政委的灵感来源于军队政委,两者有诸多的相似之处。在作用方面,军队政委是保证党对军队的绝对领导;阿里政委是确保组织价值观、愿景、使命的落地。在功能方面,军队政委是与军事主官配合,激励士气,身先士卒,解决军队的后顾之忧;阿里政委是解决业务领导的后顾之忧,打造一个既有战斗力又有激情的团队。在工作方法方面,军队政委是采用军事推演、战场复盘等方法;而阿里政委则是采用工作推演、工作复盘等方法。

在阿里巴巴,政委主要担任个体、组织两个不同层面的工作。在个体层面上,政委的职责主要分为四个方面。第一,提供员工关怀。阿里巴巴最早期是以销售团队为主的团队,管理层都将注意力放在业务层面,对于人员的成长和关怀参差不齐,这个时候就需要政委给予员工们统一的管理和关怀。第二,进行职业生涯规划。职业规划的关键是保证员工的成长过程能够适合自己的发展。政委需要去看哪些人适合做管理，哪些人不太适合做管理，始终让他们走在能够成长的道路上。第三，保持公司信息的同步。让员工在工作过程中同步获得公司的一些信息，这是员工安全感重要的来源之一。业务领导的关注点主要是如何驱动业务，而政委则会给员工一些比较全面的信息，让员工对组织的了解更透彻一些，帮助其了解公司的整体成长和发展情况。第四，倡导价值观和坚守底线。价值观支撑业务发展，不同时期的企业价值观其实是对于业务支撑重点的改变。政委很重要的一个任务就是倡导价值观，即希望组织成员通过什么样的方式来取得业绩。

阿里巴巴的价值观管理和政委体制，正是其不断保持高增长的内在源泉。今天，零售企业应当比以往任何时候都要重视和强化现有企业文化中那些支持企业竞争战略的方面，而消除或弱化与竞争战略相矛盾的方面。大量研究表明，企业的数字化转型往往是被市场所驱动的，并受到竞争力量的支配。因此，改变企业的文化使其适应新的战略，通常比改变竞争战略使其适应现有文化要更为有效。那么，在零售企业的变革过程中，如何才能同时塑造一个强有力的组织文化呢？

1.订立基本价值准则

要想建立一个适应企业竞争战略的组织文化，首先必须告诉员工怎么做是对的，怎样的行为是不允许的。一部价值准则陈述了那些为管理者所期望的和那些不会被管理者容忍或支持的行为和价值观。美国商业伦理研究中心的一项研究表明，《财富》全球最大500家公司中的90%和其他公司中的半数都已订立了公司价值准则。准则表明了公司对员工行为的期望，阐明了公司的理念，即公司希望其员工能认识到公司鼓励的价值观与行为伦理方面。这是建立健康的强文化的基础工作。

2.建立组织架构和激励机制

设计并建立符合组织文化的组织架构，是重塑组织文化的另一个关键。

即使公司的组织架构图只是表示方式的改变，它也意味着一种被鼓励的价值观。有一些公司建立了专门的组织文化办公室或精神伦理办公室，主要负责日常的伦理问题和两难选择，并征询意见，也负责根据价值观原则培训雇员，以指导其行为。一些公司会设置专门的伦理巡视官，处在这个位置上的人有权直接与董事长和首席执行官沟通，他们主要负责倾听抱怨、调查伦理指控、指出员工所关心的问题或高级管理者可能的伦理败坏行为。另外，建立健全有效的激励机制也是不可缺少的一环。零售企业由于专业化和标准化的管理，使得许多制度在组织内盛行，这些制度很容易压抑员工的创造性和主动性。如何提高员工的士气，使其感觉自己是组织的真正一分子，组织的事业也是自己的事业，有效的激励机制将起到极大的作用。

3.基于正确价值观的领导

在文化的塑造中，领导者扮演着重要角色。领导者必须牢记他的每一个表述和行动都会对组织文化和价值观产生影响，可能他们自己并没有意识到这一点。员工通过观察领导者的一言一行来学习组织价值观、信念和目标，当领导者自己出现了非伦理性的行为或不能对别人的非伦理性行为做出果断、严厉的反应时，这个态度将会渗透到整个组织内部。如果领导者不去维护伦理行为的高标准，那么正式的伦理准则和培训计划就会毫无用处。

如果领导者一直是基于正确价值观来领导下属，尤其是在为组织价值观做出个人牺牲时，他就可以赢得员工的高度信任和尊重，利用这种尊重和信任，领导者可以激励员工追求优异的工作绩效并使他们在实现组织目标中获得成就感。这就是为什么在具有强文化的组织里总会流传着有关创始人或最高领导者的故事和传说，这些故事和传说已成为该组织文化的一部分。对员工而言，他就是一个英雄，他象征着勤奋工作和正直，他的一举一动深深地影响着那些追随他的人，正是因为有了领导者这个榜样，组织文化才得以在员工中被贯彻和发展。

企业数字化转型过程中重塑组织文化，还要注意以下三个方面。

第一，越是在危机来临的时候，企业越要重视组织文化的建设。组织文化的塑造不是平时可有可无的工作，而是必须时刻放在首位的工作，尤其是危机来临的时候越要重视。因为无论任何时候，企业面临的最大危机就是人心涣散的危机，人心散了，组织也就名存实亡。只要人心齐，企业就没有迈不过去的坎，此时，好的组织文化可以引导企业顺利走出危机。

阿里巴巴在2003年"非典"期间的经历就是一个很好的案例。当得知公司员工由于某位员工疑似感染可能被隔离时，高管层抓紧时间安排各种应急预案，包括积极与政府、医院沟通获取一线信息，保证技术人员在家办公网络通畅，调好员工家里电话接入公司系统，更改业务工作和汇报流程。在被隔离后，员工开始在家办工，而高管层在这一特殊时期更加注重强化团队建设，包括通过电话与电子邮件关心员工健康状况，给他们加油打气，并且在下班后开始团队娱乐，与大家在网上一起聊天、玩游戏。在经历隔离以后，大家都明显感觉同事之间的感情不一样了，整个团队的凝聚力和抗压力变得更强。

第二，文化不是纸上谈兵，不是空谈口号，而是要落到实实在在的工作生活中。要让员工真正感受到组织的关怀和爱，从而产生归宿感。胖东来在企业文化营造方面是高手中的高手。它把企业文化、企业目标、个人工作目标、个人生活目标都用一个"爱"字串联在一起。"公平、自由、快乐、博爱"八个字是胖东来企业文化的精髓，"爱在胖东来"这个口号在商场里随处可见，它体现了企业对员工有爱，也体现了员工对顾客有爱。胖东来关心员工从不纸上谈兵，在寸土寸金的时代广场，六楼变成了员工俱乐部，电影院、健身房、KTV、茶水间、休息室应有尽有。虽然胖东来鼓励大家劳逸结合，随时开放员工俱乐部供大家放松，但由于严格的星级评定制度与积极的工作氛围促使员工在工作时间都坚守岗位，所以并不用担心员工过度使用俱乐部，而这样的"娱乐天堂"给员工带来的归属感也能产生强大的自我驱动力。此外，周二闭店休息、节假日关店休息、每年 30 天假期、不允许员工加班等人性化的管理方式，让员工能够时时找到"幸福"的味道，产生的生产力要远远高于那些终年无休的商场。

第三，组织文化的建设必须打破传统金字塔结构，在组织内部形成一种平等的氛围，形成一种全员服务的意识。世界上许多成功的企业，都是依靠以顾客为导向的企业文化在推动服务水准不断提高。然而，在许多企业中，顾客服务变成仅仅是销售部门、市场部门和客户服务部门员工的工作，因为他们与顾客直接接触且处在对顾客具有重要影响力的位置上，所以也被称为"关键部门"，其他部门员工则认为自己只与同事、管理人员及部门领导打交道，不会触及顾客，因而不会影响顾客服务质量，而许多企业领导者也只将注意力放在这些关键部门上。

很多人一定经历过这种场面：等着付账的顾客大排长龙，而收银员却摆不平面前那架复杂的收银机。你不要责怪那位收银员，他显然没有经过适当的训练；你也不能责怪商店服务员的恶劣态度，因为营业额多少与他毫不相干；你也不能责怪接线员在你的电话响了十声之后才拿起，因为他一个人还要兼顾其他的事务——这些问题全出在管理上。其实，企业的领导人应该明白：要想让一线员工为顾客提供优质的服务，首先企业内部各级领导及相关部门就要像对待顾客一样为自己的一线员工提供优质服务。

一些零售商已经发现，如果向员工授权，顾客服务将得到改进。在员工被授权的情况下，他们会更加积极主动，做他们认为必要而且是有道理的事情，以使顾客感到满意，即使这意味着偏离公司的某些规则。员工在现场有较大的决策权，这使他们可以和个别顾客自由交谈，充当顾问和解决问题的人。只有员工拥有更大的权力，他才真正拥有归属感，把工作当成自己的事情去认真执行，这样的企业会拥有更高的员工执行力。

三、学习型组织塑造

哈佛大学的弗雷斯特教授于 1965 年在《组织的新设计》中首次提出了"学习型组织"的概念，对其概念进行明确界定，并指出了学习型组织的基本特征。尔后，美国麻省理工学院教授彼得·圣吉对学习型组织管理理论进行了更加系统全面的阐述。彼得·圣吉在其著作《第五项修炼》中提出的第一个问题便是：为什么在许多团体中，每个成员的智商都在 120 以上，而整体智商却只有 62 ？他的答案是："这是因为，组织的智障妨碍了组织的学习和成长，使组织被一种看不见的巨大力量侵蚀，甚至吞没了。因此，未来最成功的企业将会是'学习型组织'，对组织而言，唯一持久的优势，是有能力比你的竞争对手学习得更快。"

学习型组织就是组织中的每个人都在追求成长，都希望通过个人思维和技能等方面的不断学习、不断进步，从而能不断发挥个人的最大潜能，激发出团队协作能力、创新能力。学习型组织因为团队个人的能力提升，再加上团队成员之间产生的互补和协同效果，使得组织整体能力提升，共同推动组织的发展，实现个人与组织的双赢，共同实现发展愿景。

彼得·圣吉指出，破除"组织智障"的出路，便是建立学习型组织，这就必须要进行五个方面的修炼。

第一项修炼：自我超越。这是鼓励人们努力发展自我，超越自我，实现心灵深处的热望。"自我超越"修炼首先要做的是建立个人愿景，而建立个人愿景则必须先弄清"到底什么对我们最重要"，其次要学习"更清楚地看清目前的真实情况是什么"。愿景已经建立，余下的就是如何努力去实现这个愿景。愿景和现状的差距可能是一种力量，将你朝着愿景推动，也就是"创造性张力"。所以，这项修炼牵涉到两个活动：不断看清世界以及通过想象力让事物充满"创造性张力"。只有每个人不断追求卓越,才能带来组织的卓越;只有每个人超越经验,寻找新的可能性,才能实现组织更大的可能性。

第二项修炼:改善心智模式。心智模式是指我们生成理论和使用理论的路径,是我们行动的心智"基础设施"。彼得·圣吉认为:"心智模式是深植于我们心灵的各种图像、假设和故事。就好像一块玻璃微妙地扭曲了我们的视野一样,心智模式也决定了我们对世界的看法。这项修炼的核心任务,就是要帮助我们看见挡在眼前的玻璃,创造出适合我们的新心智模式。"心智模式是客观存在的,有些人是成长型思维,总有一种积极乐观的心态,而另外一些人则是停滞性的思维模式,常常表现得消极悲观。改善心智模式的修炼主要应做到对自己心智模式的反思和对他人心智模式的探询,要求企业的领导者和员工要用新的眼光看世界,唯有如此,才能不断改善我们的心智模式,防止心智僵化。

第三项修炼:建立共同愿景。这一项修炼的目的是建立企业命运共同体,包括企业愿景、价值观、目标和使命等。组织的共同愿景不是静态的,而是动态的,可能需要若干年的时间,经过组织成员之间的不断对话和协商,最终才能形成共同愿景。组织愿景更不是来自领导者的愿景,领导者可以通过在组织中的权力将个人愿景写成组织愿景,但每个人可能会因为对组织愿景缺乏认同,导致组织愿景无法落实,最终失败。彼得·圣吉强调了共同创造的重要性,领导者应该培养组织成员去主动、真诚地奉献和投入,而非被动地遵从。要使员工能奉献于共同愿景,必须使愿景深植于每一个员工的心中,必须和每个人信守的价值观相一致。否则,就不可能激发这种热情。

第四项修炼:开展团队学习。团队学习有两种方式,一是深度会谈,二是讨论。前者是团队所有成员提出心中的假设,一起思考,以有创造性的方式察觉集体的智慧；后者则是缩小范围，找到共识和问题的解决方案。彼得·圣吉认为，形成"整体配合"是开展团队学习与创新的精髓。也就是说，开展团队学习后，由于团队成员理解彼此的感觉和想法，因此能凭借完善的协调和一体的感觉，发挥出综合效率。

第五项修炼：系统思考。这是建立学习型组织最重要的一项修炼。系统思考是指将自我的心灵和外在的世界看成一个整体，将外在世界中的各个要素看成是一个系统。彼得·圣吉认为，公司运营和人类的其他活动一样，是一个系列性的复杂系统，受到细微且息息相关的行动所牵连，因此必须进行系统思考和修炼。系统思考是一种"见树又见林的艺术"，考虑问题既要看到局部又要看到整体，既要看到当前又要看到长远。

上述五个方面不是一个组织天生具有的，而是需要修炼的。在彼得·圣吉看来，所谓修炼是指"需要研究和熟练掌握，并在实践中加以应用的理论与技巧"，修炼意味着任何人都可以通过练习达到熟练和精通。同时，修炼意味着过程是永无止境的，我们需要终身学习，可能需要花一辈子的时间才能掌握和精通。随着自动化技术的发展，人工智能和全新工作模式改变了商业世界的图景，终身学习已成为大势所趋。

学习型组织的塑造，实际上是一种全新的企业文化的塑造，它一改过去那种以"管理、组织和控制"为信条的管理思想，取而代之的是以"愿景、价值观和心智模式"为理念的新思想。它打破了传统管理中的中心权威模式，强调管理者是研究者和设计者，而不是控制者和监督者，管理者和被管理者的关系是互相促进和共同提升。这种组织文化的建立，目的在于创造出一种具有共同的崇高理想和美好愿景，并为之奋斗的组织群体，同时创造出开放、平等、和睦、奉献的健康的组织环境，合理完美的心智模式以及洞察一切变化和反应灵敏的组织机制。

数字化零售模式的转型，催促着零售组织不断努力，以便让其员工具备跟上时代所需的各项技能。"学习与发展"作为企业应对长期挑战和短期危机的重要途径而倍受重视。正如《精益创业》一书的作者埃里克·莱斯所言：未来制胜的唯一方法，就是比其他人学得更快。无论是对组织还是个人而言，这句话在今天尤为适用。

第三节　剧变环境下的敏捷型组织

一、数字化时代组织转型方向

商业世界正在变得越来越数字化，它以一种网的形式，使连接无处不在。数字化时代一个非常突出的特点是整个市场交易的成本大幅降低，原有的管理成本，特别是科层制的成本会大幅上升。组织如果不进行重构，就会受到市场交易成本的挤压。另外，数字化时代，整个环境的变化速度会进一步加快，信息迅速地传递和传达，使整个社会环境、组织商业环境都会更加动荡。在这个时代里，科层制这样的组织范式，最大的问题在于应变能力不足会陷入创新者的窘境。

由于整个世界的变化越来越快，曾经的历史经验并不能为今天的管理提供相应的借鉴与参考，几乎每个事件的影响都会牵连到各个方面，越来越多的概念已经无法清晰地定义或划定行业边界。时代变了，数字化的连接方式要求我们更加灵活，要求我们围绕用户为中心，要求大家以数字化作为一种行动的方向，组织转型其实是一种必然的趋势。因此，数字化时代的组织转型，最大的意义在于整个组织范式的变革，它不是在原有的组织范式基础之上小修小补，而是需要根本性的颠覆和重构。这决定了企业必须变得更轻、更快、更强，必须用一种数字化的方式去融入商业世界的数字化大网里面。于是，敏捷型组织应运而生。

敏捷型组织，顾名思义，就是指能对环境变化做出快速反应的组织。敏捷型组织与传统组织不同，传统组织主要是为追求稳定而设计的，它包含一个静态的层级结构，就像一台精密的机器，它的每一个零部件都按照出厂设置按部就班地工作着。它强调的是指挥与控制，相对而言比较僵化，目标和决策权自上而下流动，最顶层的治理机构处于统治地位。这些组织通过线性规划和控制来为股东创造价值，虽然这样的结构看起来很坚固，但它通常非常刚性，移动速度也异常缓慢。

相比之下，敏捷型组织好比一个球队，上场前有布阵策略，但上场后每一位球员都会对球场上任何的变化和情况及时地做出反应，完成配合，它是复合的有机体，更具有生命力。敏捷型组织的设计兼顾了稳定性也考虑了活力，可以快速有效地重新配置战略、结构、流程、人员和技术，从而创造价值和争取商业机会。在易变、不确定、复杂和模糊的环境下，敏捷型组织为稳定性增加了速度和适应性，成为竞争优势的关键来源。

为了更好地区分传统组织和敏捷型组织的不同，我们可以从以下四个维度来对其进行对比，如表 7-1 所示。

表7-1 传统组织与敏捷型组织的对比

组织类型 区分维度	传统组织	敏捷型组织
组织设计	内向型	外向型
组织结构	金字塔	扁平化
决策模式	层级决策	团队授权
业务流程	固化流程	创新突破

由上可知，在传统科层制组织下，企业的组织职能以专业作为分工的基础，层级则以能力作为划分的基础，决策权限按照层级和专业划分，最了解终端客户诉求的人，拥有最小的权利，也是能力最弱的层级。在传统组织里，最前线的"士兵"没有决策权，虽然他们掌握最多的数据，但不能灵活、机动地响应客户诉求。管理决策和方案都需要层层汇报、层层审批，每一次信息传递都会带来信息衰减，都会有数据丢失，上层掌握最少的数据量，却做最重要的决策。如果上下信息和数据流通不畅，问题会更加严重，企业的决策风险就会非常高。而我们所说的组织要以客户为中心，这本应是所有企业组织倡导并努力践行的，但在传统组织里根本无法实现。

因此，在这个充满着不确定性的VUCA时代，企业进行敏捷组织转型已是必然趋势。当企业面临着日益激烈的外部竞争环境，而内部又缺乏活力时，就要去反思是否有一种组织形式，能够使企业集中力量更快、更灵活地去应对外部环境变化，让员工身处其中更有激情、更有主动性，这正是敏捷型组织所能达成的。一般情况下，业务环境越不确定的企业，向敏捷型组织的转型就越迫切。

敏捷型组织具备以下三个特点：快速的响应力、强大的执行力、持续的创新力。

第一，快速的响应力。敏捷型组织是要求打通端到端的"超级链接"。遇到突发事件，能将问题快速反馈到决策层，决策层可快速传达到执行人员。这里的决策层并非指顶层，而是可决策此类问题的组织或个人，甚至执行者本人。如果事事都需顶层审批，这家企业的决策效率就会低下，不符合敏捷型组织的特质。快速决策的前提是高度授权，敏捷型组织授权程度较高，并能够根据结果快速调整策略，这正是近年来企业努力开展流程优化、权限下放的动力。

第二，强大的执行力。敏捷型组织一般都是去中心化组织，采取小团队作战，让员工成为自己的"老板"，自己管理自己，充分激发员工的潜力，由此而形成强大的执行力。现代商战更强调小团队作战，聚焦解决问题与处理现场突发事件等。敏捷型组织可以构建为全功能的团队，拥有经营管理决策权，能够像一个创业型团队一样具备高速的响应力和执行力。

第三，持续的创新力。创新来源于满足客户的需求，提升顾客价值。敏捷型组织能够尽可能地让组织的各个部门端口与客户发生交互，建立起与客户价值的关联。为客户提供价值活动，不仅仅是业务部门的事情，也是所有团队成员的事情。敏捷型组织让大家一起围绕客户为中心，成为并行共生的事业合作伙伴，让每一个经营和管理动作，都尽可能有明确的客户价值关联逻辑。而始终坚持的客户理念则为技术创新、理念创新提供了源源不断的动力支撑。

敏捷型组织在中国零售行业正在被许多企业尝试与创新着，无论是在流程优化与组织变革层面，还是在以客户为导向的理念贯彻上，都沉淀下来一些值得借鉴的经验和启发。尽管零售企业的许多业务本质没有改变，尤其是线下连锁企业的标准化经营依然是主流，从传统组织向敏捷型组织转变还需要经过一段很长的历程。但以未来的发展眼光看，标准化与创造性工作此消彼长的趋势将会加快，打造敏捷型组织，让员工更有激情、团队更有凝聚力，这是数字化时代零售企业转型的必由之路。

二、敏捷型组织的实践案例

关于组织变革的实践，近些年有不少零售企业都在进行探索，虽然这种探索还称不上真正意义上的打造敏捷型组织，但在激励员工、提升运营效率上均有明显的成效。我在这里第一个要介绍的案例是永辉超市前些年一直在推行的合伙人制度，目前这种合伙人制度在国内零售业十分盛行，永辉可以说是这一项组织创新的开拓者，也可以称得上是第一代敏捷型组织的样本。

一直以来，传统超市面临的一个难题是：一线员工干着最脏、最累的活儿，却拿着低微的薪水，整个行业员工的流动性非常高。由于一线员工收入较低，他们根本没有什么工作热情，顾客很难从他们的脸上看到笑容，这对于网络冲击下的实体零售企业来说，无疑是一个致命的问题。如果一线员工处于一种'当一天和尚撞一天钟'的状态，他们在码放果蔬时就会出现随手一扔的现象，而受过撞击的果蔬通常几个小时就会变黑，这样就很难引起消费者的购买欲望。生鲜商品损耗太大，会对整个超市的盈利造成影响。

问题在于，直接提升一线员工的收入也是不现实的。像永辉这种全国性连锁超市，有数万名员工，如果每人每月增加100元的收入，永辉一年就要多付出7000多万元的薪水，大概是净利润的10%。这对于薄利多销的超市行业是无法承受的，且激励效果不会持久，员工可能很快会对增加的薪水习以为常，工作状态虽然短期内会有所改善，但很快会故态复萌。为了既能激发员工的最佳状态又有利于企业的发展，永辉超市决定试行合伙人制度。

永辉采用的是其独创的一种合伙人制度：员工不承担企业风险，但承担经营责任；根据创造的价值进行多次利益分配；灵活的退出、晋级制度；通常与法律风险无关；关注团队与个人的价值贡献。永辉在不同品类、柜台、部门达到基础设定的毛利额或利润额后，由企业和员工进行收益分成。其中，对于一些店铺（主要是精品店），甚至无基础消费额的要求。这样一来，员工会发现自己的收入和品类或部门、科目、柜台等的收入是挂钩的，只有提供更出色的服务，才能得到更多的回报，这样便可以实现双赢。

另外，由于不少员工组和企业的协定是利润或毛利分成，因此，员工还会尽量避免不必要的成本浪费。以果蔬为例，员工至少在码放时就会轻拿轻放，并注意保鲜程序，这样一来节省的成本变成了"节流"。在国内整个果蔬部门损耗率超过30%的情况下，永辉超市却只有4%~5%的损耗率。

在合伙制下，永辉的放权还不止这些，对于部门、柜台、品类等的人员招聘、解雇都是由员工组的所有成员决定的，团队可以多招聘员工，但是所有的收益大家是共同分享的。这就避免了有人无事可干、有人忙个不停的情况。最终，这一切都将永辉的一线员工绑在了一起，大家是一个共同的团体，而不是一个个单独的个体，极大地降低了企业的管理成本，员工的流失率也有了显著的降低。

最开始，永辉的合伙人制度只在某些生鲜品类的销售岗位试行，因为销售岗位的业绩比较容易量化。在随后的2014年，永辉超市在全公司进行推广，合伙人制度基本上普及到了所有的基层岗位。对于买手团队，永辉实行的就不仅仅是合伙人制度了，它将合伙人制度提高到了一个新的台阶，通过合伙人制，向买手们发放股权激励，借此将他们稳固在企业，这也可以理解为是一种"高级的合伙制"。

除了与企业的内部员工建立中、高级的合伙制外，事实上，永辉超市更是和当地的生产农户建立了一种类似合伙人制度的合作。这样，在多年的合作后，永辉得到了一批忠实的合作伙伴，并成为永辉超市在果蔬方面的核心竞争力。

如果说永辉超市的合伙人制度是第一代敏捷型组织，在企业内部进行制度设计而达到了最大限度激发员工积极性的目的，那么，下面要介绍的第二个案例则可以视为第二代敏捷型组织，它真正实现了企业内部组织与外部市场的完美对接，这就是韩都衣舍的小组制。

创立于2006年的韩都衣舍，作为第一代淘品牌，它已经成为中国本土快时尚服装品牌的代名词。创始人赵迎光把公司制胜之道归功于其赋能型组织——小组制。韩都衣舍的每个小组一般由三人组成，一个负责产品设计开发，一个负责产品营销策略，一个负责商品采购。也就是说，这个三人小组取代了其他企业的研发部门、采购部门和营销部门，成了一种全能型的小组。

这个小组有什么权力呢？小组的权力基本相当于一个独立网店老板的权力，要开发什么款式、每个款式几种尺码、每种尺码多少件、几种颜色、库存深度、销售价格等都是自己说了算。每年"双11"的时候，不是公司所有的服装都会参加活动，也是由这个小组自己来决定。当然，拥有多大权力，就意味着承担多大风险、得到多大收获。小组获得的奖金很简单，就是按"销售额 × 毛利率 × 提成系数"这一公式计算提成，员工今天就可以知道昨天的奖金是多少。这就把员工的积极性充分调动了起来，虽然公司并不鼓励加班，每个小组的成员却自愿加班加点。这是组织赋能的第一步，充分授权，最大限度地激发个体潜力。

奖金是交给组长来分配的，如果利益分配不均，小组成员有矛盾怎么办？在一个真正独立的网店，店员是可以说不干就不干的。韩都衣舍也一样，小组成员不是固定的，是自由组合的，三方合不来可以散伙，再重新组合，或者单干。单干虽然独享利润，但事无巨细都要自己来做，压力更大，所以单干的小组不是很多。

在韩都衣舍，谁都可以自立门户，招两个人成立一个小组。这中间也许有能力卓越的，许多人愿意跟着他；也有能力一般的，下属成员跟不长久，这些人许多是公司元老，但也不会被抛弃，因为公司每年都会有源源不断涌入的新员工，这些新员工愿意跟着他们干。这也很好地解决了公司的培训问题，全是一对一的帮带培训，效果显著。新员工进到公司，如同进入不同级别的学校读书，一开始必须从小学基础知识学起，而那些能力一般的组长，也许不能教大学知识，但教一个小学生还是绰绰有余的。他们拿着小学老师的工资，心态也能保持平静，因为这是平等竞争的结果。

韩都衣舍在稻盛和夫的阿米巴模式的启发下，制定了小组制管理模式，将传统的部门职能制打散、重组，在最小的业务单元上实现了"责、权、利"的相对统一。事实证明，刚毕业的大学生在这样的机制内都获得了快速成长。全公司从最初的几个小组发展到今天的300多个产品小组，业绩最好的小组一年能够完成几千万元的销量，让韩都衣舍每年上线3万新款服装成为现实。

有学者指出，缩小经营单位是未来组织变革的一个趋势。因为在互联网时代，要快速捕捉机会、响应市场，组织就必须精简，使每个人都成为价值创造者，使每个人都能有价值地工作。任正非也一直在强调，华为要缩小作战单元，让前方听得见炮火的人指挥战争，提升一线的综合作战能力，总部变成资源配置和支援的平台。同样，韩都衣舍也从这种小作战单元的组织中成长了起来。

经过一段时间的发展，小组之间的差别就体现出来了。那么，要如何激励那些脱颖而出的优秀小组发挥更大的作用？从2012年开始，公司就鼓励优秀小组做自己的品牌。比如今年的利润是1亿元，公司大概会拿出5000万元做新品牌，每个品牌起步预算是300万~500万元。如果小组有资格申请，可以先提出计划书，经批准后就可以得到配额。

当新品牌销售额到了1亿元，税后净利润到了10%，公司就会给小组办"成人礼"，不仅提成会增加，还外加利润分红。如此一来，韩都衣舍的新品牌孵化体系渐渐形成。到了2015年，韩都衣舍内部升级，变成了一个个品牌组合，品牌之下才是一个个小组。

由此，韩都衣舍在企业内部形成了一个亚市场，公司与品牌和小组之间实际上是一种契约关系。既然如此，为何不对外开放平台呢？于是，韩都衣舍顺理成章地向平台型组织转型，引入外面的品牌。公司从2016年开始对外开放平台，把九大核心功能都开放出来，包括客服，这是所有淘品牌中第一个对外开放的品牌。

今天的韩都衣舍有三大体系，第一个是韩都衣舍自己的品牌，从最初的女装开始，每年都在拓展开发新品牌。第二个是韩都动力，是和一些互联网品牌合作，帮助它们代运营和梳理体系。第三个是智慧蓝海，用来孵化服务机构的体系，形成各个小的体系。目前，智慧蓝海通过"场内孵化"以及跨地域、跨空间的"云孵化"，孵化扶持服务的互联网项目已经有上百个。

接下来的一个问题是，公司与品牌或小组之间的关系问题，即公司的角色和作用是什么。组织必须打造一个赋能的场景，而真正的赋能应该是赋予小组各种资源，让它们拥有超越自己的能力，这样才能既放开，又能紧紧地黏在一起。那么，韩都衣舍是如何赋能的呢？

首先是资金配给。公司财务每年都会提供给每个小组一定的资金使用额度。例如，一个小组计划明年的销售目标为300万元，在毛利率不低于50%、库存周转率不低于4.5%的约束前提下，财务系统会马上拨给它们150万元的资金使用额度。这个销售目标不是随便提出的，如果明年完成度低于90%，则奖金一分钱也没有。所以，每个小组提出计划时都很慎重，提出后就会千方百计尽可能地去完成。

其次是系统辅助支持。韩都衣舍总部转型成服务性组织，通过全链条数字化供应模式探索，建立了柔性供应链协同系统，从而使消费者、面料制造商、服装制造商、物流公司、销售商、仓库等实现互动。所有非标准化的环节由小组来做，所有标准化的环节由公司的公共平台来做，这样就可以在不同的行业去设计赋能型组织结构。

我们来看看公司是如何帮助小组进行科学决策的。例如产品开发决策，一个产品小组开发一款夏装，开始只生产100件，在十一、十二月份上架。没有人买不重要，但会有人看，慢慢地上架。公司根据顾客浏览时长、浏览量和收藏情况产生的数据进行排名。二月份的时候一般3~7天出来一个报表，上架的每一款衣服都会出报表，好卖的马上追单，不好卖的马上开始打折，不断地循环。

又如定价决策。服装就像海鲜，随着时间变化、气候变化，商品的价值是在变化的。一款连衣裙明天上架，该如何确定最佳价格？可以用"量、本、利"算法，看历史的数据，今天同行、竞争对手的价格和量，再考虑自己的成本，来确定这款衣服上架的时候该卖多少钱，这个算法经过不断的测试和调整，可以接近理想价格，来获取最大利润。

上述决策辅助功能离不开公司打造的IT系统，这是韩都衣舍最自信的方面。韩都衣舍的IT系统应该是服装行业最强的，它本身就是基于互联网发展起来的一家企业。在韩都衣舍开发的IT系统框架图中，可以看到它整个系统最关注的是哪个方面，就是算法层，有整个产品研发的算法层，还有整个营销系统的算法层，韩都衣舍由此形成了四个核心的分系统。

今天，韩都衣舍天猫旗舰店已经拥有6000多万名粉丝，庞大的用户群及用户黏性，让韩都衣舍的产品售罄率高达95%，这与它的优秀算法是分不开的。通过对用户的购物习惯及喜好分析，韩都衣舍会及时对门店的服饰及款式进行相应的调整。如今韩都衣舍即将迈向新零售，毫无疑问，此套算法也将成为它进军线下的一柄利剑。

三、中台：优化组织的敏捷基因

敏捷型组织的打造是一个长期的持续优化的过程，不可能一蹴而就。在这一过程中，企业领导者必须关注组织数字化推进的成熟程度。在这方面，不少研究机构给出了一个组织数字化成熟度的衡量框架。

麦肯锡的数字智商指标是从四个维度来衡量组织的数字成熟度，包括文化、战略、能力和组织。这四个要素和组织的业绩、利润及股东回报都具有较强的相关度。安永的数字化转型预估模型从领导力、文化和创新三个方面衡量组织数字化转型的成熟度。而德勤的数字成熟度模型则从顾客、战略、科技、运营、组织与文化五个维度出发，再细分为 28 个子维度，共形成 179 个标准，来全面衡量组织的数字化成熟程度。

这些研究机构给出的评价模型虽然各有侧重，但大体上可以看到大家对数字化转型的共识。敏捷型组织的打造、业务模式的转型，核心是利用新的数字技术让组织的产品或服务更加适应市场的变化。可以说，数字化转型的过程，就是全方位优化组织的敏捷基因，打造组织的敏捷优势的过程，而那些缓慢、低效率、拒绝数字化转型的传统组织正在被无情地淘汰。

在中国零售业目前的敏捷型组织塑造中，有一个颇有争议的做法是数字中台。中台的概念最初出自阿里巴巴，现任阿里巴巴 CEO 的张勇于 2015 年推出"大中台，小前台"战略。然而，2020 年底，张勇又提出：现在阿里巴巴的业务发展太慢，要把中台变薄，变得敏捷和快速。此话一出，有很多人不理解，当初中台的建立就是为了让阿里巴巴能更敏锐地对市场变化做出反应，更快速地进行业务创新的。张勇在提出中台战略时是希望打造这样一种组织系统：统一技术架构、产品支撑体系、数据共享平台、安全体系等，把整个组织"横"过来，支撑上面多种多样的业务形态。由此形成了前台、中台、后台三个层次的组织架构。

前台是直接服务客户的单个业务，目标是促进这个业务的增长，前台必须紧贴客户做好差异化服务，前台的定位要考虑到竞争环境、目标客群、业务成长阶段、运营人员能力、人才供给、监管环境等因素。中台则是服务整个集团的前台业务，目标往往是降低成本、加强管控，或者是扩大规模优势。中台的定位在以集团利益最大化的前提下最大化服务前台业务的需求。而后台则是不具备任何业务语义的基础计算能力。如图 7-1 所示。

中台战略出现的根本动因是一个大公司内部的大业务呈军阀割据现象，导致多条业务线重复造轮子，由此而衍生出许多其他的问题，比如团队之间内耗严重，小业务无资源、增长乏力，整个公司数字资产不统一、损失机会

零售模式变革
数字经济时代零售企业生存之道

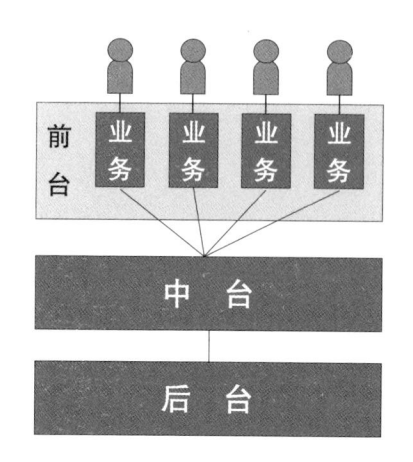

图7-1　企业通用的中台战略

成本，业务线也不能对核心系统精心打磨、业务线不稳定，等等。正是因此，阿里巴巴就以美国海军陆战队和 Supercell 的组织形式为启发，做出了"大（业务）中台，小（业务）前台"的组织设计。

经过近5年的发展，阿里巴巴的中台有力地支撑了业务的发展。在如此快速的发展之下，每年"双11"的交易高峰时期，系统越来越稳定，中台战略的成效有目共睹。如今，中台似乎已经成为行业标配，规模稍微大一点的公司都建设了自己的中台。而现在的阿里巴巴又准备让中台变薄变快，难道说，中台战略不能很好地支持企业创新吗？

其实，中台并不是不支持创新。相反，阿里巴巴中台孵化出了盒马鲜生这样的现象级产品，如果没有中台，不可能用半年时间就打造出一整套线上线下新零售系统。准确地说，中台更适合做"组合式创新"，没法做"颠覆式创新"。组合式创新是把现有的几个能力进行组合，形成新的能力，它强调能力的标准化，这恰恰是中台所擅长的。以盒马鲜生为例，它利用了中台的商品、库存、用户、支付、AI、安全等多个服务能力，经过重新组合，形成了"零售新物种"。但是，颠覆式创新是从根上做创新，它要打乱前台、中台、后台，颠覆现有模式和能力。比如智能制造颠覆传统制造、智能手机颠覆传统手机。这种颠覆没法在现有生产线上去创造，只有打破原有模式。所以，中台很难支持颠覆式创新，这是中台的基因所决定的。

从阿里巴巴中台的演进来看，中台将越来越薄，这是中台发展的一个必然趋势。中台在提升组织效率、进行组合式创新等方面还是非常优秀的，但当企业面临更多的颠覆式创新、释放组织创造力等深层次的问题时，中台战略就显得有点力不从心。于是，企业在权衡利弊之下，需要对中台进行改进。

从阿里巴巴的中台战略变化上，我们可以得出这样的启示：没有一个能适合所有企业的中台架构，每个企业在不同发展阶段需要解决的主要矛盾是不一样的，因此对中台的要求也是不一样的。在激烈的市场竞争中，不少企业领导人对敏捷的概念和中台的性质模棱两可，对其中的要义和风险并不深入理解就盲目追随，最后往往适得其反，减损了原有的竞争力。

一切组织转型的原始动机都是最大化地创造及获取价值。曾经红极一时的诺基亚、柯达、摩托罗拉等行业巨擘，都曾是管理创新的领头羊，然而终究逃不过英雄迟暮的宿命。究其原因，就是没有客观评估管理创新对企业的增值点与适用性的有效契合。

我们再来看看完美日记是如何运用中台架构赢得竞争优势的。北京时间2020年11月19日晚，国货美妆品牌完美日记母公司逸仙电商在美国纽约交易所挂牌上市，成为国内首个美股上市的美妆集团，市值一度突破133亿美元。这家公司从创立到敲钟上市仅仅用了4年的时间，实现100倍以上的增值，这是传统品牌难以企及的高度。逸仙电商依托强数据中台支撑形成高效的数据中心和反馈机制，为企业带来了供应链、产品、营销、渠道等全方位竞争优势。以社交平台营销为基础，建设数字化中台，然后布局可控的供应链体系，这是完美日记的独特模式，也被视为其在当下美妆领域脱颖而出的主要原因。

截至2020年9月30日，逸仙电商旗下品牌全网官方账户"粉丝"数量超4800万；同时，与逸仙电商深度合作过的KOL超过15000个，其中拥有100万名以上"粉丝"数的KOL有800个，其中既包括一些头部KOL，亦包含相对垂直领域的KOL，以聚焦更具针对性的目标客户群体。多品牌运营，线上线下全面打通，多维度的消费者洞察，没有一个强大的中台支持，很难实现如此效果。

完美日记的数据中台将上千万的消费者体验数据与流量数据打通，形成消费者数据库。巨量的"粉丝"及流量数据在强数据中台的转化下，充分为产品研发赋能。基于客户及KOL带来的消费者洞察，逸仙电商的产品研发周期相对较短，从概念诞生到产品发布往往少于6个月的时间。根据相关数据，国际品牌需要7个月至18个月的时间才能完成这一过程。

在完美日记，有一个电商小程序运营团队，主要负责"小完子玩美研究所"等18个微信公众号或社群的运营。而在这个运营生态背后，有两个十分关键的支撑：数据中台和营销中台。在数据中台，完美日记能够清楚地识别每个用户看了哪些产品，可能对什么产品感兴趣，把哪些产品加入了购物车，最终收集到用户消费偏好和购买意愿等数据。在营销中台，可以完成数字化营销内容的生产、自动化的内容分发和组织个性化的营销活动。可以看出，完美日记的数据中台和营销中台在其微信运营生态中具有十分重要的作用，通过它们，完美日记不仅可以实现进销存的优化，而且还可以进行需求挖掘。

完美日记的数据中台在2020年一季度线下门店生意停滞的时候，其作用发挥得非常明显。当门店大规模暂停营业之后，他们有能力把线下业务转成纯线上业务，不同门店的彩妆师也会向各自门店的顾客通过社群推送直播信息。而通过直播等形式，这些门店彩妆师反而加强了与用户之间的连接。在疫情期间，完美日记灵活调配线下门店员工支援线上客服，组织了40多家门店的彩妆师变身为网络主播开展直播。依托数字中台，直接面向消费者，通过分析消费者行为，更好地把握消费者需求。2020年完美日记单品包揽多项销售冠亚军，也是国内唯一2020年实现毛利为正的彩妆品牌。

可见，中台的本质是一种可以复制且可持续迭代的能力，需要业务和组织形态来承载。不是中台不行了，而是中台本身也需要不断创新，中台的发展脉络是越来越向上走，和业务越来越深度融合。今后将会有越来越多的企业推出面向垂直业务领域的中台，如财务中台、人力中台、营销中台等。

在打造敏捷型组织上，企业切忌抱有一步到位的思想，尽管这样能在短期之内驱动更大的推动能量，但也常会由于缺乏周全的规划而导致失败。敏捷型组织变革不能急功近利，要坚持"由内而外、步步为营"的原则，逐步、稳妥地推进转型，减少大幅度变革带来的组织震荡，同时可在小范围试错过程中逐渐强化敏捷基因、探索可复制的路径。

所以，企业要真正转型为敏捷型组织，仅仅把原先的组织拆分成一个个小团队推向市场是不行的，真正的敏捷型组织背后是有静态、稳定的要素作为支撑的。首先是明确的愿景使命支撑。企业清晰明确的使命和愿景可以界定其业务范畴和发展方向，因此组织也应在明确的使命愿景之下进行动态发展。其次是强大的平台支持。不管是组织的学习、创新还是个人的提升，都需要强大的平台与大量的资源支持。

当今企业的生存环境和增长之路变幻无常、错综复杂，任何天才的管理者都不可能看清全貌，也无法提前预知一切可能性。文化作为企业的软实力，是组织不可或缺的动力引擎。组织文化在打造创新增长型敏捷组织的过程中，被赋予了更多的内涵与诉求。企业通过各种方式打造真诚、合作、活跃、多元的敏捷型组织文化，践行包容和透明的行为准则，鼓励员工创新并勇于担责，提升同理心和群体意识，帮助员工聚心开悟，以保持个体与组织的知行合一，这些才是一个组织战无不胜的真正力量源泉。

第八章

模式变革之生态力

如果说一个企业的组织力是企业内部的连接力和凝聚力，用数字化工具将各个机体有效地连接起来，从而最大程度地激发组织个体的潜力，实现组织高效运转，则企业的生态力就是企业外部的连接力和凝聚力，将企业与外部关联组织有效地连接起来，在数字化工具的帮助下，形成一个高效的生态系统，协同竞争，从而产生聚合效应，赢得单个企业所不具有的竞争力。未来的市场竞争将不再是企业与企业之间的竞争，而是一个生态链与另一个生态链的竞争，竞争的胜负在很大程度上取决于不同生态链的龙头企业实力和整个生态链的协同能力。

第八章 模式变革之生态力

第一节 生态力：连接万物之力

一、未来的竞争是生态链竞争

在整个价值创造过程中，过去我们一般会从价值链角度思考，从产品的研发到运营，到营销，再到服务，这条价值链非常清楚，所有价值创造的源泉都在于形成持续的竞争优势，也就是核心竞争力，使我们获得超越行业平均的利润。其实从企业优势的角度来看，企业在竞争优势之外还有另外一个优势，之前往往被我们所忽略，就是生态优势。生态优势的力量来自企业外部，企业如何转变观念，如何从关注企业自身转为关注企业的周边，从内在的价值创造转为外在的价值获取，从打造竞争优势转为赢得生态优势，这是所有生态链的核心。

生态是一种自然存在的现象。追溯源头，生态一词来自生物学术语。德国生物学家恩斯特·海克尔于1866年首次定义了生态学的概念：生态学是研究生物体与其周围环境（包括非生物环境和生物环境）相互关系的科学。生态学是一门复杂的关系学，这种多元关系的处理，达成一种最持久的发展环境，于自然环境是和谐，于高智能的人类社会就是一种创造更高阶生产力能量的必备。

1935年，英国学者坦斯利又提出了生态系统的概念：是在一个特定环境内，相互作用的所有生物和此特定环境的统称。此特定环境里的非生物因子（例如空气、水及土壤等）与其中的生物之间交互作用，不断进行物质交换和能量传递，并借由物质流和能量流的连接，而形成一个整体，即为生态系统。

如今，生态系统被广而用之，也被引入了经济领域。在经济领域中，生态是一个多层次的概念，小到一个团队、一个企业，大到一个行业、一个产业，都可称作一个生态，就连一个国家的整个国民经济也是一个大生态。

我们这里讲的生态主要是指企业生态。企业生态是指由充当生态主的某一企业可以在一定范围内影响到的一系列自组织主体构成的社区（或称生态圈、生态链、生态系统）。

该定义包括几层含义：一是企业生态往往有一家主体企业，而不是像大自然一样自然形成的，它是在生态主影响下形成的生态；二是企业生态圈中的成员拥有自主支配的资源和自主行动力，也就是说这些成员不属于主体企业，是单独的个体，生态主无法强迫其行事，但可以引导它，引导得好就可能会极大地释放其潜力；三是企业生态是一个社区，由一套共同遵守和维护的制度准则来约束，成员之间的互动不仅包括正式的商业合作关系，也包括相对松散的非正式社交关系，生态成员间享有某种信息、信任优势。

虽然企业生态是一种自然存在，任何企业多少都会具备这样的资源池，但过去大多数企业并未重视这一生态社区的打造，或者说没有将外部资源明确视为一个管理对象，主动对它施加影响以获得系统效应。大多数企业并未意识到一个客观存在的企业生态会对企业发展带来的后果，也不知道如何对它施加影响以进一步提升绩效，仅视生态为一系列业务生态叠加导致的自然结果，从而错失了一个转型为生态型企业的成长机遇。

现实生活中，为何有的企业总是焦虑，而有的企业总是成功？差异在于是否具有指导企业发展的长期逻辑。掌握这种逻辑的企业，能将过去的成功

第八章 模式变革之生态力

积淀转化为未来成功的因子。没有掌握这种逻辑的企业，即使在某一阶段取得成绩，也会不可避免地陷入对未来的焦虑。有人也许会问，真的存在这种逻辑吗？毕竟，在非连续变化频发的环境下，过去的成功被认为是未来成功的阻碍，企业被告诫需要不断地与过去决裂，才可能拥有未来。

事实上，这种逻辑是存在的。尽管环境的变化是琢磨不定的，但企业赖以生存和发展的基本路径在于不断挖掘和利用各种资源。当企业所依赖的资源逐渐枯竭，它就会慢慢停止生长，从而变得越来越焦虑；当企业依赖的资源长流不息，或是能不断挖掘汇聚到新的资源，企业就会不断成长，持续原来的成功。这里的资源不仅包含企业自身的内部资源，也包含企业外部的生态资源。

当前，市场竞争的加剧使得企业挖掘内部资源的潜力慢慢枯竭，企业生态中的外部资源开始逐渐受到重视，而这一部分资源恰恰是企业未充分挖掘的资源潜力。在新一轮的竞争中，如果企业不知道或不重视对外部生态施加影响，不快速转型为一个生态型企业，就很可能会错失网络时代的发展。因为新一轮的竞争将不再是单个企业之间的竞争，而是企业生态之间的竞争，这种竞争的商业逻辑发生了根本的改变。

在一个商业生态中，许多成员聚集在一起。其中，一个成员可以与不同的成员做不同的事，这意味着一个成员可以在多个商业模式里扮演不同角色。比如，品牌商在京东自营的商业模式里，角色是供应商；在京东平台电商的商业模式里，角色是大卖家；而在京东物流的商业模式里，角色是客户。每个角色背后都代表着京东对品牌商可施加的影响力，而多种角色的叠加使得京东对品牌商具有较大的影响力。

生态链可理解为某个主体集合之间的一套连接，而企业生态可能包括多个这样的主体集合。当这些集合重叠，一个主体便会与多个商业模式连接，这样，商业模式和主体构成了生态的两个微观基础，即一个生态由多个商业模式把多个主体连接而成。可见，主体和商业模式是分别用来描述生态网络的两个维度，即节点和连接。这样，当今的竞争就不再是单个商业模式之间的竞争，而是一群动态连接的商业模式之间的竞争，即生态链竞争。生态主的影响力是通过商业模式的连接积淀而来，按照自身资源禀赋和发展需要经营出来的一个更有利于自身的场域。

在数字化时代，带来竞争优势的并不是资源本身，而是对资源的利用。因此，在同等量级的生态主之间，真正拉开差距的不是生态本身，而是生态的经营能力。一个生态量级不如竞争对手的企业，如果能更灵活创新地利用其生态，完全有可能胜出。一方面，在日常业务运营中，生态主对合作伙伴的影响力不断积累，呈现出将其转化为生态成员的倾向；另一方面，生态成员作为自组织主体，总在寻求新的连接机遇，从而有可能改变生态结构。与此同时，生态的制度域特征维持着生态的相对稳定性，直至变化积累到一定程度发生制度突变。

因此，未来的行业边界划分将让位于生态区隔。大多数行业都将变成"平台+成员"的协作模式。"要么生态，要么融入生态"成为行业竞争的显规则。从市值角度讲，也只有生态型的企业才有望成为千亿市值的产业王者。打造平台型生态，成为生态链上的链主，将成为有抱负的企业家追求的经营境界。

当然，对于生态型企业来说，构建生态是一个长期性、艰巨性的战略选择。很多企业老板往往对复杂的生态系统望而却步，他们或许认为"聚焦""商业模式简单直接"是公司最好的战略选择。实际上，生态型企业的最终目的是协同平台内的企业或上下游创造新的价值链，对于这个价值链需要进行战略性设计，否则就不能发挥多元业务之间集合共生的聚变优势。生态战略本身就是一种把握宏观、把握逻辑的战略思维，但对于复杂系统，很多企业往往缺少大格局的思考，而沉迷于细节。这就导致能够真正打造自己可以掌控的生态系统的企业少之又少，多数企业只能在一个生态链中充当一个边缘角色，被潮流裹挟而被动地同行。

很多年前，世界上最大的提供技术和服务业务的跨国公司通用电气前CEO 杰克·韦尔奇曾提出过"无边界组织"，但是他始终没能在通用电气身上推行开来，可见这种组织的打造难度。总之，从独立型企业走向生态型企业是企业发展的必由之路。当前的企业价值创造不是由企业单独完成的，而是由生态系统完成的，所以企业要从内部走向外部，关注整个生态系统的发展。

二、企业战略就是生态占位

我们来看看那些互联网巨头，阿里巴巴是一家什么类型的公司？腾讯是一家什么类型的公司？小米和京东又是什么类型的公司？似乎很难说清楚。原来我们对于产业的划分是根据产品和业务性质，做手机的就是手机公司，做零售的就是零售公司，做汽车的就是汽车公司，做游戏的就是游戏公司。但现在恐怕很难再用这样的标准进行划分，因为它们都在跨行业经营自己的生态圈，它们的产业边界变得越来越模糊。于是，我们只能称其为生态型企业。

在这里，我们要引入一个重要的概念——生态位。生态位是生态学中的一个概念，它指的是物种所处的地位、功能和环境的特征化。在自然生命系统中，只有生态位重叠的生命系统才会产生争夺生态位的竞争，目的是为自己争取最适宜的生态区。同样，在一个生态系统里，除了有绝对地位的生态型企业（或称生态主），系统里的其他成员都必须争夺一个好的生态位，企业只有处于特定的生态位才能获得生长与发展。生态内的企业之间竞争实质上是争夺稀有的生态资源的竞争，企业生态位是企业在整个生态资源空间中所能获得利用的资源空间的部分。

未来的竞争将是生态链之间的竞争。在一个个生态链中,谁是链主,谁是关键成员,谁是边缘成员,取决于它们在这个生态链中的地位和作用,也就是它们所处的生态位。而每一家企业的战略目标,实际上都是谋划在一个生态链中的自身占位。当前,中国最大的两个生态链当属阿里巴巴和腾讯两家超级企业构筑的庞大生态圈。

打开手机,找到你最常用的 5 款 App,微信、微博、拼多多、美团和天猫,必居其一。其中,微信、拼多多、美团隶属腾讯系,而天猫、微博为阿里系。从高德、B 站到喜茶,从优酷到永辉、京东,从蔚来、小鹏到链家,生活中为之驻足的品牌,无不被腾讯和阿里巴巴锁定。我们的时间,我们的注意力,永不可再生的最宝贵资源,被一步步纳入了它们的"荷包"。如今,阿里巴巴和腾讯已各自坐拥超过 10 万亿元市值的生态圈。

如果进一步分析,我们可以发现,两大巨头在以下几个领域已成绝对优势。

第一,在移动生活领域,七成被阿里巴巴和腾讯圈定。今天,中国人每天平均花在手机上的时间超过了 5 小时,而主要流量又集中在头部 App 中。按活跃用户数量来排名,中国 App 前十名中,腾讯系占据了 4 席(微信、QQ、搜狗、腾讯视频),阿里系占据了 3 席(支付宝、手机淘宝、高德地图),两者合计垄断七成份额;而在中国 App 前 30 名中,腾讯系占据 14 席,阿里系占据 7 席,同样合计占据七成份额。

第二,在快递行业,阿里巴巴成绝对领先优势。经过多年布局,阿里巴巴成功以天猫和淘宝为支撑,将"三通一达"等逐渐纳入自己的掌控范围。市场份额前 6 名中,阿里投资了 5 家——中通、韵达、圆通、百世、申通。目前阿里巴巴、阿里创投分别为圆通第二、三大股东,阿里巴巴是百世第一大股东,是中通快递的第二大股东,是申通第一大股东,是韵达第七大股东。此外，阿里巴巴还投资了海尔电器的物流平台日日顺、着眼于农村服务市场的汇通达等，在境外则投资了新加坡邮政等。至此，中国快递前六大企业中，除顺丰之外，全部有阿里巴巴身影。2014年，阿里巴巴又创立菜鸟网络，成为打通各路资源的关键，当菜鸟成为整个快递行业的前仓、数据中心及末端时，自然也就握紧了通达系的命脉。

第三，在娱乐世界，腾讯掌握领先优势。多年来，腾讯强在社交，而变现渠道则主要是游戏。在游戏这一核心赛道上，投资、并购同样是腾讯扩大并巩固自身影响力的利器。根据新财富的统计，2006—2019年间，腾讯在游戏领域发起的大大小小的投资高达110起，无论是上游研发，还是代理运营，腾讯都极有兴趣。游戏巨头EA的首席运营官彼得·摩尔曾提到，游戏业80%的收入来源于20个最靠前的游戏。头部游戏占据了绝大部分吸引力，消耗了大部分金钱，而盘点2019年全球收入排名前十的游戏，腾讯与其中8款有关系，前5名均囊括其中。

第四，阿里和腾讯强力挺进金融。金融成为两大互联网巨头的必争之地，阿里巴巴孵化了蚂蚁集团，腾讯牵头设立微众银行，它们通过各自超高黏性的应用，通过广博的投资布局，将平台商家、消费者进一步在金融环节进行变现。由于网罗了几亿个人用户，在电商平台税、流量税之外，蚂蚁集团、微信理财通通过对移动支付平台的绝对垄断，进而征收到交易平台税。

第五，阿里巴巴和腾讯激烈争夺从线上到线下的各种消费场景。从2016年以来，阿里巴巴与腾讯正面打响了新零售之争，从线上转战线下，支付场景丰富的百货商场和超市，成为二者追逐的目标。不到5年时间，前十商超里，已有7家为腾讯、阿里巴巴所控制。其中，阿里系控制了大润发（第二名）、联华超市（第五名）、盒马鲜生（第六名）、家乐福（第八名，由苏宁易购收购了中国区80%股权）；而腾讯系则入股了永辉（第三名）、沃尔玛（第四名）、步步高（第十名）。目前连锁超市前十里，只有华润、物美和家家悦没有被阿里巴巴、腾讯控制或入股。而对不同商超的追逐，也是从锁定交易场景到锁定资金流，进一步锁定云服务场景，为金融科技、云服务等后期企业服务创造价值空间。

仅仅几年时间，腾讯、阿里巴巴从一款超级 App 渗透至我们个人生活的方方面面，再过几年时间，我们或许会见证它们在社会、经济主动脉中更深的渗透，中国大大小小的经济个体，恐怕很难不被卷入这两大巨头打造的超级生态圈中。接下来，我们将进一步分析两大巨头的生态链形成路径有何不同。

阿里巴巴是以电商起家的，因此，丰富和拓展电子商务的消费场景更为重要，且一直是阿里系的重要能力，并以此为基础不断拓展新的边界。与电商具有天然关系的支付、服务器、物流等次级业务也能迅速发展起来。由于阿里巴巴天生具备 To B 端的能力，钉钉与阿里云这些重量级或次重量级的业务才能在阿里巴巴发展起来。还有物流，只有阿里巴巴有能力组建菜鸟网络，因为物流依存商流而存在，京东的商流规模也可以，但阿里巴巴涉及的商业个体更多，物流订单更大，所以它的物流体系是谁也替代不了的。总之，阿里生态的发展路径如下：电商—支付—物流—服务器（云服务）—垂直业务（外卖、售票、OA 等）—线下智能消费场景。在阿里巴巴的战略地图中，流量机制和交易机制是其构建并试图改写所有行业游戏规则的基本生态武器。但阿里生态也存在一个问题，就是跨界业务很难有突破，而腾讯却能将业务不断拓展到阿里巴巴的范围内，并对其部分业务产生一定的压力。

再来看看腾讯。腾讯生态毫无疑问是目前中国最大的一个生态圈，但与阿里生态圈的打造有很大区别，阿里生态倾向于整合，而腾讯生态倾向于关联。腾讯的生态布局是一种基于共生性的开放平台生态。腾讯生态的思维方式是通过基础设施的分享、能力的共用，形成应用的共赢机制。这种生态的基础是腾讯通过 QQ 和微信等超级终端构建的流量系统，这个生态里最典型

第八章 模式变革之生态力

的系统就是腾讯构建的日活跃用户数量超过 10 亿人的庞大社交平台,并由此而衍生出来的一个庞大产业群。腾讯生态中的各个因素既相互独立也相互影响,但无论是社交业务、电商业务还是游戏业务,都能自我造血。掌握了 C 端这一庞大的用户规模,腾讯生态拓展的边界无疑大大加强。

现实情况足以说明,未来的竞争是生态链的竞争,"要么生态,要么融入生态",企业已经别无选择,所能选择的只有生态占位。那么,作为众多融入阿里巴巴和腾讯大生态系统中的企业,又该如何经营自己的地位呢?事实上,生态竞争的一大特点,便是动态耦合性。巨头形成的生态链不是固化的,而是随时处于变化中,并且,生态链是一环套一环而不断扩展的,生态链里的关键成员也可以在大生态系统里再造新的小生态系统,成为新生态主。

例如腾讯生态链中的关键企业——京东,在腾讯和京东结盟之后,京东重金布局电商、生活服务、物流领域,与腾讯互为犄角,构建起了链式生态。如在新零售领域,2015 年,京东以定增方式入股永辉超市,投资金额 42.35 亿元,持股 10%。2016 年 6 月,沃尔玛和京东联姻,达成全球性战略合作关系——京东收下沃尔玛此前并购的 1 号店,而沃尔玛则获得京东新发行的 1.45 亿股 A 类股,占京东总股本的 5%。2017 年,腾讯跟进京东的投资,受让永辉股份 5% 股权;2017 年 12 月,腾讯和京东联合认购唯品会新发行的 A 类普通股,分别持股 9.6%、7.5%。2018 年 2 月,京东以 16 亿元购入步步高 5% 资产,5 月,京东进一步增持永辉超市股票,目前其总持股 11.8%,加上腾讯持股的 5%,腾讯 - 京东联盟合并持股 16.8%。据新财富统计,京东目前已投出 295 家公司,93 家处于 D 轮及之后的收获期。达达上市,京东物流上市,京东数科回到科创板提交招股书,京东健康拟分拆上市,京东已形成一大完整的生态链。

所以,生态链的构建是一个复杂的动态的过程,除了最上面的巨头能形成一个生态链底层基础之外，里面的成员也能通过平台的资源各自寻找自己的位置。当然，在产业里能做生态的企业可能只有0.01%，余下的99.99%的企业是"被生态"企业，它们如何生存，才是关键问题。这些"被生态"的企业，很多是中国第一批成长起来的企业，它们已经完成了原始积累，选定了企业的赛道，但在移动互联网、新生代崛起、技术变革等场景下，它们面临新的选择。

那些被纳入生态链中的众多企业，需要从根本上重新构想自己应如何创造价值。它们需要重新设想自己在世界上的地位，重新思考如何通过生态系统创造价值，并使自己的企业转型，以实现新的价值创造模式。最重要的是，企业需要塑造自己的未来，认识到世界已经发生了根本性的变化，它们必须从中找到自己在其中的使命。如果你不能回答"我们为什么在这里"或者"我们为客户增加了什么独特的价值"这些问题，那么你可能随时会被甩出生态链之外。

在生态链竞争的数字时代，企业要重新设想你在世界上的位置，而不是专注于对你已做之事进行数字化。在数字时代成功转型的企业，会以它们为客户（以及客户的客户）创造的突出价值来定义自己存在的理由。它们利用新技术的目的不是照抄别人都在做的事情，而是通过投资差异化的能力来推进自己的使命，从而实现自己的目标。

三、生态力的本质是连接和赋能

我们需要进一步思考的是，生态型企业并不是今天才有的新事物，事实上，过去的传统企业也在尽力打造自己的生态系统，以赢得更大的竞争优势，它们也会具备一定的生态力。那么，在数字化时代，企业生态力的本质是什么？它与传统企业的生态力有什么不同？

第八章　模式变革之生态力

我们来看看传统企业——诚品书店是如何打造自己的生态系统的。随着电子媒体的发展，实体书店的经营压力越来越大。除去别的不谈，仅是租金这一方面就给很多经营商带来极大的压力，再加上销售额呈下滑趋势，两者相加致使许多实体书店纷纷倒闭。诚品书店在台湾地区的旗舰店有 4 万平方米，每年的租金大约需要 7300 万元人民币。巨大的资金压力使得诚品书店不得不做出改革，于是，它们留下 1 万平方米给书店本身经营，其余空间分租给其他大小品牌。

该策略不但减轻了租金压力，而且很好地利用了商业平台的概念。首先，其通过书店积累的口碑以及地理位置来吸引顾客，引入美食、特色商店等行业来留住更多顾客。通过多层商业形式的累加来吸引人潮，增加流量，带动诚品本身的发展。其次，多元化的商业形态从各个角度来凸显商城的商业价值，即便是书店本身盈利小，那么还有其他的商业模式来弥补。而实际上，其他商业形态的盈利早就超过了书店本身。毫无疑问，诚品书店极力打造的是一个多样化的复合生态，以文化为核心来做进一步的衍生。现如今，实行平台化后的诚品书店已经打造出一个涵盖餐饮、零售、文化等多层商业内涵的综合平台。所以，诚品书店成功地打造了一个小生态，它把各种业务类型的企业聚集到一起，从而更好地满足了消费者的多样化需求。诚品书店是具有一定的生态力的。

每一个成功的购物中心也是一个复合型生态系统。例如广州的正佳广场，里面约有数百个国内外品牌同场经营，还有各种旅游项目如正佳极地海洋世界、正佳雨林生态植物园、正佳自然科学博物馆、正佳演艺剧院、冰河湾真冰溜冰场等。正佳极地海洋世界是全球最大的室内海洋馆，建筑面积达到了 54000 平方米，超过 500 种共计 30000 个极地海洋生物栖息于此。正佳雨林生态植物园是国内首家室内雨林生态园，总建筑面积有 15000 平方米，园里有 800 多种生物，包括昆虫、两栖爬行类、鸟类等多种动物，还有很多珍奇植物。正佳自然科学博物馆是首个进驻商场的自然科学类博物馆，占地面积8000多平方米，里面收藏了近千年的珍稀古生物化石与矿物标本。正佳广场集零售、休闲、娱乐、餐饮、会展、康体、旅游及商务于一体，是一个名副其实的生态系统。

我们再来看看美宜佳连锁便利店。美宜佳创立于1997年，前十年的发展，刚刚突破1000家门店。此后十年的发展，到2017年5月，美宜佳门店数量突破10000家店。再后来的三年，到2020年5月，门店数量达到20000家。到2021年5月，美宜佳门店已经突破23000多家。这些门店大部分是加盟店，也就是说，美宜佳成功地将外部资源整合到一起，形成了一个自我掌控的生态系统。同时，美宜佳以便利店为主业，多业态延伸发展到拥有彩田食品、彩运物流、彩星信息技术、彩业企业管理、彩泉小额贷款、彩林实业投资、彩保商业保理、彩冠置业等数十家全资和控股子公司的生态产业链。现在，美宜佳每月新增300~400间门店，每天服务顾客人次在500万以上，以稳健快速的发展步伐，快速奔向全国。

美宜佳生态系统的底层逻辑是什么？简单来说，就是赋能。美宜佳拥有强大的总部支持系统，从供应链到日常的运营管理以及到C端的消费者营销，都有一套强大的支持系统来支持美宜佳门店的经营，以及运营模式的快速迭代。在这套支持系统下，美宜佳秉持共赢发展理念，不仅与每一个加盟商形成合作共赢关系，还跟一些小微便利店品牌进行合作和价值赋能，这也加快了企业的发展速度。

就拿云仓赋能这一项来说，在目前便利店有外卖的情况下，美宜佳还要以云仓做支持。因为便利店做外卖有三个痛点：第一个是便利店经营内容比较窄，不足以在外卖平台上形成竞争力，云仓可以对它进行支持，使得外卖品项可以更宽泛和更有针对性；第二个是库存有限，比如消费者想买两箱啤酒，门店不可能把每一种啤酒都储存两箱以上，但云仓可以做到；第三个是服务能力参差不齐，门店没有很多时间和精力关注客户的体验和感受，但有了云仓的支持，门店只要接单，履约的服务让云仓来做即可。

此外，在增值服务方面，除了收发快递、共享充电宝等传统服务外，美宜佳还重点打造智能贩卖机，有效地延长门店经营时间和延伸经营空间，围绕门店布置智能贩卖机，更加无限接近消费者，让客户便捷的需求得到更有效的满足，这是总部对门店经营模式上的一些赋能。

在突破万店后，美宜佳在2018年对外发布了S2B2C（S即大供货商，B指渠道商，C为顾客）商业模式的新构想，转变过去B2B2C的商业模式，从一个渠道商向一个服务商转变，为门店提供千店千面的服务。为此，美宜佳围绕主要客户（消费者、门店及厂商）的需求，建立起会员精准服务平台、供应链数字化平台和门店智能经营平台等三大智能服务平台。并基于单店的经营场景，自主研发了移动化工具（包括门店经营宝App和经营指导巡店宝App）赋能门店精细化经营。巡店宝App基于门店以清晰的数据可视化展现门店各类经营数据，包括经营状况、经营异常和潜力分析，直达问题与机会点到门店面前。

由于美宜佳店铺数量众多，各家门店的经营水平和经营状态参差不齐，因此美宜佳对门店进行了分层运营和分级赋能，对门店进行360度经营诊断和现场经营评估。店铺如果服务做得好，就在商品结构或者营销资源上给予帮助，如果服务做得不好，就进行服务的培训。目前美宜佳累积的门店标签、会员标签达到上千个，商品标签则多达数千个，通过门店与货品、门店与项目、门店与经营工具的标签精准匹配，通过单店一对一的经营指导，让门店可以得到更好更快的提升。

从美宜佳快速扩张的生态系统上看，在数字化时代，一个企业的生态力实质上体现在两个方面——连接力和赋能。连接是数字经济的基本特征，而企业的生态力体现在生态主与外部其他企业的连接上，如何快速并牢固地与外部元素进行有效的连接，是衡量一个企业生态力的重要标志。生态力的另一个标志是赋能，即能够让每一个进入生态的组织个体从生态平台得到自己所不具有的能力，更好地提升自己的竞争力。

今天，几乎所有企业都在讲赋能。人们一提到新零售，张嘴闭嘴都离不开赋能二字，犹如诗中所吟："忽如一夜春风来，千树万树梨花开。"赋能成了这个时代最时髦的词，也成了现代组织的基本特征。于是，业界便有了千姿百态的各种赋能。美宜佳便利店是一种赋能，小米又是另外一种赋能，而腾讯如今也把自己定位为给传统企业提供方法、工具和平台的一家赋能公司，对零售企业而言，与腾讯合作意味着嫁接一种新的赋能场景。

实际上，进入移动互联网时代以来，不确定性已经成为主旋律。当前最大的挑战不是来自竞争对手，而是来自全新的环境。为了应对各种不确定性，组织必须变革，企业必须抱团。而融入一个或多个生态链中，在生态链里找准自己的定位，是每一个零售企业必须做出的选择。

第二节　放大效应下的同质生态力

一、同质生态力的形成特点

整个经济社会其实存在多种多样的生态。如果从参与成员的性质来划分，可以分为同质生态和异质生态两种。前者主要是由同一类业务的企业组合而成的生态系统，这类生态的参与者既相互竞争又彼此依赖，通过向用户提供多样化的商品和服务而产生集聚放大效应，如淘宝生态；后者是由不同类型业务的企业组合而成的生态系统，这类生态主要是聚合产业上下游相关企业，或将不同业务类型的企业聚集起来，经过价值整合，向用户提供一套完整的解决方案。

无论是同质生态还是异质生态，都处于动态变化的过程，并会走过发展期、成熟期和衰落期三个阶段。所谓发展期，是指这个生态处于生长过程中，其生态成员不断增加，物质和能量的输入大于输出，尚没有任何外来的力量可以干扰到它的生长。所谓成熟期，是指一个生态逐渐达到平衡状态时，其结构和功能相对稳定，物质与能量输入输出接近平衡，在外来干扰下，通过自调控系统能恢复到原初的稳定状态。所谓衰落期，是指这个生态已经停止生长，生态成员的数量开始下降，物质和能量的输出大于输入，遭受外界的干扰将会加速它的萎缩。

同质生态系统发展到成熟阶段，系统的平衡使种群内企业与其环境的相互关系处于一种比较协调和相对稳定的状态，并具有保持或恢复自身结构和功能的相对稳定的能力。当企业发展环境发生变化时，企业种群的类型和数量不会有太大的变化，这说明同质企业群聚生态系统具有应对环境变化、保持自身相对稳定的能力。而这种能力，正是生态主拥有的同质生态力。

生态型企业（或称生态主）的同质生态力体现在系统的抵抗力稳定性和恢复力稳定性两方面。抵抗力稳定性是指生态系统抵抗外界干扰并使自身的结构和功能保持原状的能力；恢复力稳定性是指同质企业群聚生态系统在遭到外界干扰因素破坏以后恢复到原状的能力。一个抵抗力和恢复力都很低的生态系统，它的稳定性当然也很低，这也意味着生态主的生态力较低。如一个依赖某种资源而建立的生态系统，一旦因某种原因使其资源遭到破坏后，便很难恢复，从而导致该同质生态系统崩溃。因此，生态型企业要提高自己的生态力，首先必须保证生态系统的稳定性，亦即反脆弱性。

一个脆弱的生态系统往往具备以下基本特征。

（1）系统抗干扰能力弱。生态系统结构稳定性较差，对环境变化反应相对敏感，容易受到外界的干扰发生退化。

（2）波动性比较强。生态系统的自身不稳定性而导致能量的波动，出现生态成员数量经常变动，进出频繁。

（3）边缘效应比较显著。与其他同类生态赋能的差异不大，交叉渗透严重，使得生态成员在不同的生态系统来回摆动，随时可能被其他生态系统吸引过去。

一个同质生态中，族群内企业之间的竞争是一种常态。一个企业种群所栖环境的空间和资源是有限的，只能承载一定规模的企业数量。在生态系统资源没有扩展时，如果承载量接近饱和，此时企业密度再增加，增长率则会下降乃至出现负值，使企业种群数量减少；而当企业种群数量减少到一定限度时，增长率会再度上升，最终使企业种群数量达到该环境允许的稳定水平，使企业种群保持一定的稳定状态。因此，在企业种群内部成员是竞争关系的前提下，企业种群保持平衡稳定的条件是种群内成员必须保持一定的差异性，不能完全同质。

同样，多个同质生态系统之间的竞争也是一种常态。这种竞争表现为两个或更多的同类型的同质生态内，所有企业共同利用同一资源而产生的相互抑制的作用，主要表现为资源利用性竞争，如争空间、争市场、争原材料、争顾客等。在资源利用性竞争中，因资源总量减少而在竞争对手之间产生了此消彼长的影响。在长期进化中，竞争促进了企业种群生态特征的分化，结果使竞争关系得到缓和，并使企业群落形成一定的结构，各得其所，互不干扰。这就如同阿里巴巴集团把旗下零售平台分拆成淘宝和天猫两个生态平台一样，各自分化出不同的市场而相安无事。但如果阿里巴巴在提升淘宝平台时，能再分化出一个更低层次的平台，也许就不会有拼多多这一生态型平台的出现了。

可见，同质生态系统随着时间的推移而在不断发生变化，并与周围环境及生态过程相联系。同质生态系统的发展，从动态方面看，总是趋向于多样化、内部结构复杂化和功能完善化演变。只要有足够的时间和条件，系统迟早会进入成熟的稳定阶段，生态主应根据所处的不同成长阶段，不断调整管理体制和策略，以适应系统的动态发展。

二、Shopify：技术驱动型生态

下面，我们将要分析几个同质生态系统的案例，来看看生态主是如何获取生态力并推动自己的生态系统不断成长的。

首先是 Shopify 打造的技术驱动型生态系统。Shopify 是一家来自加拿大的电商服务平台，于 2019 年超越 eBay，成为美国市场份额仅次于亚马逊的第二大电商平台。上市 5 年来，Shopify 股价累计增幅达 7100%，目前市值超 1400 亿美元。如此快速的增长只有 Facebook 实现过，这一增长率超过了同时期相似规模下的亚马逊和 eBay。

Shopify 的创始人托比亚斯·卢克和斯科特·莱克在 2004 年决定开设一家销售高端滑雪装备的网店。他们原打算参照微软 osCommerce 和雅虎商店等系统来创建网店，但程序员出身的两人实在不能忍受这些糟糕的系统，便自己动手编程开发网站，建立了 Snowdevil 网站。网站一经推出，很快取得了不俗的销售业绩。但卢克和莱克发现，相比滑雪产品，人们更关注他们的编程方案和网站创立过程，于是，他们于 2006 年在加拿大渥太华创立了 Shopify。

Shopify 最初的定位是一款专为中小型商家提供 SaaS 服务的电商建站工具，即为电商卖家提供搭建网店的技术和模板，包括订单追踪、自动化库存管理、上传图片、添加标签等基础功能，顾客可以选择 PayPal 或信用卡作

为支付方式。通过 Shopify，那些未从事过网上销售的商家可以找到必需的工具，从零开始创建一家网店。目前，Shopify 有三档收费模式：每月 29 美元、79 美元、299 美元的服务方案，提供包括电商独立站、将网店推送至 Facebook 和亚马逊等销售渠道在内的基础服务，以及有助于网站运营的专业数据升级服务，针对大型企业的定制化服务 Shopify plus。

2009 年，Shopify 发布了自己的应用程序编程接口和应用商店，这一动作将 Shopify 从一个单一的建站工具，转变为能够让人们分享和销售应用程序的平台。借助 Shopify 的应用程序编程接口，商户可以按照自己的实际情况安装所需功能，平台上的开发者也可以通过为网上商店开发应用来获得收入。2019 年 6 月，为满足小商户的配送需求，Shopify 还推出由 AI 驱动的配送网络，目标群体是希望将每天运送 10～10000 个包裹提高至 30～30000 个的小商户。一个以建站服务为支点的电商生态系统，在 Shopify 的布局之下徐徐展开。多年来，Shopify 以异军突起之势，挑战着美国老牌电商巨头的地位。2019 年，Shopify 以 400 亿美元的市值超越了在线拍卖巨头 eBay，获得美国电商 5.9% 的市场份额，超过 eBay 的 5.7% 成为北美电商第二强。

很显然，Shopify 是在打造一个精细化、个性化的服务平台。虽然现在距离亚马逊 37.3% 的市场份额仍然存在不小的差距，但它的生态思维以及自身的不断进化，已经对自带流量的亚马逊形成了巨大的冲击。如果我们对比一下 Shopify 和亚马逊打造生态链的方式和路径，就会发现它们的不同以及各自的优势。

亚马逊也在打造自己的生态链，但它是在用整合的理念来打造生态链。亚马逊将各个企业整合进它的生态平台，这种整合并不是真正的生态理念，因为整合往往会考虑整合方的利益最大化，而忽略被整合方的利益，从而导致生态主与生态中的其他企业之间不是一种协同关系，而是被依赖的关系。这种生态链的打造，往往造成生态主过于强势，资源的利用会产生倾斜，不利于真正从外部获取资源和生态优势。今天的很多互联网交易平台，其中往往是平台方利益最大化，其他的企业利益最小化，这个生态存在非常大的稳定性的问题，因为它没有办法持续地产生更大的价值。

真正好的生态系统应该是一种价值共创的系统，生态主和其他企业之间是一种相互依赖的关系，大家共同把蛋糕做大，它们之间的利益是一致的，生态主赋能给生态中的各个企业，而各企业在平台的支持下去尽力获取外部资源。腾讯的微信生态就是这种价值共创式的生态系统，它是一个开放的系统，因为整个蛋糕做大了，所有参与其中的企业都能分享一杯羹，大家有共同的生存空间。

Shopify 打造的生态系统就是这样一个开放式平台，它用技术服务去连接所有客户，并随时都在更新迭代，为客户提供更灵活、更有创造性的空间。生态力是什么？它代表一种企业的连接能力，连接比拥有更重要。在传统竞争时代，我们特别强调拥有的能力可以胜过竞争对手而吸引目标顾客；今天，在生态竞争的时代，我们要特别强调组织连接能力。生态是共享，而不是独享。平等互利、敢于分享是一种能力，这才是生态思维。而很多企业用打造一个王国的心态去打造生态系统，那是一种禁锢的思想，那种唯我独尊、天下为我所用的思想不是真正的生态思维，而是一种封闭的帝国思维。

三、蚂蚁商联：利益共享型生态

我们要介绍的第二个同质生态案例是蚂蚁（中国）商业联盟，简称蚂蚁商联。这一名称包含两种含义，一是指其成员多为中小型实体零售商；二是指精诚合作，联合各家所长汇聚成强大的零售业新势力。

蚂蚁商联成立于 2017 年，是由来自全国 6 个省份的 12 家商业连锁企业共同组织成立，旨在资源共享、知识共享、联合采购、抱团取暖，以应对当前复杂的零售业变革。发起成立联盟的 12 家企业，每家企业交纳 10 万元作为联盟的注册资本，为联盟的日常运营提供保障。另外，成员企业必须派驻一名骨干人员作为联盟的成员进行现场办公。

在成立之初，蚂蚁商联就将为中小零售商赋能作为自己的责任。其主要功能有四个：一是智库服务。联盟将汇聚全球知名零售专家教授、专业具有独特视角的知名合作媒体以及成功企业家，形成智囊团队，对企业经营提供指导。二是为营销运营服务。重点是开发自有品牌，并提供营销方案和销售指导。三是数据咨询。联盟以会员企业共享经营销售数据为基础，提供行业市场大数据分析。四是会务服务。联盟将组织各种闭门会议和学术研讨会、培训服务等，促进行业交流。

2020 年底，蚂蚁商联的成员企业达到了 66 家，遍布全国 26 个省、直辖市和自治区，年销售额达到 800 亿元，已成为中国最具成长力的公司化运营的紧密型联盟组织。同时，蚂蚁商联自有品牌矩阵初步形成，形成了以家庭厨房场景解决方案品牌"饕厨"、食品品牌"我得"、非食品牌"极货"三大品牌为核心，高端白酒品牌"约一下"、大众白酒品牌"争牛"、基于收银台场景解决方案的电子雾化烟品牌"即畅"和安全套品牌"功本"为辅助的品牌矩阵。

蚂蚁商联自有品牌最初以纯牛奶和酸奶为切入点，然后不断延伸至休闲食品、酒水饮料、餐厨用品、日用百货、洗护用品、计生用品乃至电子雾化烟，最终形成一个自有品牌矩阵。截至 2020 年 7 月，"我得"品牌已成功上市 194 支单品；"极货"品牌已上市 436 支单品；"争牛"和"约一下"是蚂蚁商盟在 2019 年 12 月新推出的两个白酒品牌，主要经营不同规格、不同度数的白酒。从销售情况来看，蚂蚁商联自有品牌的销售贡献呈现了持续上涨的趋势。2019 年初蚂蚁商联自有品牌销售仅占整体销售的 0.67%，到 2020 年该数据已实现翻倍。

第八章　模式变革之生态力

此外，针对上述自有品牌，蚂蚁商联通过一个叫作"蚁店"的项目以店中店的形式集中陈列，强化了自有品牌陈列的主题性和关联性。蚁店项目于2020年5月启动，这是以品牌化为核心，以52周MD（Merchan Dising，即商品规划）为基础，集自有品牌的商品开发、品牌推广、选品陈列、助销表演、生活提案、销售促进、知识培训为一体的综合解决方案。2020年6月份，蚁店首次亮相。如今，众多成员企业以蚁店为标杆，纷纷落地执行联盟开发的自有品牌计划。目前蚂蚁商联已经上市的7个自有品牌，共开发出1400个SKU的商品。

可以说，蚂蚁商联正在形成以自有品牌商品开发为核心的行业生态。生态的底层是自有品牌商品开发，目前已初见成效；生态的第二层是连接上游工厂、中间物流服务以及下游零售商的供应链平台。为此，蚂蚁商联开发了一个信息系统来与下游的相关企业数据打通。零售商下订单、工厂生产、品质控制、物流安排、门店收货等一系列动作都可以通过该系统完成。生态的外层是由成员企业和合作伙伴延伸出的增值服务。例如，蚂蚁商联与国内最大的两家酒店集团签订了战略合作协议，蚂蚁商联成员企业员工入住华住旗下酒店可享受88折优惠；蚂蚁商联成员企业员工入住锦江旗下酒店可享受82折优惠。

蚂蚁商联的成立时间不长，但从目前的发展情况来看，它已初步形成了一个良性的生态系统，这个生态正在成长过程中。这是一种利益共享型生态系统，是中小零售企业抱团取暖的生态系统，值得国内其他中小型企业借鉴。联盟目前做得比较出色的是自有品牌的开发，其他功能还有待开展。随着成员企业数量不断增多，未来将会释放出更多的潜力，其延伸出的增值服务潜力不可估量，例如可以延伸到硬件设备的采购以及酒店服务等，或许将来还可以涉足供应链金融，未来发展的想象空间广阔。

第三节　聚合效应下的异质生态力

一、异质生态力的形成特点

由不同类型业务的企业聚合而成的生态系统，就是异质生态。生态型企业拥有异质生态的连接力和赋能力，就是拥有了异质生态力。异质生态有时候也会由同质生态发展演变而来，当生态型企业不满足于同类业务企业的聚集而开始向外延伸，便逐渐演化成异质生态。

当然，也有部分生态型企业一开始就致力于整合产业链上的上下游相关企业，打破行业边界进行价值链协同。它们通过围绕共同特质用户构建产品、服务和信息连接的全新布局，降低跨行业交易成本，形成全新的联邦制价值共同体。这一点在小米身上体现得更加明显，其通过投资的方式进入上下游数百家企业，形成一个品牌协同型的生态系统，这对于传统的家电公司是不可想象的。

无论是从同质生态演变而来的异质生态，还是生态主致力于整合产业链上下游企业而形成的异质生态，它们共同的特点是重塑了产业原有的产品和服务，是一种商业模式的创新。这一点既是生态的本质，也是商业模式创新的核心。可以说，如果一个生态系统不能创造出全新的产品和服务形态，就是一个伪生态。生态不是多个业务的组合，而是新业务统领的传统业务

第八章 模式变革之生态力

进化。

一个成熟的异质生态系统有点像热带雨林中的有机体和无机物构成了整个生态一样，要成为一个生机勃勃的生态系统，必须多点开花，实现全面的生态化。包括以下三个方面：一是业务生态化。业务生态化的本质是打破产业边界、重构用户价值。即以迭代适应外部环境为前提，重新定义产品功能，衍生新的商品形态，主动优选和梳理业务，并通过产融互动锁定及放大业务价值。二是管理生态化。生态型企业为了追求快速创新和迭代，会选择更为灵活有效的赛马机制，甚至容忍一定程度的资源浪费。例如腾讯开发微信业务时，鼓励不同路线的小组齐头并进，甚至相互竞争，最后是张小龙小组快人一步胜出。三是外部资源生态化。要打破企业间的利益边界、资源边界、产品边界，与全社会的合作伙伴共生、共赢、共享。

可见，异质生态布局是一种深入骨髓的战略升级，也是一种基于价值创造的战略思想，并非是产业链的简单梳理。要形成繁荣富饶的热带雨林、构建富有生机的创新生态系统，还需探寻生态系统背后蕴藏的本质，即异质性。只有正确把握创新生态系统的异质性，才能更好地理解、创建、发展和优化生态系统。

第一，异质生态要培育多样化物种。

在大自然中，往往是物种越丰富，自然生态越繁荣，物种多样性是生态系统生存发展的基础。在经济领域也一样，尤其是在异质生态系统中，不同大小、形态各异、业务多元的物种组合在一起，越会有活力和创新的可能。异质生态系统结构的复杂性和组织多样性是生态系统适应环境变化的基础，也是异质生态系统稳定和功能优化的基础。生态型企业要将这些多样化组织牢牢地黏合在一起。当每一个组织在生态中都有其特定的位置，并与上下左右之间建立了密切的联系，异质生态才达到了平衡。如果能够长期维持这种均衡状态，就说明生态内的成员均找到了自己的生态位，在外界环境相对稳定的条件下，整个生态就能稳定、协调地发展。

第二，异质生态要追求价值共创。

一个生态系统中，生态型企业要借助生态平台向每个组织进行赋能，以便帮助它们达成自己所不能达成的目标，这种赋能即是生态系统之所以存在的基础。但理想的赋能不是单方面的价值输出和能力增长，而是彼此之间平等互利的价值共创。价值共生体成员间在独自利益和共同目标的驱使下，不仅注重自身的经营和发展，还关注整个利益相关群体及系统整体的生存与权益获取，它们之间相互依存又相互制约，并由原来的独立个体演化发展为共生进化的协同利益体。

生态型企业的生态力不仅体现在连接各成员组织的能力上，还体现在赋能给各成员组织，以及促进双方的价值共创上。只有价值共创，才能保证异质生态系统的不断壮大发展。

第三，异质生态要疏通传导机制。

异质生态系统要形成一种协同利益体，其内部结构不能是传统的自上而下的塔式结构，而应是建立在平等互利基础上的一个扁平化结构，网络中的各个组织成员遵循一定准则，可以便捷地交往、融通，可以高效地交换信息、建立合作。没有等级关系、资源和权力分配关系的束缚，网络关系、创新要素在动态组合中促进了科技进步，实现了各类资源和机会的灵活、多样性聚合。这种传导机制主要包括能量流、知识流、外部响应度、要素活跃度、技术扩散与捕获等，以保障各要素的通畅流动和快速集结，可以使生态系对"黑天鹅"事件保持高度的敏感，识别可能对生态系统产生重大影响的因素，并及时将危机化为机遇。

第四，异质生态要实现不断迭代创新。

一个健康的异质生态系统，往往是有活力、稳定和能够自我调节的，对干扰具有弹性，保持内部稳定性，并通过创新迭代不断地从无序向协作效率更高的网络组织演化，从低水平、低势能创新物种向高层次、高势能物种演化，从低价值的产生阶段向成熟的高级阶段演化。生态系统创新有两种动力：一种是外动力，当能源危机、新技术革命等大的环境事件出现时，可能会使得原有的技术、产业、组织模式失去竞争力，迫使创新物种重构创新链条和网络、研发新技术和应用、创造新企业和产业；一种是内动力，即来自人类特有的新奇性、创造性和对价值最大化的追求，这是自然生态系统演化所不具有的。在内生力量的驱使下，创新主体会不断地进行创造活动，并主动以新技术淘汰原有技术、以新产业替代原来的产业、以新解决方案对已有世界进行破坏与重建。像电子商务革新了传统零售行业一样，所有这些破坏性创造和自我革新使得整个生态系统不断超越，从而更有竞争力。而不能适应环境变化，或者内在动力枯竭的生态系统，则会逐渐衰落并走向死亡。

二、小米：品牌协同型生态

小米的生态链已经做得有声有色，值得研究。早些年，人们谈到小米的第一反应，就是一个手机品牌。现在提到小米，除手机之外，还会让人想起移动电源、手环、空气净化器、扫地机器人、行李箱，甚至是毛巾和牙刷等产品，这一系列商品都属于小米的生态链之内。小米创立于 2010 年，至今不过 11 年时间，却能在创立第八年时在香港交易所上市，2019 年成功进入世界 500 强行列，排名第 468 位。让小米成长为如今这样一个巨人的，并不完全是靠小米一家企业，而是小米的生态链。

根据小米生态链谷仓学院的定义，小米生态链是一个基于企业生态的智能硬件孵化器。实际上每个小米生态链公司均为独立的公司，不是小米的子公司，更不是小米的某个部门。小米与生态链公司是股权投资关系，小米扮演的是智能硬件孵化器的角色。通过"投资＋孵化"的形式去打造一个物联网生态体系。

目前，小米生态链形成了三个圈层。第一圈层以手机为中心，外加手机周边产品，如移动电源、耳机等；第二圈层为智能硬件产品，如空气净化器、净水器、电饭煲等智能家电，无人机、平衡车等极客类智能玩具；第三圈层为生活耗材，如毛巾、牙刷和行李箱等大消费类。透过点与点的连接成为线，线与线之间形成链，链再围绕成圈，至今为止小米已经形成了坚不可破的生态圈。如表8-1所示，为不同圈层的小米生态链企业。

表8-1 小米生态链企业及产品

第一圈层：手机周边电子产品		
公司名称	主要产品	投资时间
紫米科技	小米移动电源、彩虹电池	2012.2
华米科技	小米手环、华米手表	2014.1
万魔声学	小米活塞耳机	2013.10
青米科技	小米插线板	2014.2
蓝米科技	小米蓝牙耳机	2014.4
硕米科技	手机壳	2015.3
第二圈层：智能家居等硬件产品		
公司名称	主要产品	投资时间
纳恩博科技	9号平衡车	2012.5
甜米科技	小米笔记本	2015.7
智米科技	净化器、电风扇、加湿器	2014.6
纯米科技	小米压力电饭锅	2013.7
绿米科技	智能家庭	2014.6
云米科技	小米净水器	2015.1
创米科技	摄像机、收音机、遥控器、插座	2014.12
飞米科技	小米无人机	2014.5

续表

石头科技	米家扫地机器人	2015.9
爱其科技	DIY智能机器人	2015.11
机器岛科技	陪伴机器人	2016.1
小蚁科技	智能摄像头、运动照相机等	2014.12
云造科技	智能代步科技	2015.1
睿米科技	智能车载	2016.5
第三圈层：生活耗材		
公司名称	主要产品	投资时间
Yeelight	床头灯、智能灯泡	2014.2
iHealth	智能血压计	2014.10
润米科技	90分拉杆箱	2015.2
小寻科技	米兔儿童手表、儿童电子产品	2016.3
视感科技	智能吉他	2017.2
趣睡科技	乳胶弹簧床垫	2015.10
疯景科技	个人便捷360度全景摄像机	2016.2
猎声科技	无限音频类	2015.10
香蕉出行	共享出行	2017.7

小米生态链中的成员企业都是独立经营的企业，但它们生产的大部分商品都是小米品牌或米家品牌。以智能家居、消费类硬件为主和以做"生活中的艺术品"为方向的产品归属于米家品牌，科技类、极客类相关的产品归属于小米品牌。这两个品牌为小米公司所有，小米生态链的成员企业类似于代工性质，所以小米生态链也被称为品牌协同型生态链。在生态链中，小米公司主要为生态链企业提供四个方面的赋能。

第一，技术赋能。

小米一方面把产品研发下放到了生态链层面，让生态链企业自主研发产品；另一方面主动将一些资源进行整合与优化，为较为弱小的企业提供支持，帮助它们实现从弱小到强大的转变，从而创造出有价值的产品。小米生态链的成员企业并不是被普遍定义的简单的ODM（Original Design Manufacturer，即原始设计制造商）或OEM（Original Equipment Manufacture，即原始设备制造商）。生产前，小米派出成熟的工程师团队参与产品的定义与设计过程；生态链公司通过代工厂将为小米定制的产品产出后交到小米；小米对产品进行品控和内测，通过内测的产品分为小米和米家两个品牌售出。小米对生态链企业的产品实施严格管控，它有一批品控团队参与生态链企业的产品设计、研发和制造，以确保生态链企业的产品符合小米的要求和理念。

第二，营销赋能。

小米开放线上和线下多个渠道。线上的小米商城是国内第四大电商平台，主要销售小米和生态链公司产品，品类少而精，有助于提升生态链公司的产品关注度。线下的小米之家门店目前已开设5000家，覆盖30多个省市自治区，从省会城市、地级市深入覆盖到县级市重点城镇，预计2021年将完成县域的全覆盖。小米之家的门店面积平均在200平方米左右，年均营业额在6500万~7000万元，部分店坪效已经达到27万元/平方米/年，仅次于排名第一的苹果。其次是粉丝营销。小米有超过2亿的用户，尤其是铁杆"米粉"更是生态链企业难得的持续销售群体，广大技术发烧友对于小米产品的信任和追捧超乎想象，"米粉"对于小米品牌的认同感和支持程度是相当深厚的，这些"米粉"会口口相传，将小米品牌传播至其他潜在消费者耳中。

第三，资本赋能。

小米所投资的生态链企业持股占比不超过五成，这意味着，生态链企业仍可以保留控股权，相较于企业并购或母子公司控股，这样的方式更能提升企业团队积极性。而当生态链企业遇到资金周转问题时，小米会对其进行投资，帮助其继续规模量产，并利用手中的资本力量对生态链企业进行资本赋能。小米生态链的投资人团队是由工程师组成的，一般的投资人看重团队、数字、回报，而工程师更看重产品、技术、趋势。只要小米认为某产品有潜力，就会给这家企业投资，直至其规模量产。企业在加入生态链以后，由于得到了小米的支持，打磨产品时间大大延长，进一步保障了产品的质量。

第四，物联网连接赋能。

小米生态链计划起始于2013年，当时物联网市场相当小，一些较大的互联网企业都没看上这块市场，但小米抢先进入，推出小米盒子、小米电视以便获取更多使用者数据。物联网的价值取决于可以连接智能设备的数量，当联网设备达到一定量级之后，才有制定准则和标准的话语权。至今为止，小米的物联网产品已多达2.34亿台。小米的早进入加上快速地推出物联网产品，让小米达成了由生态链企业的智能硬件产品组成完整闭环体验的计划。

截至2020年12月31日，小米共投资超过310家公司，总账面价值480亿元，同比增长60.1%，总投资价值为673亿元。小米生态链企业都是由小米公司孵化出来的。小米首先会寻找一些在产品和技术方面有发展潜力的企业，由于它们多半属于初创型或发展期的中小企业，因此小米并不重视商业计划和估值类的评估标准。这些企业往往有着较强的研发能力，但是营销能力一般，小米便为它们提供诸如资金、销售渠道、客户和品牌等资源，帮助它们在品质上严格把控，死磕细节。因此产品一上市就能引爆市场，甚至能撬动整个产业链，或者是对产业链进行重构。

以Yeelight为例。Yeelight的创始团队都是技术出身，在创业早期曾经历了各种挫折。因为他们只能解决产品研发的设计环节，但一个产品从最初的想法到最终到达消费者手中，要经过很多环节，他们完全没有能力控制整个链条，比如 ID 设计、结构研发、供应链、品控、销售能力等，都不具备。与小米结缘，让 Yeelight 得到了小米全方位的资源帮助，开启了小米模式颠覆照明产业的征程。在产品研发早期，小米团队设计师全程参与设计，帮助他们定义产品，做供应链背书，帮助 Yeelight 打通供应链，小米网则负责产品出来后向 2 亿"米粉"的销售。从智能灯泡，到智能床头灯，再到 LED 灯，Yeelight 在小米生态链的照明项目的跑道上一路狂奔。

小米生态链企业傍着小米生态系统这片森林，的确可以快速发展起来，但也有一点不足，即生态链企业的销售成绩大多是依赖小米。例如，华米智能手环的市场占比极高，但是独立品牌 Amazfit 智能手环销量很差，华米 90% 以上的收入都是来自小米手环。石头科技也是如此。小米虽然能够为生态链企业带来高收入，但是利润有限。因此，生态链企业也需要考虑去小米化，这种情况会逐渐普遍，当生态链企业发展稳定后将会推动自有品牌的发展，摆脱利润低微的局面，希望获得更大的发展空间。而只有这样，小米生态链才会越来越完善，越来越能吸引更多的企业加入。

三、家居整装：价值整合型生态

欧派是中国家居整装行业价值整合型生态的典型代表。据欧派家居公布的 2020 年度财报显示，欧派家居 2020 年度实现收入 147 亿元，比上年增长 8.91%，归属于上市公司股东的净利润为 20.63 亿元，比上年增长 12%。在疫情肆虐的背景下，欧派家居克服困难创下佳绩，逆势强劲增长，背后的逻辑究竟是什么？

欧派创立于 1994 年，先后经历了三个发展阶段，每一次都在中国家居行业掀起了一次"革命"。第一个十年，欧派引领并完成了中国家庭的"厨房革命"，把整体厨房引进国内市场；第二个十年，欧派从橱柜定制中积累了"大规模个性化定制"的经验,并将核心定制基因逐步转移到衣柜、卫浴等品类,均大获成功,引发行业新浪潮。而在当前的第三个十年,欧派基于用户角度深度布局,提出一体化设计、一站式选材、一揽子服务的"一家搞定"模式,并逐渐打造出一个价值整合型生态,作为其不可取代的核心竞争力。可以说,打造价值整合型生态体系,是欧派远远超越同行的一个重要原因。

众所周知,家居建材行业原本是一个传统行业,细分品类很多,包括瓷砖、地板、门窗、吊顶、家具、家电、定制、软装、防水、涂料,等等。面对如此众多的品类,每个品类又涌现出无数个品牌,消费者必然会挑花了眼,付出大量的精力不说,还可能随时被假冒伪劣商品蒙骗。因此,过去多年来家装市场一直是一个极其混乱的市场,鱼龙混杂,泥沙俱下,房屋装修和家具购买要花费消费者大量时间和精力。随着市场消费升级,家居建材行业必然迎来大变革,家居整装概念呼之欲出。而以欧派、索菲亚和尚品宅配为代表的行业领军企业,便成了挑战传统行业的排头兵。

当今消费者尤其是年轻消费群体,对于涉及设计、施工、选材、安装、家具、软装配饰等复杂专业的家装过程诸多环节不愿意花过多的精力,需要一站式解决,需要一个整体解决方案,也就是我们今天所说的整装。整装包含了从家装设计、施工到家具产品、软装饰品的搭配等全过程产品,相当于将家里的东西一站式打包给消费者。由于提供的产品品类很多,不可能由一家企业全部供应,需要多家企业参与整装业务,这就需要一个生态链的链主企业将自己或者别人的产品打包成一个套餐提供给消费者,以便消费者可以节省大量的精力和时间。

这种一站式服务对于链主企业来说确实有不小的难度。如果只是推出一个系列产品还比较容易,当主材、辅材、软装、配件等多个模块同时进行时,会形成产品矩阵的形式,对于供应端的采购、仓储、成本计算、物流、配送等是比较大的考验。这也是很多企业能看得到机遇，却没有几家真正做成的原因。而对更多的家居企业来说，由于整装是大势所趋，它们同样需要拥抱整装——无论大小，无论是成品还是定制。这样就形成了一个个家居整装生态链，而欧派打造的生态链是其中的佼佼者。

欧派也是经过了几个阶段的探索，并经历了不少坎坷和失败教训，才逐渐形成了今天这样一个成熟的体系。早在2016年，欧派就将品牌定义换新为"欧派全屋定制"，以顶级设计师一对一提供空间设计服务，实现一站式解决设计、选材、采购、装修家居产品等问题，个性化定制爱家。2017年，欧派全屋套餐模式在全国推广，从1个单品到7大品类的裂变，以定制家居为超级入口，带动全屋品类的发展矩阵，彼此共生共长，相互赋能。2018年，欧派开启双轨制，以全屋空间设计及欧派定制产品作为抓手，打破品类壁垒，整合欧派内部橱柜、衣柜、木门、卫浴、壁纸、厨电等优质资源，构建面向市场的家居生态链条。这实际上是欧派整装的雏形。2019年，欧派正式推出整装大家居，这是以设计为核心的全装修链整合，是第一个真正意义上的一站式家装，是诸多家装、家居、建材公司为之苦苦追寻的"未来理想商业形态"，而这个理想商业形态的真正落地，则必须建立在强大的研发制造、信息化、设计及整合能力的基础之上。欧派当仁不让，成为这个链条的链主，并为自己赢得了2020年疫情下仍然全面爆发的机遇。

值得注意的是，欧派经历的几个阶段形态，并非互相替代关系，而是迭代共存关系。由于中国家居消费习惯存在较大的区域差异、群体差异，企业的整装大家居战略形态也将随之改变。从市场研究来看，欧派几个阶段的家居模式基本上满足了当下以及未来几年中国家居消费的不同市场需求。而且，与过往的家装公司渠道合作不同，欧派整装大家居模式从合作的根源开始就不是简单的产品供应，而是一体化的聚合体系。

欧派整装大家居的战略效应已经逐步显现出来，尤其是在设计环节，生态链通过整合各地优质设计师，打造真正个性化定制平台，并提供海量的设计案例支持，大幅提升了终端的设计效率。当然，欧派实施整装大家居战略的时间不长，这一战略真正落地并非易事，需要其具备较高的资源整合能力和跨品类经营能力。目前，欧派的产品品类已经较为丰富，但其能否为消费者提供真正的一站式服务体验，仍有待进一步验证。比如，面对消费者诸多的产品投诉事件，就要求欧派家居对供应链进行更加严格的把关。

当下家居行业发展最明显的趋势就是建材单品类向多品类的大家居集成转型，这必然牵涉到供应链的问题。整装大家居可以通过搭建平台来整合供应链，通过平台整合几百甚至上千家大大小小的公司来细分和集合品类，同时，通过线上和线下融合（线上销售、线下体验），为消费者提供服务。因此，整装大家居既是对供应链的整合，也是对未来新零售商业模式的探索。欧派正是看到了中国家居行业发展的大趋势，积极拓展各领域的合作，以整装大家居的赋能模式，通过店铺展示、客户体验、人员团队、机制管理、销售方式与供应链模块应用等板块升级措施，全方位赋力、赋品、赋能合作伙伴，全面助力生态链企业的转型发展，提升生态链企业的核心竞争力。

四、生态型平台经济的未来发展

近年来，平台经济的发展越来越受到政府和社会各界的关注。2021年2月，《国务院反垄断委员会关于平台经济领域的反垄断指南》（简称《平台指南》）正式颁布，尽管《平台指南》不具有严格的法律约束力，但其较为全面地梳理了平台经济领域反垄断执法的分析思路与特殊考量因素，对平台经济未来发展有着重要的指导意义。

《平台指南》中所说的平台，是指通过网络信息技术，使相互依赖的多边主体在特定载体提供的规则和撮合下交互，以此共同创造价值的商业组织形态。事实上，它就是一种互联网生态系统。平台经济，正是指由互联网平台协调组织资源配置的一种经济形态；平台经营者正是生态链的链主，即向自然人、法人及其他市场主体提供经营场所、交易撮合、信息交流等互联网平台服务的经营者；平台内经营者正是生态链企业，即在互联网平台内提供商品或者服务的经营者。

平台既不是公司，也不是随机运行的市场，而是由平台公司运营的万众参与的生态网，它改变了企业和市场的边界。平台主要有两大功能，首先是帮助买卖双方实现商品搜索匹配，其次是构建信任体系。在数字时代，交易平台需要构建人、货、场和整个环节的数字信任体系，让所有的参与者都拥有可以表现其可信任度的数字身份。相较于传统市场，消费者在平台上可以快速准确地分辨出每个商户、每个商品的诚信分数。从结果上来看，信用评级最高的往往也是销售最好的，形成了从信任体系到商业发展的正向闭环。

2010年以来，我国的平台经济呈现快速发展态势。根据中国信息通信研究院监测，截至2020年底，我国价值超10亿美元的数字平台企业达197家，比2015年新增了133家，平均以每年新增超26家的速度快速扩张。从价值规模来看，2015—2020年，我国超10亿美元数字平台总价值由7702亿美元增长到35043亿美元，年均复合增长率达35.4%，尤其是在2020年全球经济低迷的背景下，实现了56.3%的超高速逆势增长。从平台数量来看，电子商务平台数量最多，占全部超10亿美元以上平台数量的四分之一，是平台经济领域占据主导性的行业。平台经济具有较强的网络效应和规模效应，由此使得平台间竞争的"马太效应"凸显，用户和数据资源加速向少数头部平台集中，各细分领域集中化和寡占化现象极为普遍。

2005年以前的互联网1.0阶段，用户多为网络信息的单向接受者，大数据的普及程度并不高，平台经济还是一种弱连接生态，以分享为理念。2005年以后，随着智能手机及社交媒体的兴起，用户扩大、领域延展、数据扩大是这个阶段的特征，平台经济进入互联网 2.0 的强连接时代。2016 年以后，平台经济进入互联网 3.0 的超级连接时代。以海量数据作为生产资料，产生了超级平台巨头，美国有苹果、谷歌、脸书、亚马逊等新贵，在中国 BAT（百度、阿里巴巴、腾讯）、TMD（今日头条、美团、滴滴）等超级平台的影响力也日益增强，昔日以自由、分享为理念的互联网社会开始走向封闭。

平台经济的发展的确有利于提高全社会资源配置效率，推动技术和产业变革朝着信息化、数字化、智能化方向加速演进，有助于贯通国民经济循环各环节，也有利于提高国家治理的智能化、全域化、个性化、精细化水平。但近些年，一些超级平台企业利用资本、数据和技术的优势进行无序扩张，严重损害了中小微企业和个体工商户的合法权益，挤压了他们的生存和发展空间。正因如此，为了促进公平竞争，反对垄断，防止资本无序扩张，国家推出了《平台指南》，《反垄断法》的修改也被提上日程。

当然，互联网平台的垄断与传统的垄断是有区别的。传统的垄断，不管是垄断企业上游的供应商，还是下游的客户，实际上市场主体所蒙受的损失是非常利于观察的，而且非常直接。而互联网平台的垄断，在早期阶段看起来还有利于消费者和商家。例如淘宝最初发展起来的时候，替代的是线下的批发市场和集贸市场等。对于商家来说，相当于把店铺从小商品批发市场转到淘宝的平台上，新增加的投资不多，辐射的范围还更广，所以效率是提升的。对消费者来说，消费者的购物体验与传统方式相比也有所改善。所以平台虽然产生垄断，但消费者和商家感觉还是自己受益更多。

但是，这并不意味着平台所形成的垄断对于所有的利益相关者都是有好处的。首先，垄断平台会通过制定平台治理规则来侵害其他利益相关者的利益。例如"双 11"，有些平台要求商家配合其平台的促销活动，做大幅度降价，而产品定价策略应该是商家本身的权利。实力强大的平台还利用垄断地位，阻止商家接入其他平台等。这其实就是平台利用自身垄断侵害其他商家利益的表现。其次，滥用垄断地位的平台会阻碍创新、影响技术进步。比如那些积累起强大势能的平台，常常依靠其财务方面的优势，通过补贴等方式打击竞争对手，而不是与竞争对手比拼技术和效率。平台通过财力将对手击垮以后，再通过垄断地位操控价格，就可以从客户那里获取更高的垄断利润。

所以，平台经济反垄断是必需的。当一个互联网生态发展到垄断的平台经济，必然会从一个创新的平台走向它的反面，成为遏制创新的平台。因此，随着科技革命和产业变革的不断推进，反垄断与创新之间的关系越来越为人们所关注——如何通过反垄断来支持和保护创新，而不能打击和扼制创新，成为学界讨论的重点。特别是近些年来，以移动互联网为代表的信息技术迅猛发展，并广泛深入地应用于全社会，世界各国反垄断面临着来自数字经济、平台经济的全新挑战，因此，在平台责任、数字合规和反垄断等规则上，都在不断加大对平台的要求。

竞争是市场经济的基石，垄断是市场经济的大敌。无论什么阶段、什么业态，公平竞争都是一个行业持续发展的动力源泉。加强反垄断监管，维护平台经济领域公平有序竞争，有利于充分发挥平台经济高效匹配供需、降低交易成本、发展潜在市场的作用，推动资源配置优化、技术进步、效率提升。更为重要的是，反垄断可以有效降低市场进入壁垒，形成开放包容的发展环境，让更多市场主体共享数字经济发展红利，有效激发全社会创新创造活力，构筑经济社会发展新优势和新动能。对于平台经济来说，加强反垄断监管，带来的决不是行业的"冬天"，恰恰是更好、更健康发展的新起点。

所有平台要想在未来走得长远，必须将核心功能聚焦在提供公共服务上。阿里巴巴电商平台的功能是"让天下没有难做的生意"；小米为小家电生产企业提供公共服务；安卓和iOS应用市场为开发者提供公共服务；滴滴为司机提供公共服务；微信为自媒体人提供公共服务……供需匹配、契约履行和信任构建都是公共服务的体现。数字时代改变了经济世界运行的微观基础，平台就好比是一个微观市场，依托更高效的信息流动，强化了"看不见的手"的能力。

目前各类数据技术发展仍处于初级阶段，数据智能的透明度还不够，加上数据造假成本很低，算法的复杂性越来越高，平台的公平性不断受到挑战，未来平台治理逐渐成为数字经济治理的核心内容。随着数字技术不断发展，技术门槛不断降低，目前平台企业提供公共服务的成本将不断地降低。或许在将来，市场上所有的企业都可以不再依托平台企业来开展运营，区块链以及类似于区块链一样的去中心化技术能够自发地促进市场主体有机协同，数据智能和市场运行充分融合，创造更加公平的智能生态。那时，平台经济的发展就可能达到一个理想状态，所有企业都被数字化充分赋能，整个国家和整个世界的经济都紧密连接在一起，形成一个真正完整而公平协同的大生态系统。

参考文献

[1] 埃亚尔，胡佛.上瘾：让用户养成使用习惯的四大产品逻辑[M].钟莉婷，杨晓红，译.北京：中信出版集团，2017.

[2] 庞德斯通.无价：洞悉大众心理玩转价格游戏[M].闾佳，译.北京：华文出版社，2011.

[3] 安德森.免费：商业的未来[M].蒋旭峰，冯斌，璩静，等译.北京：中信出版集团，2015.

[4] 科特勒，凯勒.营销管理[M].15版.何佳讯，等译.上海：格致出版社，2016.

[5] 利伯曼.社交天性：人类社交的三大驱动力[M].贾拥民，译.杭州：浙江人民出版社，2016.

[6] 大前研一.低欲望社会："丧失大志时代"的新·国富论[M].姜建强，译.上海：上海译文出版社，2018.

[7] 黎万强.参与感：小米口碑营销内部手册[M].北京：中信出版社，2014.

[8] 伯杰.疯传：让你的产品、思想、行为像病毒一样入侵[M].刘生敏，廖建桥，译.北京：电子工业出版社，2014.

[9] 波特.竞争战略[M].陈小悦，译.北京：华夏出版社，1997.

［10］波特.竞争优势［M］.陈小悦,译.北京:华夏出版社,1997.

［11］吴声.场景革命:重构人与商业的连接［M］.北京:机械工业出版社,2015.

［12］小米生态链谷仓学院.小米生态链战地笔记［M］.北京:中信出版集团,2017.

［13］林光明.敏捷基因:数字纪元的组织、人才和领导力［M］.北京:机械工业出版社,2020.

［14］里斯.视觉锤［M］.王刚,译.北京:机械工业出版社,2012.

［15］杜威.艺术即经验［M］.高建平,译.北京:商务印书馆,2011.

［16］维涅里.设计的准则［M］.汪芸,译.桂林:广西师范大学出版社,2016.

［17］契克森米哈赖.心流:最优体验心理学［M］.张定绮,译.北京:中信出版集团,2017.

［18］戈尔比斯.社交经济［M］.张琪,译.北京:北京联合出版公司,2017.

［19］杨飞.流量池［M］.北京:中信出版集团,2018.

［20］圣吉.第五项修炼［M］.张成林,译.北京:中信出版社,2009.

［21］莱斯.精益创业2.0［M］.陈毅平,译.北京:中信出版集团,2020.

［22］林斯特龙.感官品牌:隐藏在购买背后的感官秘密［M］.赵萌萌,译.北京:中国财政经济出版社,2016.

［23］肖怡.零售学［M］.4版.北京:高等教育出版社,2017.